Gerd Haeffner

Quellwasser schluckweise

Gerd Haeffner

Quellwasser schluckweise

Großstadtpredigten

Fromm Verlag

Impressum / Imprint
Bibliografische Information der Deutschen Nationalbibliothek: Die Deutsche Nationalbibliothek verzeichnet diese Publikation in der Deutschen Nationalbibliografie; detaillierte bibliografische Daten sind im Internet über http://dnb.d-nb.de abrufbar.

Bibliographic information published by the Deutsche Nationalbibliothek: The Deutsche Nationalbibliothek lists this publication in the Deutsche Nationalbibliografie; detailed bibliographic data are available in the Internet at http://dnb.d-nb.de.

Coverbild / Cover image: www.ingimage.com

Verlag / Publisher:
Fromm Verlag
ist ein Imprint der / is a trademark of
OmniScriptum GmbH & Co. KG
Heinrich-Böcking-Str. 6-8, 66121 Saarbrücken, Deutschland / Germany
Email: info@frommverlag.de

Herstellung: siehe letzte Seite /
Printed at: see last page
ISBN: 978-3-8416-0354-8

Inhalt

I. Auf Weihnachten zu

II. Um Ostern herum

III. Sonntage im Jahreskreis, Lesejahr A (Matthäus)

IV. Sonntage im Jahreskreis, Lesejahr B (Markus und Johannes)

V. Sonntage im Jahreskreis, Lesejahr C (Lukas)

Abkürzungen der zitierten biblischen Bücher

Altes Testament

Gen	Buch Genesis
Ex	Buch Exodus
Ijob	Buch Ijob
Ps	Psalmen
Spr	Buch der Sprichwörter
Amos	Prophet Amos
Sir	Jesus Sirach
2 Makk	Zweites Buch der Makkabäer

Neues Testament

Mt	Evangelium nach Matthäus
Mk	Evangelium nach Markus
Lk	Evangelium nach Lukas
Joh	Evangelium nach Johannes
Apg	Apostelgeschichte
Röm	Brief an die Römer
1 Kor	Erster Brief an die Korinther
Gal	Brief an die Galater
Eph	Brief an die Epheser
Phil	Brief an die Philipper
Kol	Brief an die Kolosser
1 Thess	Erster Brief an die Thessalonicher
Hebr	Brief an die Hebräer
1 Petr	Erster Brief des Petrus
1 Joh	Erster Brief des Johannes
Offb	Offenbarung des Johannes

Vorbemerkung

Die hier gesammelten Predigten stammen aus den Jahren 1988 bis 2013. Die meisten von ihnen sind in der Jesuitenkirche St. Michael in der Münchner Innenstadt beim sonntäglichen Hauptgottesdienst gehalten worden. Bei der nachträglichen Überarbeitung wurde dennoch, der größeren Lebendigkeit wegen, der Redestil beibehalten.

Dass es gerade 71 geworden sind, ist zufällig. 72 Boten waren es, die der Herr zusätzlich zu den Zwölfen aussenden wollte (vgl. Lk 10,1). Möge die fast erreichte Gleichheit der beiden Zahlen ein gutes Zeichen sein.

Die 71 Predigen folgen der aktuellen Ordnung des liturgischen Jahres der katholischen Kirche. Zwar konnte nicht jeder Sonntag des Kirchenjahrs Berücksichtigung finden. Auf der anderen Seite werden für einige Termine mehrere Predigt-Versionen unter der Bezeichnung *„Predigt 1"* bzw. *2* und *3* angeboten.

Mein herzlicher Dank gilt Robert Fischer, der das Manuskript sorgfältig überprüft hat.

München, im März 2014 Gerd Haeffner SJ

I. AUF WEIHNACHTEN ZU

Vom Ankommen Gottes

Erster Adventssonntag (Mk 13,33-37)

Wenn ich den Besuch eines Menschen erwarte, der für mich wichtig ist, werde ich mich darauf vorbereiten, äußerlich und innerlich. Zu der inneren Weise gehört, dass ich den Besuch wirklich bei mir ankommen lassen will. Ankunft, das heißt in der lateinischen Sprache *adventus*, also Advent. Soll es sich nun um Gott handeln, der in meiner Seele ankommen möchte, spielen äußere Vorbereitungen kaum eine Rolle, wohl aber innere. Es stellt sich die Frage, die ein bekanntes Kirchenlied so ausdrückt: „Wie soll ich dich empfangen?"

Ich sehe zwei Weisen, diese Empfänglichkeit einzuüben. Sie gehören eng zusammen. Die erste heißt „Dankbarkeit"; die zweite trägt den Namen „Demut".

I. Zur Dankbarkeit fand ich kürzlich ein sehr schönes Wort eines französischen Mitbruders, der 1944 von der Gestapo in Grenoble hingerichtet worden ist, Yves de Montcheuil, eines großartigen Mannes des Widerstands. Das Wort, das ich Ihnen mitteilen möchte, lautet:

> „Nur durch die Dankbarkeit kommen wir dazu, Gott zu lieben. Und in diesem Leben bleibt das immer eine wichtige Übung, mit der man niemals fertig wird. Aber es ist auch notwendig, immer erneut von der Dankbarkeit für das, was wir empfangen haben, überzugehen zur Anerkenntnis Gottes um seiner selbst willen."

Die Dankbarkeit: Ja, wie sollen wir jemand lieben, der sich uns nicht als liebenswert gezeigt hat? Und so wie wir Menschen nun einmal gebaut sind, empfinden wir jemanden dann als liebenswert, wenn wir uns von ihm als beschenkt empfinden. Nun sind wir ja in mannigfacher Weise von Gott beschenkt, alle miteinander, in ganz verschiedener persönlicher Weise. Nur, wir sind nicht wach. Wir schärfen den Sinn nicht dafür, dass wir darüber nachdenken. Wir nehmen es hin, wir streichen es ein wie ein Taschengeld, das uns gehört, und denken nicht darüber nach. Und so haben wir zwar die Gaben, aber verpassen das Eigentliche, das Wesentliche, so wie wenn jemand ein Geschenk entgegennimmt und sich sagt: „Nun habe ich ein schönes teures Rasierwasser" und dabei überhaupt nicht darüber nachdenkt, dass diejenige, die es geschenkt hat, damit etwas ausdrücken wollte. Er freut sich über das Rasierwasser, aber nicht darüber, dass ihm ein Mensch Freund sein möchte, dass ihm einer gut sein will – und das ist doch wesentlich wichtiger. So nehmen wir die Gaben Gottes entweder überhaupt völlig gedankenlos an, oder wir freuen uns, dass wir sie haben, aber wir bedenken eines nicht, was Ignatius einmal sehr präzise so ausdrückt: „Man bedenke, wie Gott in den Gaben, die er gibt, sich selber geben möchte, soweit es bloß geht."

Und das ist doch wesentlich wichtiger, wesentlich schöner und wesentlich größer. Das ist das Erste. Und erst wenn wir das ein Stück weit spüren, immer wieder geübt haben, dass es uns zur Evidenz wird, dann beginnen wir, Gott zu lieben; vorher nicht, denn vornehmen kann man sich das nicht. Liebe kann man nicht gebieten. Sie entsteht einfach, wenn man merkt, dass einen jemand liebt. Wie sehr Gott sich uns schenkt, merken wir nicht nur in den Gaben der Schöpfung: Dass wir leben, dass wir im Allgemeinen die meisten Tage unseres Lebens gesund sind, dass die Sonne aufgeht und uns erfreut, dass es immer wieder Schönes gibt, dass wir zu essen haben (und im Allgemeinen nicht schlecht), sondern wir merken es vor allen Dingen an dem, was wir an Jesus ablesen, dass sich Gott hingibt in unsere Fehler hinein, in unsere Verzweiflung, Unsicherheit, Laschheit, Erbärmlichkeit, dass er uns bis dahin nachgeht und uns auch darin ganz nahe sein möchte. Denken wir darüber nach! Wenn wir das tun, dann lassen wir Gott bei uns ankommen. Wir sagen ja: „Da hab' ich jemandem 100 Euro geschenkt, aber damit bin ich nicht bei ihm angekommen." Die 100 Euro – so kann sich einer beklagen – sind schon angekommen, aber *ich* nicht, weil er nicht gemerkt hat, was ich damit ausdrücken wollte. Und so kommen die Geschenke Gottes wohl bei uns an, aber lassen wir Gott damit bei uns ankommen? Das wäre Advent, konkret, so wie wir ihn heute leben können.

Und wenn wir das in uns aufgenommen haben, dann wächst, wie Yves de Montcheuil sagt, nicht nur die Dankbarkeit, sondern dann wächst auch der Wunsch, Gott zu sagen: „Wir danken Dir für Deine große Herrlichkeit", wie es im Gloria steht. Und dann wächst vielleicht auch der Wunsch, zu Gott zu sagen: Vielleicht möchtest Du zu mir so kommen, dass ich Dich noch tiefer kennenlerne. Vielleicht möchtest Du, dass ich immer wieder frage, soll ich *das* tun oder das? Vielleicht möchtest Du, dass ich mich öffne für das, was Du vielleicht ganz persönlich von mir willst. Das heißt, wir bieten Gott an, dass Er über unsere Bedürfnisse hinaus so zu uns kommen kann, wie Er es vielleicht will. Das ist noch einmal *Advent.*

II. Die zweite Weise der Vorbereitung auf das Kommen Gottes ist die Demut. Wie komme ich darauf? Durch folgende Überlegung: Die erste Ankunft damals in Judäa liegt in der Vergangenheit, und wir können uns nur an sie erinnern. Die zweite Ankunft liegt in der Zukunft, und wir können nur auf sie hoffen. Was aber ist mit unserer Gegenwart? Was tun wir inzwischen? Sind wir jetzt bloß mit uns allein, oder kommt Christus auch heute auf uns zu? Freilich nicht außen und öffentlich, aber doch je individuell und innen, in unserem Herzen. Denn: Wenn wir *jetzt* auf sein Kommen wachsam sein sollen, dann kann das nur das Kommen *jetzt* sein, nicht ein Kommen irgendwann. Angelus Silesius, der Dichter aus dem barocken Breslau, hat das so ausgedrückt: „Mensch, schickst du dich dazu, so zeugt Gott seinen Sohn / all' Augenblick in dir!" Das ist die dritte Ankunft Christi zwischen seiner ersten und zweiten. Nicht nur Angelus Silesius, auch die Lehrer und Mystiker der Kirche sprechen oft davon.

Wie aber kann Christus bei mir, in mir ankommen? Nur dann, wenn er Platz bei mir findet. Warum sollte er den nicht finden? Steht etwa mein Inneres voll wie eine Rumpelkammer oder wie eine perfekt eingerichtete lifestyle Wohnung? Unwahrscheinlich wäre es nicht, dass es so ist. Gerümpel oder Luxus aber sind hier natürlich nur Bilder. Was die Wohnung meines Herzen so besetzt, dass der Herr nicht hineinkann, das ist mein Ich, – mein kleines, sich groß aufführendes Ich. Man täusche sich nicht: Ein Herz, das von einem Ich bewohnt wird, das nach dem Motto lebt: „Immer zuerst ich", – ein solches Herz *kann* Gott nicht in sich aufnehmen. Das geht nur, wenn das Herz weiß, dass man Gott gegenüber vernünftigerweise nichts anderes sagen kann als: „Zuerst immer Du".

Aber wie soll das gehen? Manch einer mag versucht haben, sein kleines, egozentrisches Ich ein für alle Mal zu verlassen und hinter sich zu bringen; es war immer wieder da. Ein für alle Mal geht es nicht, aber immer wieder mal, das geht. Aber wie? Woran merke ich, dass Gott in mir Wohnung nehmen will, wenn ich keine Visionen habe und, wenn überhaupt, nur selten andächtige Gefühle? Dergleichen ist ganz unwichtig. Gottes Ankunft an der Tür unseres Herzens mischt sich in ganz gewöhnliche Situationen. Und entsprechend spielen wir unsere Rolle als die Türhüter, die die Tür für ihren Herrn aufmachen oder sie ihm vor der Nase zuschlagen, nicht in phantastischen religiösen Szenerien, sondern mitten im Alltag. Mitten im Alltag, das heißt vor allem: im Verhältnis zu den anderen, im Wechsel zwischen einer hochmütigen oder einer demütigen Haltung.

Wie kann das aussehen? Zuerst ein negatives Beispiel! Ein Mann, der auf die U-Bahn wartet, geht auf dem Bahnsteig auf und ab; er greift in seine Manteltasche, steckt sich ein Bonbon in den Mund; das Papier wirft er auf die Geleise. Was hat er getan? Er hat die Lust dieser seiner souveränen Geste höher gesetzt als die Mühe des Müllarbeiters, in die Grube hinabzusteigen und das Papierchen aus dem Schotter zwischen den Gleisen herauszufischen. Ohne Worte hat er gesagt „Ich zuerst" und „du noch lange nicht", „Ich bin viel mehr wert als du, und zwar nur, weil ich ich bin". Bei so einem Ich aber, das voll von sich ist, kann nichts „ankommen", und am allerwenigsten Gott.

Nun aber auch ein positives Beispiel! Eine Frau hat einen Termin beim Arzt; sie soll eine Infusion bekommen. Am Tresen der Praxis steht eine neue, noch unerfahrene Mitarbeiterin. Sie braucht mit dem Herrichten der Infusion so lange, dass der Arzt, der schon hereingeschaut hatte, um die Nadel zu setzen, einen anderen Patienten drannimmt, und sich sehr lange nicht mehr zeigt. Die Frau wartet, und langsam kriecht Wut in ihr hoch, Wut auf diese ungeschickte Mitarbeiterin, und mit der Wut steigt es wie ein innerer Protestruf in ihr hoch: „Ich, ich, ich zuerst"! Aber dann kommt auch die Gnade und will hinein und sagt: „Was hat das Mädchen denn Böses getan? Nur weil du warten musst, meinst du auf sie eine Wut haben zu dürfen? Für wen hältst du dich eigentlich? Meinst du, du seiest das Maß aller Dinge?". Und so kämpfen Wut und Gnade, Verbohrtheit und Öffnung, Ich-Sucht und Demut miteinander, immer wieder, bis einer von beiden die Oberhand behält, und manchmal glückt es, dass das die Gnade und der Gerechtigkeitssinn sind.

Kennen Sie diese Situationen? Dann wissen Sie auch, wie es aussieht, wenn Gott mitten im Alltag ankommt.

Der Sinn der Adventszeit

Zweiter Adventssonntag (Phil 1,4-6.8-11; Lk 3, 1-6)

Warum feiern wir Advent? Advent ist ein lateinisches Wort. Es bedeutet: Ankunft, nämlich Gottes. Auf uns Menschen hin übersetzt bedeutet Adventszeit: die Zeit der Erwartung auf diese Ankunft. Welchen Sinn hat diese Übung der Erwartung?

I. Sollen wir in dieser Zeit noch einmal alttestamentliche Erwartung „spielen“, wie manche Adventslieder es nahezulegen scheinen? Das kann es nicht sein. Das wäre kindisch. Denn Christus ist doch schon gekommen. Lesen wir, was die Einleitung zum Messbuch in römischer Knappheit sagt: „Die Zeit des Advents hat einen doppelten Charakter; sie ist einerseits Vorbereitungszeit auf das Weihnachtsfest, an dem wir an das erste Kommen des Gottessohnes zu den Menschen denken. Andererseits lenkt dadurch die Adventszeit zugleich die Herzen hin zur Erwartung der zweiten Ankunft Christi am Ende der Zeiten.“ Was können wir mit diesen Worten anfangen?

Realistisch scheint es, die Adventszeit als die Zeit der Vorbereitung auf das Weihnachtsfest zu verstehen. Ja, aber Vorbereitung in welchem Sinne? Um Geschenke und Essen für die Festtafel einzukaufen, braucht es wohl keine vier Wochen. Gemeint ist sicher etwas anderes: die innere, die seelische Vorbereitung auf das kommende Fest. Früher sprach man da von einer „stillen Zeit“. Ein bisschen von dieser Stille und Sammlung sollten wir uns selbst, auch heute, inmitten der vorweihnachtlichen Hektik zu gönnen versuchen. Das bleibt wahr. Vielleicht haben wir sogar Zeit zu einer Weihnachtsbeichte.

Nun ist es schon schwierig genug, in der Adventszeit ab und zu auch an das Wesentliche von Weihnachten zu denken. Wie aber macht man das, dass man sein Herz mit Erwartung erfüllt auf die „zweite Ankunft Christi am Ende der Zeiten“? Wie geht das ohne Krampf? Wie kann man sich darauf einstellen? Wie kann man wachsam sein, wenn man nicht weiß, worauf man aufpassen muss? Und wenn man es schon wüsste, auch dann kann man zwar eine Zeit lang wach bleiben, aber doch nicht immer.

II. Unser ganzes Leben lang warten wir auf etwas, hoffen wir auf etwas. Wer klein ist, will groß werden; wer jung ist, will etwas erleben, sich

Freunde gewinnen und die Welt erobern; wer „mitten im Leben steht", will seine Beziehungen sichern, für Kinder Verantwortung übernehmen, im Beruf vorankommen usw. Immer aber hat unser Hoffen einen positiven und einen negativen Teil: wir hoffen, dass wir vorankommen und Neues gewinnen, und wir hoffen zugleich, dass wir nicht zurückfallen, dass (wie man so sagt) „nichts passiert". Je älter man wird, desto weniger erhofft man sich noch Steigerungen des Lebens und desto mehr hat die Hoffnung die Form, dass man von Krankheiten und sonstigen Widrigkeiten *verschont* bleibt. Man sagt dann öfter: Was habe ich noch zu erwarten? Und man denkt immer öfter an den Tod, der auf uns alle wartet. Man erhofft sich dann, dass er nicht zu bald kommt, und dass man vorher nicht durch Zustände extremer Schwäche oder der Demenz gehen muss, und wenn es schon so weit kommen muss, dass es dann schnell vorübergehen möge. So steigt im Lauf des Lebens der Pegel der Erwartung und sinkt dann wieder, wenn man sich nichts vormacht. Das ist der natürliche Lauf der Dinge, wie ihn wohl jeder im Großen und Ganzen erlebt. Das Leben erfüllt viele unserer Erwartungen. Manche aber enttäuscht es auch. Wir müssen lernen, uns mit beidem zufrieden zu geben: mit dem Glück und mit dem Unglück, und zwar in der rechten Weise. Wir *müssen* das lernen, – aber *können* wir es auch lernen? *Wie* können wir es lernen?

III. In dem Maß, indem wir glauben, zieht sich quer zum wechselhaften Wellenspiel unserer Erwartungen, mitsamt den dazugehörigen Erfüllungen und Enttäuschungen, eine Linie. Sie gehört zur Kette, die uns im Ewigen verankert. Diese Ankerkette ist unzerreißbar. Von der Seite Gottes her heißt sie Treue; von unserer Seite her Hoffnung. Deshalb wird die Hoffnung oft durch das Symbol des Ankers dargestellt, so wie die Liebe durch dasjenige des Herzens. *Im* Auf und Ab unseres Lebens – nicht daneben auch noch – hoffen wir auf Gott: dass Gott uns nicht allein lässt, sondern uns begleitet, ja auf uns zukommt.

An dieser Hoffnung wollen wir festhalten, solange wir leben und im Glauben leben, noch nicht im Schauen. Aber einmal möchten wir doch auch sehen. Oder nicht? Hofft darauf nicht jeder, der geistig nicht abgestumpft ist, dass ihm das Rätsel seines Lebens einmal entschleiert wird? Dass er sich mit dem Geheimnis des Lebens, das im Kern Gott ist, beruhigen kann, ja selig sich ihm anvertrauen kann? Das wäre dann der eigentliche Advent: wo Gott bei uns ankommt und wir bei ihm. Wann ist dieser Advent?

IV. In manchen, seltenen Augenblicken zieht sich unser Leben, das sonst meist in seine Vergangenheit und Zukunft erstreckt und sogar zerfahren ist, in eine Dichte der Gegenwart zusammen, wo es ganz gesammelt zu sein scheint. Vielleicht haben Sie auch selbst so etwas schon erlebt. In diesen Augenblicken kann es dann sein, dass man den Eindruck hat, Gott, der Gott unseres Lebens, sei ganz *nahe* und lindere alle Risse, die durch unsere Seele gehen. Es kann aber auch so sein, dass einem in solchen Augenblicken nur die *Frage* nach dem Sinn des Ganzen recht deutlich wird und mit ihr das Verlangen, endlich Gott wirklich zu erkennen bzw. das sehnliche Verlangen, dass er uns entgegenkomme, dass für uns ganz persönlich Advent werde.

Sorge und Freude

Dritter Adventssonntag (1 Thess 5,16-24)

I. Die älteste Schrift des Neuen Testaments, älter als alle Evangelien, ist ein Brief. Es ist der Brief, den der Apostel Paulus wohl um das Jahr 52 von Korinth aus an die junge Christengemeinde in Thessaloniki schrieb,– eine Gemeinde, die er zwei Jahre vorher gegründet hatte. Aus diesem Brief haben wir vorhin als Lesung des Tages ein Stück gehört. Es ist ein Brief, keine theoretische Abhandlung; ein Brief, gerichtet an eine konkrete Gemeinde, ausgehend von den Fragen, die dort aufgekommen sind. Man kann sich die Menschen vorstellen, deren Fragen und deren Glauben sich in diesem Brief spiegeln. Man kann Paulus vor sich sehen, wie er diesen Brief diktiert, während seine Gedanken bei den Menschen sind, die er kennt, um die er sich bemüht, die ihm am Herzen liegen. Und so fühlen wir über fast 2000 Jahre hinweg eine menschliche Verbindung mit den Menschen von damals, die um denselben Glauben rangen wie wir, und wir können es empfinden, was es wohl geheißen hat, dass da die Nachricht durch die Gemeinde ging: Paulus hat geschrieben. Es ist ein Brief da von Paulus! Neugier kommt auf, Was hat er denn geschrieben, lies vor! Und in dieser Stimmung der Neugier wollen wir noch einmal einige Zeilen hören von dem, was Paulus damals denen in Thessaloniki geschrieben hat. Vielleicht ist auch etwas für uns dabei:

> „Freut euch zu jeder Zeit!
> Betet ohne Unterlass!
> Seid dankbar in allen Dingen; denn das ist der Wille Gottes in Christus Jesus für euch."

Eine kurze Botschaft, so dass man fast darüber hinweg hört. Aber auch eine dichte, eine nahrhafte Botschaft! Wie wichtig sie für Paulus selber war, sieht man daran, dass er sie zwei Jahre später mehr oder minder wiederholt in einem anderen Brief an eine nahe gelegene Gemeinde, an die von Philippi – ebenfalls im heutigen Nordgriechenland gelegen wie Thessaloniki. Ein Stück, aus dem der Eingangsvers der heutigen Messe genommen ist: Freut euch! Gaudete! Da heißt es (Phil 4,4-7):

> Freut euch im Herrn zu jeder Zeit! Noch einmal sage ich: Freut euch!
> Eure Güte werde allen Menschen bekannt!
> Der Herr ist nahe.
> Macht euch um nichts Sorgen, sondern bringt in jeder Lage betend und flehend eure Bitten mit Dank vor Gott!

II. Die Freude: Religion, das ist für uns nicht nur Pflicht, geschweige denn Last oder gar Enge. Sie ist für uns in ihrem Zentrum Freude: Freude an

Gott. Diese Freude sitzt tief im Herzen, von dort quillt sie auf, tiefer, reiner als jedes Vergnügen. Sie kann sogar mitten in Schwierigkeiten lebendig sein, ja noch im Leid nicht ganz verschwinden. Wo diese Freude ist, da ist Gott. Denn Gott ist Seligkeit, ist Freude.

Die Sorgen: Aber diese Freude hat viele Feinde, die sie nicht aufkommen lassen wollen. Einer der wichtigsten von diesen Feinden der Freude heißt: sich Sorgen machen. Sich Sorgen zu machen, das ist etwas anderes als Fürsorgen oder Vorsorgen: Vorsorge und Fürsorge, das ist durchaus unentbehrlich, das kann sehr oft sogar eine Pflicht sein. Aber es ist etwas anderes, ob wir unsere Vorsorge in Vertrauen und Ruhe vornehmen oder ob diese Vorsorge begleitet ist von der selbstgemachten Sorge, ob denn auch alles gut geht; ob sie begleitet ist von der Vorstellung, dass es vielleicht schief geht, ja wahrscheinlich schief geht. Das ist das Sorgen-*Machen*. Ein Gefühl, in dem wir uns allein fühlen, hilflos, ausgeliefert der unbekannten Zukunft - wie wenn es keine Hilfe gäbe, wie wenn es den Gott der Zeit nicht gäbe, der die Zukunft in Seinen Händen hält! Ach ja, Gott, den hätte ich fast vergessen vor lauter Sorgen. Und doch ist jedes Mal, wenn uns dieses Sorgenmachen angeht und einnehmen will, Gelegenheit, Ihn zu finden, im Glauben das Vertrauen auf Ihn im konkreten Alltag zu üben und sich zu sagen: Ja, Du bist ja auch noch da! Wie wichtig es ist, die Sorgen nicht siegen zu lassen, sondern zu besiegen im Glauben und dadurch Gott konkret im Alltag immer wieder zu entdecken, das weiß nicht nur Paulus, das lehrt auch Jesus: Macht euch keine Sorgen! – ein Grundton seines Evangeliums.

Wie wahr das ist, das kann man erfahren. Wie oft habe ich erlebt, dass meine Sorgen, meine Ängste, ob dies oder das gut gehen werde, sich im Nachhinein als überflüssig herausgestellt haben! Fruchtlose, die Sache in nichts verbessernde Selbstquälerei! Wie oft habe ich erlebt, dass vorgesorgt war, dass Hilfe kam, dass es doch gut ging! Und wie gut hat es mir getan, als ich das endlich begriff, in dieser Lehre die diskrete Fürsorge, die leichte Hand zu spüren, die typisch ist für die Allmacht Gottes, der alles nach

Seinem Willen anordnet. So sind die Sorgen für mich zu einem Lehrmeister des Vertrauens geworden. Leider können wir kein Gespräch hier führen, aber ich bin sicher, dass es vielen von Ihnen ähnlich gegangen ist und ähnlich geht. So werden wir vom Sorgen zum Glauben geführt und vom Glauben zum Danken und von da erneut zum Vertrauen.

III. 1.500 Jahre nach Paulus – und 400 Jahre vor uns – drückt eine Frau in Spanien dieselbe Erfahrung aus, vielleicht noch radikaler, noch faszinierender: Teresa von Avila:

> „Nichts soll dich ängstigen, nichts dich erschrecken. Alles geht vorüber, Gott allein bleibt derselbe. Alles erreicht der Geduldige, und wer Gott hat, der hat alles. Gott allein genügt."

Gott allein genügt. Auf Spanisch: *Dios solo basta*. Das heißt ein Dreifaches: Das heißt erstens: Wenn wir Gott haben, dann genügt das. Mehr brauchen wir nicht. Das heißt zweitens: *Nur* Gott genügt. Nur in Ihm findet unser Verlangen letztlich Ruhe, Befriedigung, die Fülle der Freude. So sind wir geschaffen, dass unser unruhiges verlangendes Herz erst dort, in Ihm Ruhe findet. Und das heißt drittens – und nun lässt uns Teresa sehr tief in ihr Herz hineinschauen: Es genügt, dass es Gott gibt. Das ist, denke ich, ein ungeheurer Ausdruck des Glaubens, des Aus-sich-heraus-Tretens, das zum Glauben gehören kann, dass ein Mensch von Gottes Herrlichkeit und Fülle so erfüllt ist, dass ihm alles andere versinkt. Es genügt, wenn es Gott gibt. Alles, was uns ängstigt und mit Sorgen erfüllt, ist Möglichkeit, ist Zukunft. Gott aber ist Realität, ist Gegenwart. In ihm ist alles, was ist. Wer dies erahnt, der weiß: Wenn er davon ganz erfasst ist, dann umfassen ihn die Sorgen letztlich nicht mehr. Wer dies einen Augenblick lang spürt, den erfüllt eine Freude, aus der heraus er sprechen kann: Wir danken Dir, nicht nur für das, was Du uns gibst, nicht nur für Deine Nähe bei uns, sondern dafür, dass Du da bist! Dios solo basta. Gott allein genügt.

Geboren von der Jungfrau Maria

Vierter Adventssonntag (Mt 1, 18-24) *Predigt 1*

Im Glaubensbekenntnis bekennen wir Christen von Jesus Christus, dass er „empfangen durch den Heiligen Geist, geboren wurde von der Jungfrau Maria". Mit diesem Satz, der seit jeher zum Glauben der Kirche gehört hat, haben heute nicht wenige Christen ein Problem. So ist es wichtig zu erforschen, was die biblische Aussageabsicht dieses Satzes ist.

I. Der Ausgangspunkt ist die Erfahrung und Überzeugung, dass Jesus Christus absolut einzigartig war und ist. Dass es zu seinem Dasein unter uns kommen konnte, übersteigt folglich jede Erklärung durch irdische Kräfte (vgl. Jo 1,13). Das heißt: Das Ankommen des göttlichen Wortes liegt jenseits all dessen, was Menschen wollen und hervorbringen können. Aber nicht nur das. Es liegt auch jenseits der Möglichkeiten der schöpferischen Kräfte der Natur, die wir bei jedem neugeborenen Menschen bestaunen, obwohl wir heute wissen, wie es zugeht, dass Nachwuchs zustande kommt. Das Staunen, das jeder Geburt eines Menschenkindes gilt, wird nun weit übertroffen vom Staunen, das der Geburt des Gottessohnes Jesus gebührt. Das Evangelium drückt das aus im Hinblick auf die beiden Komponenten der normalen geschlechtlichen Entstehung eines Menschen.

II. Im Hinblick auf die männliche Komponente (die nach der antiken Zeugungs-Auffassung die entscheidende war) sagt das Johannes-Evangelium, dass Kinder Gottes "nicht aus dem Wollen des Mannes" entstehen, sondern von Gott gezeugt sind. Die Evangelisten Lukas und Matthäus meinen dasselbe, wenn sie sagen, dass Maria als "Jungfrau" die Mutter Jesu wurde. Man streitet heute manchmal darüber, ob diese Jungfräulichkeit "bloß" symbolisch oder auch biologisch gemeint sei. Wichtiger als die Entscheidung dieses Streits ist es zu verstehen, was Bibel und Kirche eigentlich meinen, wenn sie Maria „Jungfrau" nennen. Mit einer Abwertung der gewöhnlichen geschlechtlichen Entstehung von Menschen hat es jedenfalls überhaupt nichts zu tun. Vielmehr will die Bibel folgendes sagen: Dass dieser absolut einzigartige Mensch, der Jesus war, aus dem Zusammenhang menschlicher Generationen und Geschichte heraus verständlich sein soll, ist ebenso unwahrscheinlich wie dies, dass eine Frau ein Kind ohne Mann bekommt. Deshalb stellt Lukas die Geburt des Christus aus Maria, der Jungfrau, als den Höhepunkt der Linie dar, in der unfruchtbare Frauen gegen alle Erwartung doch Mütter außergewöhnlicher Menschen wurden: Da ist Hannah, die lange kinderlose Mutter des Propheten Samuel, deren Danklied im „Magnificat", dem Preislied Marias, aufgegriffen wird. Und da ist Elisabeth, die sogar noch im fortgeschrittenen Alter zur Mutter des Täufers Johannes wurde. Im Vergleich mit diesen Frauen, die gegen die normale Erwartung, aber immerhin noch von ihrem Mann empfangen und gebären konnten, ist Maria das Maximum an Unfruchtbarkeit, weil sie Jungfrau ist. Der Ausdruck „Jungfrau" soll hier nicht die Vorstellung der Reinheit hervorrufen, sondern die der natürlichen Unfähigkeit zu gebären, da sie ja „keinen Mann erkennt". Damit wollen die Evangelisten sagen: Jesus ist von Anfang an ein reines Wunder.

III. Ist also Maria das Hoffnungsbild jener Frauen, die es leid sind, für das Kinderkriegen auf Männer angewiesen zu sein? Ist sie Mutter aus eigener, rein weiblicher Kraft? Nein. Sie ist vielmehr Mutter des Gottessohnes aus der Kraft des schöpferischen Gottesgeistes. Und noch mehr: Sogar ihre Empfänglichkeit für diesen Geist ist nicht ihre eigene Leistung, sondern selbst schon ein Geschenk von oben. Diese Empfänglichkeit ist die Offenheit des Glaubens, in der der endliche Mensch fähig wird, den unendlichen Gott zu empfangen und seine Gegenwart in sich auszutragen.

IV. Auch wir haben das Geschenk des Glaubens und der Gnade erhalten. In diesem Sinn ist Maria das Urbild der Glaubenden. Sünde ist Verschlossenheit in sich, illusionäre Selbstgenügsamkeit. Maria ist also das Urbild der Erlösten. D.h.: sie ist mit jener Armut und Leere beschenkt, in die Gott seine Fülle geben kann. So ist Maria, die jungfräuliche Mutter, Urbild und Zentrum der Kirche, die im Epheserbrief (5,27) ja auch die "unbefleckte" genannt wird. Eine gesunde Frömmigkeit, wie sie der Überlieferung entspricht, sieht Maria immer zusammen mit der Gemeinschaft der Glaubenden, als Urbild der Kirche. Und sie sieht umgekehrt die Kirche nicht bloß als Institution, sondern von Maria her als den Ort, wo der Sohn Gottes seine irdische Heimat hat.

V. Wenn der Anschein nicht täuscht, ist die Verehrung Marias auch in der katholischen Kirche deutlich zurückgegangen. Diese Entwicklung kann sich weder auf die Tradition der Kirche noch auf das Zweite Vatikanische Konzil berufen. Sie ist eher das Anzeichen einer Krise. Das heutige Evangelium könnte uns Anlass zu einer Besinnung werden, ob unsere Frömmigkeit im Ganzen nicht dadurch gelitten hat, dass das Bild Marias in unseren Herzen blass geworden ist. Marienverehrung darf nicht den extremen Kreisen am rechten Rand der Kirche überlassen werden.

Es ist zwar wahr: Die Worte des Dogmas und der Liturgie klingen zunächst oft fremd, wie Worte aus anderen Kontinenten oder Zeiten. Darüber hinaus hat sich vieler unserer Zeitgenossen ein großes Misstrauen bemächtigt gegen alles Schöne, das uns zu einer kindlichen Bewunderung und Hingabe hinreißen könnte. In der Tat ist mit dieser Begeisterungsfähigkeit auch Schindluder getrieben worden. Aber für uns stellt sich doch die Frage: Dürfen wir deshalb unsere Fähigkeit zur (im besten Sinn) naiven Bewunderung des Vollkommenen, zur schlichten Verehrung des Schlichten, zu herzlicher Hingabe verkümmern lassen? Wir geben uns gern lässig und cool; wir haben Angst davor, zu naiv und zu emotional zu erscheinen. Wir sollten aber mehr Angst vor der Gefahr haben, dass im Raum des Glaubens eine Kälte herrscht, die auch durch eine moralisch aufgeheizte Atmosphäre nicht vertrieben wird. Die schlichte, herzliche Verehrung Marias, der „Frau aus dem Volke“, die voll der Gnaden war, möge uns davor bewahren, dass auch wir Christen der vielbeklagten "Eiszeit" unserer Kultur in die Hände arbeiten.

Begegnung

Vierter Adventssonntag (Lk 1,39-45) *Predigt 2*

Anfänglich kannte die Kirche im Lauf des Jahres nur ein einziges großes Fest: Ostern. Es war das große Siegesfest, dem man als Vorbereitungszeit die mehrwöchige Fastenzeit voranstellte. Erst später, etwa im 4. Jahrhundert, als man nun auch die Geburt des Herrn auf Erden feiern wollte, entstand das Weihnachtsfest. Und auch ihm lagerte man eine mehrwöchige Vorbereitungszeit vor, die „stille Zeit", die Adventszeit. So blieb es viele Jahrhunderte lang, bis in den letzten Jahrzehnten die Geschäftsinteressen der Kauf- und Versandhäuser übermächtig wurden. Sie verdrängten den Advent und füllten die Zeit vorzeitig mit Weihnachtsengeln und Lichterbäumen.

Dass Sie, liebe Schwestern und Brüder im Glauben, ganz kurz vor Weihnachten noch Zeit und Lust finden, einen Adventsgottesdienst zu besuchen, ist ein Zeichen dafür, dass Sie sich von der öffentlichen Verfremdung der vorweihnachtlichen Zeit innerlich frei gehalten haben. Das ist nicht selbstverständlich. Es ist Beweis eines echten christlichen Geschmacks und Charakters, zu dem ich Ihnen gratuliere. Holen wir also einmal tief Luft und tauchen wir noch einmal in die adventliche Stimmung der Erwartung ein! Die Szene aus dem Evangelium nach Lukas, die heute dargeboten wird, kann uns dabei helfen.

I. Als der Engel Maria die Botschaft ihrer eigenen wunderbaren Mutterschaft brachte, teilte er ihr auch mit, dass ihre schon betagte Verwandte Elisabeth, wider alle Erwartung, ein Kind im Leib trage, und zwar schon seit sechs Monaten. Das war Grund genug für Maria, eilends von Nazaret in Galiläa hinauf zum Dorf im Bergland von Judäa zu wandern, in dem, nahe bei Jerusalem, der Tempelpriester Zacharias mit seiner Frau Elisabeth wohnte. Elisabeth war eine Cousine Marias, die vom Alter her aber für sie schon eher eine Tante war. Da musste man mit allerlei Schwierigkeiten in der letzten Phase der Schwangerschaft und bei der Geburt rechnen. Maria wollte ihr dabei helfen.

Angekommen in dem Bergdorf und im Haus des Zacharias, begrüßte und umarmte sie Elisabeth. Verweilen wir einen Augenblick bei dieser Begegnung der beiden Frauen! Vermutlich haben sie sich schon früher im Rahmen ihrer Verwandtschaftsbeziehungen kennengelernt, so dass dieses nicht ihr erstes Treffen war. Doch *diese* Begegnung stand für beide unter dem Horizont einer besonderen Erwartung. Man kann sich denken, dass Maria angstvoll darauf brannte, ihrer nahen Verwandten das anzuvertrauen, was ihr der geheimnisvolle Gottesbote verkündigt hatte. So wurde ihr Gruß sicher auch nicht einfach so hingesagt, wie es bei konventionellen Begegnungen zu geschehen pflegt.

II. Und doch übertraf die Reaktion ihrer Base auch die Erwartung Marias. Eigentlich aber reagierte unmittelbar nicht Elisabeth, sondern das Kind in ihrem Schoß, von dem ein Engel zu Zacharias gesagt hatte, dass es „schon im Mutterleib vom Heiligen Geist erfüllt" sein werde (Lk 1,15). Das Kind spürt die Nähe seines künftigen Freundes und Herrn und hüpft darüber vor Freude auf. Es ist die allererste Begegnung des Kindes Johannes, das später der Täufer sein wird, mit dem verheißenen Gottessohn, auf den es später hinweisen wird mit den Worten „Seht das Lamm Gottes". Es ist eine mystische Begegnung, die sich unserem Verstand entzieht, die aber das gläubige Betrachten faszinieren und erfüllen kann. Maler der Gotik, der Renaissance und des Barock haben die Innigkeit dieser Szene anzudeuten versucht. Sie haben dann auch ausgemalt, wie die beiden kleinen, miteinander eng verwandten Buben unter den Augen ihrer Mütter später miteinander gespielt und gestritten haben.

Doch gehen wir zurück zur Szene der Begegnung, die man manchmal altertümlich auch „Heimsuchung" nennt! Die Geist-Dynamik des Jubels ihrer

Leibesfrucht teilt sich Elisabeth mit, so dass es mit lauter Stimme prophetisch aus ihr herausbricht: „Gesegnet bist du, mehr als anderen Frauen (die mit einem Kind gesegnet sind); denn gesegnet ist die Frucht deines Leibes. Wer bin ich, dass die Mutter meines Herrn zu mir kommt?“ Gemeint ist der Herr, der auch Herr-Gott genannt wird. Und sie preist die junge Verwandte: „Selig ist die, die *geglaubt* hat, dass sich erfüllt, was der Herr ihr sagen ließ.“ Mit Maria sind dann aber auch alle selig gepriesen, die seither dem Wort des Evangeliums geglaubt haben, bis hin zu uns heute.

III. Wie unglaublich dicht ist die Geschichte dieser Begegnung und wie unheimlich gefüllt ist das Geschehen selbst, das in ihr zum Ausdruck kommt!

Das Wort der Liebe lässt leben

Weihnachten, Am Tag (auch: Zweiter Sonntag nach Weihnachten)

(Sir 24,1-2.8-12; Joh 1, 1-18) *Predigt 1*

Das Evangelium des Weihnachtstages, das zugleich der „Prolog“ (die Einleitung) des Johannesevangeliums ist, ist unausschöpflich. Es verdient eine wiederholte Vertiefung.

I. "Im Anfang war das Wort". Was ist dieser Anfang? Es ist nicht dasjenige, was wir finden, wenn wir in der Zeit weit, weit zurückgehen, etwa bis zum Urknall. Gemeint ist nicht der Beginn der materiellen Entstehung des Kosmos. Nicht dieser „Anfang“ kann uns heute interessieren, sondern nur der bleibende Anfang, der göttliche Ursprung, aus dem jetzt und immer alles herauswächst und sich entfaltet. Von diesem Ursprung wird gesagt: In ihm waltet ein Wort.

Was ist damit gemeint? Wir können es ein Stück weit verstehen, wenn wir auf etwas achten, was wir alle kennen. Noch bevor wir ein klares Bewusstsein hatten, sind Worte zu jedem von uns gesprochen worden, Worte, die bleibend in das Fundament unserer Persönlichkeit eingebaut sind. Mütter reden ja mit ihren Kindern und singen ihnen etwas vor, auch wenn sie noch ganz klein oder gar noch in ihrem Leibe sind. Die kleinen Wesen können den Gehalt dieser Reden noch nicht verstehen. Und doch wird aufgenommen, was die Mutter, der Vater, andere Freunde ihnen sagen möchten, wenn sie die Kleinen rufen, ihnen Kosenamen geben, mit ihnen reden. Es sind Worte der Liebe, die das kleine Wesen ermuntern zum Leben und die seine Eigenpersönlichkeit aufwecken. So steht das Wort am Anfang unserer persönlichen Entwicklung. Es ist ein Wort der Liebe. Dieses Wort kann sich keiner von uns selber geben. Es musste uns gegeben werden, damit wir zum rechten Hören und eigenen Sprechen überhaupt fähig werden konnten.

II. Wodurch sind nun die Eltern und die anderen großen Freunde fähig geworden, uns mit dem Wort der Liebe zu nähren? Dadurch, dass sie es ihrerseits empfangen haben von denen, die ihnen gut waren, als sie Zuneigung am dringendsten brauchten, und so weiter nach rückwärts in der Folge der Generationen. In alle dem aber können Menschen nur gut werden und gut sein, gut reden und gut zuhören, weil in der ganzen Schöpfung ein Wort am Werk ist, in dem Gott seine Güte ausspricht. Dieses göttliche Wort wirkt in allen Dingen. In das menschliche Hören und Sprechen aber mischt es sich überall hinein und befähigt dieses zu seinen reinsten Leistungen. Dieses schöpferische Wort lautet: Es werde! Sei! Ich freue mich darüber, dass du bist! Es ist ein Wort der Liebe. Auch unter uns Menschen ist dies ja der beste Ausdruck der Liebe: Ich freue mich darüber, dass du bist!

Nicht nur in unseren Anfängen, sondern auch im Laufe unseres Lebens spricht uns dieses schöpferische Wort der Liebe heimlich immer wieder an. Denn immer wieder kann es uns geschehen, dass uns ein klares oder ermutigendes Wort neu vertrauen lässt, dass uns eine Landschaft mit Frieden erfüllt, dass uns ein innerer Antrieb plötzlich die Kraft gibt, über unseren Schatten zu springen. In all dem klingt das Wort aus dem Schöpfungsursprung auf.

Solche Erfahrungen gibt es nicht nur im persönlichen, privaten Leben. Es gibt sie auch für Gruppen und ganze Völker. Reden und Taten Einzelner können auf einmal für viele zum Träger neuer Selbsterkenntnis, neuer Hoffnung, neuen Gerechtigkeitswillens werden. Das sind die Propheten und Weisen, die es heute ebenso gibt wie in der Vorzeit. Denken Sie nur z.B. an Gandhi, der zum Träger göttlichen Wortes für den indischen Kontinent geworden ist, oder an Martin Luther King oder den heiligen Papst Johannes XXIII., der einer in sich vermauerten Kirche die Fenster weit geöffnet hat. Viele solche Menschen gibt es in der Geschichte, in denen etwas vom Schöpfungswort zum Klingen kommt.

III. Haben wir Ohren, um aus den vielfältigen Worten, die uns leben lassen, das eine Wort des Lebens herauszuhören? Nur ein Mensch, der die Kunst des Hörens auf das Schöpfungswort lange geübt hat, kann auch anderen Worte sagen, aus denen sie ein göttliches Wort heraushören. Dabei ist es entscheidend, dass die göttliche Stimme nicht nur bis an das Ohr dringt, sondern bis ins Herz, so dass das Wort eins wird mit uns selbst, mit unserem Denken und Fühlen und Handeln.

Geht das aber, so werden Sie fragen? Bleibt denn nicht immer ein dumpfer Rest in uns, in den Gottes Wort nicht eindringt? Und haben nicht auch die leuchtendsten Gestalten der Menschheit ihre dunkle, kleinliche Seite? Das ist wohl so. Einen aber hat es unter den Hörern und Trägern des Gotteswortes gegeben, der so lauter und entschieden aus dem Wort Gottes lebte, dass sein ganzes Leben zum Wort Gottes für die wurde, die ihm begegneten oder die von ihm hörten und von ihm begeistert wurden. Das ist es, was das Evangelium in seiner kräftigen Weise so ausdrückt: In ihm ist das Wort so auf der Erde angekommen, dass es eins wurde mit unserem "Fleisch", mit unserer menschlichen Wirklichkeit.

Jesus hängt mit allen Fasern seiner Existenz an jener väterlichen Stimme. Viele Nächte hat er damit verbracht, seine innere Antenne auf Empfang von oben einzustellen. Was er da vernimmt, klingt nach in der Weise, wie er von Gott spricht, wie er zu den Menschen ist. Direkt spricht er fast nichts über das, was er da hört. Aber alles, was er sagt und wie er lebt, drückt es aus.

Im Blick auf ihn können unsere schwachen Hoffnungen und vereinzelten Erfahrungen zur Gewissheit werden, dass Gott sich nicht in sich verschließt, sondern dass er still in allem spricht und sich uns allen zuspricht: zärtlich und großzügig, befreiend und stärkend.

Gottes erstes und letztes Wort

Weihnachten, Am Tag (auch Zweiter Sonntag nach Weihnachten)

(Joh 1, 1-18; Eph 1,3-18) *Predigt 2*

Wir stehen im Umkreis des Geburtstages Jesu Christi. Geburtstag ist ein Wort, das wir in zwei Bedeutungen verwenden: An sich meint es den Tag, an dem jemand geboren wird; meistens aber nennen wir „Geburtstag“ den jährlich wiederkehrende Gedenktag dieser Geburt. Da denken wir zurück an den Anfang.

Im Anfang ist alles Wesentliche schon da. Aber was das ist, ist da noch nicht offenbar. Es wird offenbar erst im Lauf des Lebens. Erst später wird klar, wer das war und ist, der da als kleines Kind in die Welt trat.

I. Mit Jesus war es nicht anders. Als er geboren wurde, ahnte kaum jemand, was aus ihm werden würde. Und doch wird zur alljährlichen Feier seines

Geburtstages nicht nur an seinen keimhaften Anfang erinnert, sondern auch an die Fülle dessen, was er wirklich war. Der Evangelist Johannes hat es in gewaltigen Worten seinem Evangelium vorangestellt, wie eine großartige Ouvertüre. Der Evangelist war wahrscheinlich schon hochbetagt, als er sie schrieb. Immer wieder gingen seine Erinnerungen zurück in die Geschichte Jesu Christi. Über sie denkt er nun nach, und er denkt alles immer wieder durch, vom Anfang bis zum Ende, und umgekehrt vom Ende, d.h. vom Licht der Auferstehung hin zum Anfang. Immer wieder stellte er sich die Frage war: Wer war Jesus Christus letzten Endes? Und seine Antwort lautete: Er war das „Wort", das Wort schlechthin, Gottes Wort.

Was meint dieser gewaltige und dunkle Ausdruck „Wort Gottes"? Im Alten Bund gab es von Zeit zu Zeit Propheten, d.h. geisterfüllte Menschen, die vor ihr Volk hintraten und ihm eine machtvolle Botschaft übermittelten mit den Worten „So spricht der Herr". Viele Male und auf mancherlei Weise hat Gott so zu seinem Volk gesprochen durch die Propheten, angefangen mit Mose. In den letzten Zeiten aber sprach er zu ihm durch seinen Sohn. Jesus war der Sohn. Das heißt: Er redete aus einer selbstverständlichen Autorität heraus, nicht wie die Theologen damals und heute, die mühsam die heiligen Schriften interpretieren, aber auch nicht wie die Propheten, die sich auf eine Offenbarung berufen können und deshalb sagen konnten: „So spricht Gott der Herr". *So* redete *er* nie. Er redete nicht wie ein Bote, sondern als der Sohn, als der Einzige. In ihm kommt der göttliche Vater selbst zu Wort, in menschlicher Schlichtheit. In ihm ist die Wahrheit, wie Johannes es drastisch ausdrückt, Fleisch geworden: ein Mensch von Fleisch und Blut.

Um die Tiefe dieser Mitteilung zu ermessen, greift Johannes zurück bis an den Anfang von allem, den wir die Schöpfung nennen. Auch in diesem Anfang gibt es ein Wort. Es heißt da nämlich im biblischen Buch des Anfangs (der „Genesis") immer wieder „Gott sprach", beginnend mit dem Satz „Und Gott sprach: Es werde Licht, und es ward Licht" und so der Reihe nach bis hin zum Menschen. Auf dieses Wort hin „Es werde!“ tritt, wie auf ein Kommando, alles ins Dasein. Alles, was entstanden ist und immer neu entsteht, beruht in jenem Wort. Was ist nun dieses Wort, wie verhält es sich zu Gott selbst? Johannes weicht dieser Frage nicht aus. Und er antwortet: „Das Wort war bei Gott und das Wort war Gott“. Das heißt: das Wort, in dem alles Geschaffene entstanden ist, ist selbst nicht etwas Geschaffenes. Es ist vielmehr, wie es im großen Glaubensbekenntnis formuliert wird, „Gott von Gott und Licht vom Licht“. Und dieses göttliche Wort, die ungeschaffene Wahrheit selbst, ist uns „erschienen“ in dem Menschen Jesus Christus. Er ist Gottes erstes Wort und er ist Gottes letztes Wort an die Menschen.

II. Das Erstaunliche ist nun, dass dieses Wort die Mehrheit seiner Adressaten nicht erreicht hat. Dreifach drückt Johannes das aus: Es wurde nicht erfasst, man erkannte es nicht, es wurde nicht aufgenommen, und dies, obwohl es nichts Fremdes war, sondern der Ursprung von allem. Diejenigen aber, die das menschgewordene Wort, den einzigen Sohn vom Vater, aufnahmen, die wurden dadurch selbst wie neugeboren, sie wurden selbst Söhne und Töchter des Vaters. Wiederum dreifach hebt Johannes dieses Gezeugt- und Geborenwerden ab von jenem, bei dem das „Blut“, der „Wille des Fleisches“ und der „Wille des Mannes“ das Prinzip ist.

Was ist damit gemeint, dass Menschen, die Menschenkinder sind, zu Gotteskindern werden? Gewiss sind alle Menschen dadurch, dass sie Geschöpfe Gottes sind, in einem gewissen Sinn schon Kinder Gottes. Aber eben nur in einer gewissen, anfänglichen Weise, nicht in dem vollen Sinn, den uns das Evangelium nahe legen will. Dieser hat sein Urbild und Vorbild in Jesus, der im ursprünglichen Sinn der Sohn genannt wird und ist. Woran sieht man, dass er der Sohn war? Er brauchte keine Belehrung über Gott wie von außen. Er trug den Willen Gottes in seinem Herzen und war deshalb nicht wirklich angewiesen auf die Zehn Gebote und Verbote, die Mose überliefert hatte. Es war der göttliche Geist selbst, der ihn ihm wohnte, der ihn belehrte und antrieb.

So etwas Ähnliches, wenn auch in verkleinertem Format, ist auch den Menschen möglich, die Jesus glaubend mehr und mehr in ihr Leben aufnehmen oder, besser gesagt, sich in sein Leben aufnehmen lassen. In solchen Menschen springt, wie eine innere Quelle, das Leben des Heiligen Geistes auf. Ihr Gewissen wird immer sicherer und feiner, ihr Glaube wird zu einer Kraft, die trägt, und sie werden zu Taten der Liebe fähig, die sie selbst erstaunen. Gewiss bleiben sie bei alledem auch schwache Menschen, die immer wieder Fehler machen. Doch muss sie das nicht wirklich entmutigen. Denn sie wissen, dass Gott sie angenommen hat. Denn „das Wort ist Mensch geworden und hat leibhaft unter uns gewohnt, und wir haben seine Herrlichkeit gesehen, die Herrlichkeit des einzigen Sohnes vom Vater, voll Gnade und Wahrheit."

Das neue Jahr anfangen im Namen Jesu

1. Januar

Wieder beginnt ein neues Jahr, ein neues Jahr unseres Lebens. Wir feiern diesen Beginn in einem eigenen Festtag, dem Neujahrstag. Man kann sich fragen: Was feiern wir hier eigentlich? Es ist ein erstaunliches Faktum, dass das Neujahrsfest, soviel ich weiß, bei keinem Volk dieser Erde fehlt, obwohl doch überall die Zeit einfach weitergeht. Warum feiert man Neujahr? Welchen Sinn hat es, einen Tag herauszugreifen und zu sagen: Heute beginnt ein neues Jahr? Es können dafür zwei Gründe genannt werden: ein uralter, der immer noch weiterwirkt, obwohl er eigentlich veraltet ist, und ein aktueller.

I. Sehen wir zunächst den uralten Grund an. Er ist verständlich aus der Einstellung unserer Vorfahren zum Leben. Sie hatten das deutliche Gefühl, dass im Lauf der Zeit die Frische des Lebens, die Sauberkeit und Durchsichtigkeit des Miteinanderlebens, ja auch die Kraft der Natur zurückgeht und immer schwächer wird; dass immer mehr dunkle Mächte Gewalt über dieses Leben in der Gemeinschaft und im Kosmos gewinnen, so dass die Gefahr besteht, dass dieses Leben, immer schwächer werdend, einmal aufhört; – dass eine Gesellschaft sich in Streit und Blutrache gegenseitig aufzehrt; – dass die Natur immer weniger Blüh- und Vermehrungskraft enthält, weil die Sonne immer schwächer wird, wie es eben im Winter geschieht. Und in nicht wenigen Kulturen gab es die Angst, dass die Sonne, nachdem sie so weit untergegangen war unter den Horizont, einmal nicht mehr aufgehen könnte. Man brachte Opfer dar und spielte der Sonne rituell vor, was sie zu tun hätte, um wieder aufzugehen. Aus diesem Gedanken- und Gefühlskreis stammt das Neujahrsfest. Es ist eine Art Geburtsfest. Das dem Tode zuneigende Jahr und mit ihm das dem Tode zuneigende Leben sollte gereinigt, gekräftigt, jung gemacht werden. Und die Mittel, um es zu reinigen, bestanden in der Vertreibung der bösen Geister. Durch Knall und Kracher, durch Lichterfeste, durch Feste der gegenseitigen Versöhnung mit viel Rauschgetränk, wie es heute noch an Silvester üblich ist. Wer weiß noch, woher das alles kommt?

Wir feiern es immer noch so, ohne aber doch eigentlich die Voraussetzungen dieses alten Glaubens noch zu teilen. Wir fürchten nicht mehr, dass die Sonne nach einem Winterloch etwa nicht mehr wieder aufginge. Wir glauben an die Unveränderlichkeit der Naturgesetze. Wir glauben auch nicht, dass böse Geister immer stärker werden im Laufe eines Jahres und das Zusammenleben und die Fruchtbarkeit von Mensch und Tier bedrohen. Wir sehen hier ganz andere Gesetze am Werk. Und wir wissen, dass eine echte Regeneration des gesellschaftlichen Lebens nicht durch Gelage, sondern nur durch echte Versöhnung, durch Kompromiss, ja durch Reue und guten

Vorsatz zustande kommen. Wir wissen vor allen Dingen mehr als diese alten Kulturen, die ganz in der Natur aufgingen, dass die einzelne Person etwas ist, was nicht aufgeht im Kreislauf der Monate und Jahre, im Kreislauf von Vegetations-Überfluß und Vegetations-Absterben, dass er nicht verrechenbar ist auf dieses immer gleiche Leben der Natur.

II. Warum also feiern auch wir moderne Menschen, auch wir moderne Christen Neujahr? Das Datum ist ja nichts als eine Konvention. In anderen Kulturen begeht man Neujahr zu ganz anderen Zeiten des Jahres. Und selbst in unseren Gesellschaften kennen wir noch andere „Jahresanfänge“. Denken Sie nur an das Jahr der Schule und des akademischen Lebens, an das Jahr der Parlamente - das beginnt immer im Herbst. Lange Zeit begann auch das Geschäftsjahr immer am 1. April. Und doch: irgendeinen Beginn braucht man offenbar. Ist es nur des Kalenders wegen, um eine gemeinsame Zeitrechnung zu haben? Dann müsste man diesen ersten Tag nicht feiern, man müsste sich nicht beglückwünschen und ihn für einen besonderen Tag ansehen.

Es ist aber doch so, dass der moderne Mensch und vielleicht besonders der Christenmensch ein Bedürfnis hat oder doch haben sollte, sein Leben nicht nur so dahin zu leben, sondern ab und zu einen Blick auf dieses Leben zu werfen, einen Blick zurück: Was denn bisher alles gewesen ist, wie es gelaufen ist, und einen Blick nach vorne: Was wohl noch kommen wird. Zurückschauen, um das Vergangene noch einmal ausdrücklich in Besitz zu nehmen, um zu urteilen, was vielleicht in der Zukunft anders gemacht werden sollte oder doch einfach nur, um wahrzunehmen, was denn nun mein Leben, unser Leben war, das wir bisher gelebt haben. Wir wollen unsere Gegenwart nicht blind leben, sondern sie gestalten aus diesem Wissen unserer einzelnen und gemeinsamen Vergangenheit. Und wir wollen sie gestalten im Hinblick auf eine Zukunft, die wir uns ausmalen, wie sie wohl sein könnte oder sein sollte. Wir stehen so in unserer Zeit, dass wir in gewisser Weise auch über unserer Zeit stehen, über dem jeweiligen Augenblick stehend blicken in Vergangenheit und Zukunft. So berühren wir in gewisser Weise schon die Ewigkeit.

Wenn wir den Wechsel der Jahreszeiten und der Jahre, den Wechsel der Lebensphasen überblicken, dann überblicken wir sie von einem Standpunkt aus, der darüber steht, von einem irgendwie überzeitlichen Standpunkt, eben vom Standpunkt der Ewigkeit. Wir können unsere Gegenwart aber nicht in den Blick nehmen, wenn wir nicht daran denken, dass unsere Vergangenheit eine endliche Vergangenheit ist. Es gab eine Zeit, da waren wir noch nicht da - in keiner Weise da - und eines Tages waren wir da und seitdem sind wir da.

Und es wird eine Zeit kommen, wo wir dagewesen sein werden, wo unsere Zeit zu Ende geht und die Zeit anderer angebrochen sein wird, anderer Generationen, die bald nichts mehr von uns wissen werden. So geht hier am Anfang des Jahres unser Gedanke doch auch automatisch an das Ende unserer Jahre, an die Tatsache, dass einmal der Frühling, den wir ersehnen, unser letzter Frühling sein wird. Ist dies in der Feier des Neujahrstages ein unpassender Gedanke, der uns die gute Laune verdirbt, die Hoffnung miesmacht? Nein. Eine gute Laune und eine Hoffnung, die auf einer Verschleierung der Realität beruhen würden, sind sowieso nicht echt. Es ist ein wahrer Gedanke und deswegen ein Gedanke, der nicht verdrängt werden soll. Freilich, müssten wir glauben, dass dem Silvestertag unseres Lebens kein Neujahrstag mehr folgt, ein Neujahrstag in einer Zeit, die man die Ewigkeit nennt, dann sollte man diesen Gedanken lieber verdrängen.

Wir müssen ihn aber nicht verdrängen, denn wir Christen wissen, dass dieses Leben im Kreislauf seiner sich wiederholenden Rhythmen von Frühjahr, Sommer, Herbst und Winter, von Jahr zu Jahr sich zwar verbraucht, dass aber in dieser Zeit ein neues Leben in uns langsam wächst, das immer jünger wird, bis es übergeht in die ewige Jugend der Ewigkeit.

III. Das Datum des Neujahrstags liegt nicht von Natur aus fest. Er wird in den verschiedenen Völkern an ganz verschiedenen Tagen begangen. Und selbst in unserer eigenen Kultur war der Neujahrstag keineswegs immer am heutigen Tag, sondern z.B. am 25. März - Verkündigung des Herrn - oder am Ostersonntag oder am ersten Adventssonntag, bis er eben dahin gerutscht ist, wo er heute ist: am achten Tag nach Weihnachten, am Fest des Namens Jesu. An diesem Tag wurde unser Erlöser nach altem jüdischem Brauch beschnitten. Er beugte sich unter das Gesetz der Zeit, unter das Gesetz der Rhythmen des Lebens, die ein Ende haben. In seinem Namen, der unser Leben geteilt hat und mit uns lebt, wollen auch wir dieses neue Jahr beginnen: Im Namen Jesu.

Das göttliche „Heute“ in unserer Zeit

Fest der Erscheinung des Herrn (Mt 2,1-12)

Im Volksmund heißt das heutige Fest „Heilig-Drei-König“. Es ist aber, wenn man genau hinschaut, nicht das Fest von drei Heiligen, nenne man diese nun „Die drei heiligen Könige“ oder „die Drei Weisen aus dem Morgenland“; denn man kennt weder ihr Leben noch ihr Sterben. Es ist nur die Rede davon, dass sie sich aufmachten, um nach dem neugeborenen Messiaskönig zu forschen und davon, dass sie ihn in Bethlehem fanden und ihm Geschenke machten. Im Mittelpunkt des heutigen Festtags stehen also nicht die drei Gottsucher, sondern da steht der, dem sie huldigten. Es ist eine alte Form des Christ-Königs-Festes. Sein offizieller Titel ist „Fest der Epiphanie“.

Epiphanie ist ein griechisches Wort, dessen Bedeutung umschrieben werden kann durch die deutschen Ausdrücke „Erscheinen“, „Aufleuchten“, „Aufscheinen“. In der politischen Welt der damaligen Zeit wurde das Wort in einem prägnanten Sinn verwendet, um damit das erste feierliche Auftreten des neuen Königs zu bezeichnen, wenn er sich nach seiner Thronbesteigung vor dem Volk zeigte. (Übrigens gibt es so etwas auch heute noch, wenn sich z.B. ein neuer Papst auf der Segensloggia des Petersdoms dem Volk präsentiert, oder wenn eine neu gekrönte Königin auf dem Balkon ihres Palasts erscheint.) Das meint das Wort „Epiphanie" ursprünglich: Dass ein König sich am Anfang seines Königtums im Glanz seiner Würde präsentiert.

Die Sehnsucht nach einer Manifestation des Außergewöhnlichen, des Göttlichen, stirbt auch in unserer Zeit nicht aus. Man sehnt sich danach, in Kontakt zu kommen mit Menschen, die etwas mehr als das bloß Menschliche darstellen: Zahllose Leute würden z.B. etwas dafür geben, Königin Elisabeth von England auch nur einmal von Angesicht zu sehen. Man drängt sich in die Nähe derer, die eine Aura des Wissens und der Macht ausstrahlen. Man kann von der Schönheit so hingerissen sein, dass man bereitwillig eine Schauspielerin eine "Diva" (Göttin) nennt oder angesichts eines begnadeten Eiskunstläufers ausruft, er wirble über das Eis „wie ein junger Gott". Denn es scheint einem, dass man da etwas von übermenschlicher Schönheit, Geisteskraft und Hoheit in menschlicher Gestalt erleben darf.

Wir haben die Chance, uns in das Evangelium zu vertiefen und darin einem Lebenden zu begegnen, der schlicht und ohne Pomp, ohne Macht und ohne Wissenschaft und ohne besondere Schönheit über das Land ging - aber doch wahrhaftig: als ein Wunder der Klarheit und der Güte, wie ein Blitz, "wie ein Gott".

So entstand etwa im 2. Jahrhundert in Griechisch sprechenden Teilen der Kirche das Fest der Epiphanie des „göttlichen Glanzes auf dem Antlitz Jesu Christi" (wie es Paulus einmal, 2 Kor 4,6, formuliert). In einigen Ereignissen am Anfang seines Daseins oder Auftretens blitzte schon etwas von dieser Herrlichkeit durch, die immer wieder in verschiedenen Taten seines Lebens spürbar wurde, bis hin zur Majestät, in der er sein Leiden trug und natürlich zur verhaltenen Majestät seiner Erscheinungen an Ostern. Eine spätere Zeit, die sich aus der anhaltenden Meditation des Evangeliums nährte, sah drei dieser anfänglichen Offenbarungen als Teil eines einzigen Zusammenhangs des Aufscheinens. Dieser wurde dann auch in einem einzigen Fest begangen, das aber dreigliedrig ist, und nicht nur am heutigen Tag gefeiert wurde, sondern auch noch am folgenden und am darauf folgenden Sonntag, wie es ein alter liturgischer Text (in der Antiphon zum Magnifikat) ausdrückt:

> „Drei Wunder heiligen diesen Tag: Heute führt der Stern die Weisen zum Kind in der Krippe. Heute wurde Wasser zu Wein bei der Hochzeit in Kana. Heute wurde Christus im Jordan getauft.“

„Heute“, was ist dieses „heute“? Es ist unwahrscheinlich, dass damit nur derselbe Kalendertag, also der 6. Januar nach unserer Zeitrechung, gemeint ist, an dem diese drei Ereignisse jeweils stattgefunden hätten. Und selbst wenn es so gewesen wäre, wäre das für uns nicht heute, sondern vorgestern, will sagen, vor vielen Jahrhunderten. Was kann das für ein Heute sein, das den Abstand der Jahrhunderte gleichsam überspringt? Ein Heute, das uns gleichzeitig werden lässt mit dem Christusgeschehen, so dass dieses für uns gegenwärtig wird, so dass der Glanz seines Aufscheinens auch uns trifft? Denn darauf kommt es ja schließlich an. Gott ist kein Gott der Vergangenheit, sondern der Gegenwart, also auch unserer jeweiligen Gegenwart. Diese ist das „Heute“, das zugleich unser Heute und das Jetzt der göttlichen Ewigkeit ist.

So haben nicht nur die griechischen Kirchenväter, sondern auch unsere großen deutschen Meister immer gepredigt: ein Meister Eckhart oder ein Angelus Silesius. Sie kennen wahrscheinlich den Vers, den dieser bedeutende Schlesier gedichtet hat: „Wird Christus tausendmal zu Bethlehem geboren /und nicht in dir, du bleibst noch ewiglich verloren.“ (I, 61)

Wie kann aber kann Christus, das ewige „Wort“ Gottes, in mir „geboren“ werden, d.h. lebendig gegenwärtig werden? Antwort: Aus Gnade, aber doch nicht ohne mein Zutun und nicht auf einmal, sondern schrittweise: Erstens indem ich mich in die Bilder des Evangeliums, in denen seine Herrlichkeit zum Ausdruck kommt, immer wieder meditativ vertiefe; denn nur so erschließt sich ihr Gehalt. Zweitens wird sich dadurch unmerklich, aber mit sanfter Kraft, etwas in mir verändern. Drittens: Wenn ich mich diesem Geschehen öffne, wird Er selbst in mir Wohnung nehmen. Dann geschieht auch in mir das „Heute“ der Epiphanie.

Abstieg und Hinaufgezogenwerden

Fest der Taufe des Herrn (Mt 3,13-17)

I. Wenn wir die Geschichte von der Taufe Jesu als ein Evangelium, eine frohe Botschaft für uns, verstehen wollen, müssen wir uns in die Sprache der Bilder vertiefen, in die dieses Evangelium gekleidet ist. Diese Sprache ist nicht mehr unmittelbar unsere Sprache, aber wenn wir gut hinhören, können wir sie doch noch gut verstehen.

Die Geschichte ist aufgebaut auf den Gegensatz von oben und unten, denn sie handelt von einem Hinuntersteigen. Halb von Frömmigkeit, halb von Neugierde bewegt, steigen die Menschen auf kahlen und felsigen Wegen von den Bergen Judas herunter, hinunter in die feuchte Hitze des üppigen Tieflands noch unterhalb des Meeresspiegels, durch das sich träge und braun der Jordan schlängelt. Da drunten steht Johannes und redet ihnen mit prophetischer Macht ins Gewissen, und mit den umkehrwilligen Menschen steigt er noch etwas tiefer, hinunter in das Wasser des Flusses, wo die Menschen an seiner Hand untertauchen und wieder an der Oberfläche auftauchen. Das soll bedeuten, nicht nur, dass sie gereinigt werden wollen vom klebrigen Schmutz ihrer Sünden. Es soll auch bedeuten, dass der „alte Mensch" im Wasser untergehen soll und dass sie als neue Menschen in ein neues Leben aufsteigen wollen.

Viele Menschen stehen Schlange für ihre Beichte und für ihre Taufe. Johannes tauft einen nach dem anderen, darunter auch Jesus, einen Handwerker aus Nazaret, der wohl ähnlich empfindet wie die vor und nach ihm in der Reihe. Auch Jesus taucht unter, wie die anderen. Aber während Johannes schon den nächsten heranruft, um mit ihm weiterzumachen, und während Jesus aus dem Wasser steigt, um sich anzukleiden, da passiert das, was berichtet wird: Eine Vision bemächtigte sich seiner und er – offenbar nur er allein – sah und hörte etwas ganz Außerordentliches.

II. Erstens: „Er sah, dass der Himmel sich öffnete und der Geist wie eine Taube auf ihn herabkam". „Er sah, dass der Himmel sich öffnete": Das Blau des Himmels in seiner Reinheit und Lichtfülle haben die Menschen schon immer als ein Bild der alles überwölbenden Gegenwart Gottes empfunden. Wenn sie den Blick nach oben richteten und durch diese Weite schweifen ließen, konnten sie die Ahnung eines Höheren empfinden. Zugleich aber war diese Ahnung verbunden mit dem Wissen, dass Gott selbst verborgen bleibt. Das Himmelsblau ist zugleich diaphan und opak, durchscheinend und dunkel; es weist auf etwas hin, was es zugleich verschließt. (Verstehen wir recht: All das sind Bilder im Rahmen einer Vision. Es sind keine sachlichen Auskünfte, als müsste man die Himmelsschale bzw. die Erdatmosphäre nur mit einem Raumschiff durchstoßen, um einige Kilometer weiter Gott zu finden.) Wenn nun der Himmel aufreißt, heißt das, dass sich eine freie Bahn für den Austausch zwischen der göttlichen Unendlichkeit und dem endlichen Menschen auftut.

Und „er sah, dass der Geist wie eine Taube auf ihn herabkam." Diese freie Bahn für den Austausch, der mit der Gabe des göttlichen Geistes beginnt, wird dargestellt durch den Flug einer Taube. Der Heilige Geist: das ist auf

Griechisch: hagion pneuma. Pneuma ist die lebendige, sich bewegende Luft oder der Atem eines Menschen (pnev-ma); hagion pneuma, der Heilige Geist, ist dann der Lebensatem Gottes. Mit der Bewegung der Taube auf uns herab ist die Bewegung des göttlichen Atem-Geistes, den man nicht unmittelbar sehen kann, gemeint.

Zum Sehen aber gesellte sich – noch eindringlicher, noch packender – ein Hören: „Und eine Stimme vom Himmel her sprach: Du bist mein geliebter Sohn, an dir habe ich Gefallen gefunden.“ Versetzen wir uns für einen Augenblick in den Mann Jesus hinein und versuchen wir, mit ihm diese innere Gewissheit zu empfinden, die ihm da zuteil wurde: Du, - mein Sohn, mein lieber Sohn! Ich, - sein Sohn, – Er liebt mich. Und dann: „An dir habe ich Gefallen gefunden“. Kann das wahr sein, das gibt es doch nicht, – ich gefalle ihm, er hat sogar Freude an mir. Keine Spur mehr von der Qual, Gott nicht zu finden. Keine Spur mehr von der Angst, vor ihm nicht bestehen zu können. Nicht bloß eine Ahnung von Nähe, nicht bloß ein Durchkommen durchs Examen, nicht bloß eine Genehmigung zum Existieren, nicht bloß eine herablassende Geste der „Gnade“: Nein! Der Himmel bricht auf, weil Gott nicht mehr an sich halten kann mit seiner Freude darüber, dass er nun da ist, auf den hin er die ganze bisherige Natur- und Menschengeschichte hindurch gearbeitet hat.

Neben dem Abstieg der Menschen hinunter in die Tiefen der Konfrontation mit ihrer Schwäche und Sünde ist das der zweite Abstieg in unserer Geschichte: der Abstieg des Gottesgeistes von der Höhe in die Tiefe. Und das ist dann zugleich der Aufstieg aus der Tiefe: das Hinaufgezogenwerden aus der wässrigen Tiefe und Kälte in das warme Licht des Bewusstseins: ich, sein Sohn, er, mein Vater. Johannes tauft weiter, die Menge verläuft sich langsam, der Tag geht zu Ende. Nur für Jesus ist jetzt alles anders. Er kehrt nicht mehr zurück nach Nazaret in seinen Zimmermannsbetrieb. Vielmehr treibt ihn der Geist, mit dessen Erfahrung er erst fertig werden muss, in die Wüste: zuerst in die Einsamkeit der Wüste Juda, dann in die Wüste der

Einsamkeit mitten unter die Menschen, die ihn nicht verstehen, bis hin zur Einsamkeit der Angst im Leiden unter einem Himmel, der nun von bleierner Verschlossenheit zu sein scheint.

III. Fast 2.000 Jahre sind vergangen, seit das Auftreten Jesu die verhangene Landschaft des menschlichen Lebens erhellt hat, - jedenfalls für diejenigen, die fähig waren, den göttlichen Glanz zu erkennen, der auf seinem Antlitz lag. Das waren auch damals keineswegs alle von denen, die ihn selbst sehen und hören konnten. Auch heute ist das so geblieben. Nicht alle sind für den Glanz empfänglich, der von seiner Gestalt ausgeht. Wir Christen aber leben immer noch im Licht, das von jenem Blitz ausging und ausgeht. Es ist mit dem Lauf der Zeit nicht schwächer geworden. Für diejenigen, die es entdecken, hat es vielmehr die Qualität immer neuer Frische. Manche Zeitgenossen, die vor lauter Gescheitheit müde und denen durch die immer schnelleren Drehungen des Karussells der Moden schwindelig geworden ist, meinen, das Christentum läge schon hinter ihnen und hätte nichts mehr zu sagen. Sie halten Ausschau nach neuen Offenbarungen. Viele, die sich sonst auf ihren aufgeklärten Geist viel zu Gute tun, erweisen sich dabei in einem erstaunlichen Maße unkritisch und leichtgläubig gegenüber allerlei dubiosen Geheimlehren und Glücksrezepten. Aber wer kritisch in die Runde schaut, muss zum Schluss kommen: Etwas Besseres als das Evangelium ist seitdem nicht gekommen.

Gewiss mag uns heute manches an der überlieferten Gestalt des Glaubens fremd geworden sein. Und gewiss haben Christen - wir Christen - den leuchtenden Gehalt des Evangeliums oft genug banalisiert oder beschmutzt. Aber das Zentrum unseres Glaubens, die Gestalt, die schlicht, ohne Macht, ohne Wissenschaft und ohne Schönheit, aber als ein Wunder der Klarheit und der Güte über das Land ging, überstrahlt noch immer alle anderen menschlichen Gestalten, so groß diese auch in jeweils ihrer Ordnung sein mögen.

II. Um Ostern herum

Versuchung

Erster Fastensonntag (Lesejahr C) (Lk 4,1-13)

Am letzten Mittwoch, am Aschermittwoch, haben viele von Ihnen sich mit Asche bestreuen oder bezeichnen lassen und dabei die uralten Worte auf sich wirken lassen: „Bedenke, Mensch, dass du Staub bist und wieder zum Staub zurückkehren wirst.“ Einfach als Mensch werden wir in diesem eindrucksvollen Ritus angesprochen, nicht als Frau oder Herr so und so, mit den Bezeichnungen unserer Berufe oder mit irgendwelchen Titeln. Lapidar heißt es: Mensch, vergiss nicht, dass du bloß ein Mensch bist, ein vergänglicher Mensch aus einer Materie, die nicht du selbst organisiert hast! Diese Materie wird Staub genannt, flüchtiger trockener Ackerboden, der jedem Windhauch preisgegeben ist. Dieser Staub heißt auf Hebräisch „adamáh“ und deswegen hat in der Bibel der Mensch den Namen „Adam“.

Vom Menschen, vom Adam, ist in den beiden Lesungen die Rede, die uns die Kirche heute, am ersten Fastensonntag dieses Jahres, vortragen lässt. In der Stelle aus dem Buch „Genesis“ ist die Rede vom ersten Menschen, dem alten Adam, und im Evangelium ist die Rede vom zweiten Adam, dem neuen Menschen. Nur auf dem Hintergrund der Geschichte aus dem Anfang der Bibel verstehen wir den Sinn der Geschichte, die uns Lukas erzählt. In beiden Fällen geht es um die Situation der Versuchung.

I. „Adam“ lebt zusammen mit Eva in einer Welt, in der alles wächst, was man zum Leben braucht. Naiv und dankbar genießt er zusammen mit seiner Frau dieses Leben. Dass es auch in diesem mit allem gesegneten Leben eine Grenze gibt, vor deren Übertretung der Schöpfer ihn gewarnt hat, stört ihn nicht weiter. Er lebt in dem glücklichen Bewusstsein, auf Erden Gottes Abbild sein zu dürfen, das heißt, dass ihm alles gehört, er aber Gott gehört.

In diesen naiven Glauben hinein spricht nun die Stimme der Versuchung. Sie suggeriert, dass das Verbot, von dem einen Baum zu essen, so unerträglich ist, dass die Erlaubnis, von allen anderen zu essen, im Vergleich dazu keinen Trost mehr darstellt. Eva wehrt sich zwar zunächst noch gegen diese Verdrehung der Tatsachen, aber nun, da sie sich näher mit dem Baum befasst, der ausgegrenzt ist, scheint ihr nichts mehr so begehrenswert wie dessen Früchte. Je länger sie sich dem Reiz des Verbotenen aussetzt, desto stärker wird dessen Attraktivität, bis die Hand von selbst nach der Frucht greift. Was folgt, kennen wir: Es ist eine große Ernüchterung.

Worin bestand nun der Sündenfall der Frau und des Mannes? Was sie reizte und was sie vorher offenbar nicht hatten, war nicht etwa, wie manche meinen, die Lust des geschlechtlichen Miteinander, sondern Erkenntnis, genauer: die mit dem Wissen verbundene Macht. Es ist der Reiz, zu begreifen, was die Welt im Innersten zusammenhält, und so sein Schicksal selbst steuern zu können. Worin aber bestand der Fehler, den sie begingen? Darin, nicht zu akzeptieren, dass diese Erkenntnis und diese Macht über die Grenzen des Menschseins hinausgehen. Und worin bestand die Sünde, die mit diesem Fehler verbunden war? Es war das Misstrauen gegen Gott, die Aufkündigung des Vertrauens, m.a.W. der Unglaube gegenüber seiner Vorsehung.

II. Das Evangelium zeigt uns Christus, den zweiten Adam, denjenigen, der im vollen Sinn das ist, was Adam nur anfänglich war: Bild Gottes auf Erden. Auch er wird versucht. Der Hebräerbrief sagt ausdrücklich: Er ist versucht worden in allem, so wie wir, nur mit dem Unterschied, dass er die Versuchung besiegte und nicht sie ihn. Die Versuchung findet nicht in einem Paradiesesgarten statt, nicht im Überfluss, sondern in der Kargheit der Wüste. Worin besteht das Gemeinsame der drei berichteten Versuchungen? Wie bei Adam arbeitet der Versucher mit der Gebrechlichkeit des Vertrauens. Er sagt: Das kann doch nicht wahr sein, dass du der Sohn Gottes bist, wenn du in so engen Grenzen eingeschlossen bist! Erinnern wir uns: Vor kurzem hatte Jesus, bei seiner Taufe durch Johannes, die Offenbarung gewonnen, dass er der „geliebte Sohn“ Gottes sei. Mit diesem Bewusstsein muss er nun fertig werden. Dazu zieht er sich in die Einsamkeit zurück. Und an eben diesem Bewusstsein setzt die Versuchung an.

Die erste Versuchung lautet: Es kann doch nicht verboten sein, von der Wunderkraft, die in mir ist, ein wenig zum eigenen Gebrauch abzuzweigen! Die zweite Versuchung lautet: Es kann doch nicht verboten sein, wenn man das Beste für die Menschen will, zunächst die Herrschaft über alle zu erreichen und dazu die Mittel einzusetzen, die dahin führen. Die dritte Versuchung lautet: Es ist doch nur recht und billig, um die Zustimmung der Menschen zu erreichen, alle Register der Zauberei und des Schauwunders einzusetzen. Immer erkennt Jesus, dass er darin seinem Sohnesverhältnis zum Vater untreu würde; immer erkennt er, dass es Gottes Wille ist, ein einfacher Mensch zu bleiben, unter Verzicht auf Macht und Zeichen die Herzen der Menschen zu gewinnen und sich nicht bedienen zu lassen, sondern zu dienen.

So übersteht er die Versuchungen, - vorläufig. Denn im Laufe seines öffentlichen Lebens treten sie immer wieder an ihn heran und mussten immer wieder durchschaut und überwunden werden, so z.B. als das Volk ihn nach der Brotvermehrung zum König machen wollte, oder: als die Schriftgelehrten ihn verlachten, weil er kein prophetisches Wunder tat, oder: als sein Freund Petrus ihn von seinem Weg abbringen wollte, oder als man ihn am Kreuz verhöhnte: Steig doch herab, wenn du kannst, da du ja angeblich Gottes Sohn bist.

III. Was bedeutet das alles für uns? Zwischen Adam und Christus, zwischen dem alten Menschen und dem neuen Menschen, stehen wir. Wir sind von der Erde genommen wie Adam, wir sind vom Himmel her neu geboren wie Christus. Wir werden versucht, wie seit jeher Menschen versucht wurden, weil Menschsein keine Selbstverständlichkeit ist. Die Gestalt der Versuchungen ist vielfältig: der eine wird vor allem aufgrund von seinen Schwächen versucht: zum Neid, zum Lügen, zum Stehlen, zur Unehrlichkeit, zur Mutlosigkeit; der andere mehr von seinen Stärken: zur Arroganz, zur Selbstverliebtheit, zur Unbarmherzigkeit usw. Immer geht es darum, mehr sein wollen, als was man ist, darum, die Begrenztheit des Menschseins nicht ertragen zu können, und dies deswegen, weil das Vertrauen auf den Vater im Himmel einem Misstrauen gewichen ist.

Ehrlich müssen wir zugeben: wir sind solchen Versuchungen immer wieder auf den Leim gegangen. Adams und Evas Geschichte hat sich auch in unserem Leben schon öfter wiederholt. Aus dieser Einsicht kann die Stimmung entstehen, dass es keinen Ausweg aus der ewigen Wiederholung derselben Dummheiten gibt. Wenn wir dieser Stimmung nachgeben, geben wir uns als moralische Persönlichkeiten auf. Deswegen wird uns jedoch die Gestalt des neuen Adam, des nun voll als Bild Gottes gelingenden Menschen vor Augen gestellt. Der Blick auf ihn stärkt unser Vertrauen, das zugleich Vertrauen auf Gott und Selbstvertrauen ist. Es ist möglich, klüger zu werden als die Schlange, vielleicht nicht auf Dauer, aber immer wieder und immer wieder neu.

Das Opfer Abrahams

Zweiter Fastensonntag (Lesejahr B) (Gen 22,1-2.9-18) *Predigt 1*

Die Lesung aus dem Alten Testament, die Sie heute gehört haben – die berichtet, wie Abraham ums Haar seinen Sohn Isaak geopfert hätte – ist so gewaltig und so verwirrend, dass sie heute einmal ganz für sich die Predigtzeit beanspruchen darf.

I. Abraham lebte offenbar in einer Zeit, in der, in extremen Situationen, die Opferung von Menschen, auch der eigenen Kinder, vollzogen wurde. Menschen, z.B. Sklaven oder Kriegsgefangene, waren ein sehr wertvoller Besitz. Noch wertvoller waren natürlich die eigenen Nachkommen. In jedem Fall kamen sie für die damalige Denkweise nur als solcher Besitz in Betracht. Die Frage, wie sich der junge Isaak bei allem fühlte oder ob seine Opferung etwa als Mord zu bewerten wäre, sind lag völlig außerhalb des damaligen Gesichtskreises. Es geht nur um Abraham, einen Mann, der noch im hohen Alter unvermutet das Geschenk eines Sohnes erhalten hatte, und dem nun zugemutet wurde, sein Ein und Alles derselben Gottheit zu opfern, von der er ihn bekommen hatte.

Die Geschichte der Opferung Isaaks (oder, wie die Juden zurückhaltender sagen, der Bindung Isaaks) ist natürlich kein historischer Bericht. Sie ist zu einer Zeit entstanden, als die Opferung von Menschen und speziell der eigenen Kinder schon längst kein aktueller Brauch mehr war. Immerhin gab es bei den Nachbarn Israels, die den Gott Moloch verehrten, diesen Brauch immer noch. Und in Israel selbst mussten einzelne davor gewarnt werden, es diesen Nachbarn in höchster Not gleich zu tun. Schließlich hat sich wohl die Sage davon erhalten, dass es in früheren Zeiten Menschenopfer gegeben hat, die dann aber vollständig durch die Opferung von Tieren und Feldfrüchten abgelöst worden sind. Der Widder, der am Ende glücklicherweise anstatt des jungen Isaak als Opfertier bereit steht, bezeichnet den kulturgeschichtlichen Übergang von den Menschenopfern zu den Tieropfern.

II. Welchen Sinn hat es nun, wenn diese Geschichte aus einer längst vergangenen Epoche der Menschheit immer wieder erzählt wurde?

Erstens ist es eine Erinnerung an ein früheres Stadium der Menschheit. Als Israel sich schon lange von der Versuchung der Menschenopfer gelöst hatte, dachte es doch noch mit Schaudern an diese Zeit, in der ihm die Natur Gottes noch nicht klar war. Es war die Zeit, in der man meinte, den Zorn der Gottheit durch Opfer bis hin zu Menschenopfern besänftigen zu müssen. Man wusste noch nicht, dass Gott solche Opfer verabscheut. Als das den Juden schon lange ganz klar war, haben *unsere* keltischen und germanischen Vorfahren noch immer den Grimm ihrer Götter zu besänftigen versucht durch Opfer bis hin zu Kinderopfern, wie die Ausgrabungen z.B. in Manching bei Ingolstadt zeigen.

Zweitens bringt diese Erzählung für die jüdischen Zuhörer einen der dramatischsten Augenblicke ihrer Geschichte zum Bewusstsein. Sie alle wissen sich ja als Nachkommen Jakobs, des Sohnes Isaaks. Wäre es wirklich zur Opferung Isaaks gekommen, hätten sie alle das Licht dieser Welt nie erblickt; dann aber wäre auch die Verheißung an Abraham aufgehoben worden. Abraham wäre nie zum Vater des Glaubens geworden. Dieser kritische Augenblick, durch den die gerade erst keimhaft entstehende Abrahams-Sippe hindurch musste, war noch weit kritischer als die spätere Bedrohung des Volkes Israel durch das ägyptische Heer am Schilfmeer.

Drittens zeigt diese Erzählung exemplarisch den Gehorsam und den Glauben Abrahams. Zuerst den Gehorsam. Da er nun einmal überzeugt war, sein Gott verlange von ihm das Opfer des größten Geschenks, das Er ihm gemacht hatte, so wollte er Gott dieses Opfer nicht verweigern, auch wenn er nicht begriff, warum so etwas von ihm verlangt wurde. Sein Verhalten zeigt aber auch seinen Glauben: seine Hoffnung, dass es Gott nicht bis zum Äußersten kommen lassen würde.

III. Welchen Sinn hat es nun, über das Gesagte hinaus, für uns, wenn diese Geschichte vom Opfer Abrahams heute noch erzählt wird? Wir sind doch inzwischen auch über die Opfer von Tieren weit hinaus! Ja, in der Tat, aber nicht durch eigene Reflexion, sondern durch eine immer klarere und reinere Offenbarung Gottes! Im Lauf des Alten Testaments wurde es durch die Propheten immer deutlicher, dass Gott zwei Dinge weit höher schätzt als alle Opfer: nämlich erstens den Gehorsam gegenüber seinem

Willen, wie er vor allem in den zehn Geboten klar wird. Und zweitens die Barmherzigkeit gegenüber dem notleidenden Mitmenschen. Dennoch blieb die Ordnung der Opfer damals bestehen. Im Neuen Testament aber lösten sich die Christen von den Opfern im Tempel und auf dem Feld. Sie begriffen: Die freiwillige Selbsthingabe Christi am Kreuz überbietet alle Opfer und macht sie überflüssig. Das feiern wir in jeder Eucharistiefeier. Diese heißt auch Messopfer, weil sie Christi Opfer gegenwärtig setzt. Gott braucht nicht mehr versöhnt zu werden. Er kommt auf uns zu und versöhnt uns mit sich. Gott will nicht, dass man ihm Opfer bringt. Er ist auch *so* gut, er muss nicht erst durch kostspielige Geschenke gnädig gestimmt oder gar bestochen werden.

III. Wenn es aber so ist, hat der Begriff eines Opfers für uns überhaupt noch einen Sinn? Ganz ausgestorben ist die Rede davon ja nicht. Einen undramatischen Restbestand der früheren Bräuche haben wir im „Opfergeld", der „Kollekte", die während des Gottesdienstes eingesammelt wird, und im „Opferstock", in den man Almosen einlegen kann. Was bringen wir mit diesen Spenden zum Ausdruck? Es ist die Dankbarkeit dafür, dass wir etwas haben und dass wir etwas von dem Unseren hergeben können, um den Armen zu helfen und um den Gottesdienst zu verschönern. Aus ähnlichen Motiven bringen wir Kerzen dar und zünden sie an. Wie unsere Vorfahren haben wir ja das Bedürfnis, Gaben vor Gott zu bringen. Geld und Kerzen können freilich die Hingabe des Herzens nicht ersetzen, nur begleiten.

Schließlich kennen wir noch das Opfer-Bringen in einem recht ernsten Sinn. Wir müssen etwas hergeben, was uns sehr wichtig ist: Der Tod nimmt uns den Lebenspartner oder gar ein Kind; eine schwere Krankheit sucht uns heim und verlässt uns nicht wieder. Da wird uns ein sehr schweres Opfer zugemutet. Wir haben es nicht freiwillig gebracht. Aber wir müssen uns damit auseinandersetzen. Gelingt es uns, den Verlust in ein freies Ja umzuwandeln oder bluten wir an der Wunde langsam aus? Ich kannte eine Ordensschwester, die sehr gerne in ein Missionsgebiet gegangen wäre.

Aber es wurde ihr nicht gestattet. Der Schmerz über diese Frustration zehrte an ihr, bis es ihr endlich möglich wurde, diesen Wunsch innerlich zu suspendieren und sowohl der Mission wie der Heimat gegenüber offen zu werden. Da gewann sie eine neue Freiheit. Und kaum dass sie so weit war, kam auch die Erlaubnis nach Afrika zu gehen. Nun war sie reif für einen neuen Abschnitt ihres Lebens. Da dachte ich an Abraham, der den Isaak erst hergeben musste, um ihn neu zu empfangen.

Jüngerschulung

Zweiter Fastensonntag (Lesejahr B) (Mk 9,2-10) *Predigt 2*

Das Leben Jesu, des Herrn, war kurz: kaum 35 Jahre. Abgesehen von Kindheit und Jugend war es durchgehend das Leben eines unverheirateten Zimmermanns, bis zu dem Tag, als der Ruf des Täufers Johannes in das Dorf Nazaret in Galiläa drang. Damals wurde auch Jesus davon erfasst. Er ging hinunter an den südlichen Jordan zu Johannes und ließ sich von dessen Bewegung ergreifen, die Johannes in die Worte zusammengefasst hatte: Gott ist dabei, seine Herrschaft zu ergreifen. Löst euch also von euren schlechten Gewohnheiten; ändert euer Denken und unterwerft euch freiwillig der Herrschaft Gottes, bevor es zu spät dafür ist. Als Zeichen dieser Gesinnungsänderung hatte Johannes die Taufe im Wasser des Jordan eingesetzt. So wie das Wasser reinigt, so sollte man sich den Schmutz von seiner Seele abwaschen lassen und neu anfangen.

Auch Jesus ließ sich taufen. Bei dieser Gelegenheit hatte er eine tiefe Gotteserfahrung, deren Inhalt sich für ihn in den Worten ausdrückte: „Du bist mein geliebter Sohn, an dem ich meine Freude habe“. Die Folge dieser Erfahrung war, dass Jesus nicht mehr in seine Werkstatt in Nazaret zurückkehrte, sondern ein ganz neues Leben begann, zunächst in der Einsamkeit der Wüste und dann wohl in der Nähe des Täufers. Diese Zeit dauerte aber nicht lange. Denn bald darauf wurde der Täufer von König Herodes ins Gefängnis geworfen und getötet. Als dies geschehen war, übernahm Jesus die Verkündigungstätigkeit des Täufers Johannes, freilich nicht wie dieser am Jordan in Judäa, sondern im heimatlichen Galiläa. Wie um den Täufer scharten sich bald auch um ihn Jünger, die von ihm lernen wollten und ihn bei seinen Wanderungen begleiteten. Ab da musste sich Jesus natürlich darum kümmern, seine Jünger zu Mitarbeitern zu schulen. Die Jünger ihrerseits mussten dabei einen intensiven Prozess durchmachen. Sie mussten versuchen zu verstehen, was ihr Lehrer mit seinen Worten und mit seinen Handlungen sagen wollte, und nicht zuletzt *ihnen* sagen wollte. Denn da war vieles ungewohnt. Sie werden sich auch immer wieder gefragt haben, wer der wohl sei, dem sie nachgelaufen sind. Sie haben sich gefragt, mit welchen Lehrern und Propheten in der Geschichte ihres Volkes er verglichen werden kann. Das haben sie im Austausch untereinander getan und ganz sicher auch im Geheimen ihres eigenen Herzens.

Ein kritischer Augenblick war dann aber herangekommen, am Endpunkt einer Wanderung hinauf zu den Jordanquellen, als er sie von sich mit der Frage konfrontierte: „Nach allem, was ihr erlebt habt, wer bin ich für euch?“ Manch einer, der sich noch nicht festgelegt hatte und schwankte, mag von dieser Frage erschreckt gewesen sein. Aber aus Petrus war damals das ungeheure Wort herausgebrochen: „Du bist der Messias, der Sohn des lebendigen Gottes!“ Jesus hat das Wagnis dieses Bekenntnisses gleich mit höchster Autorität besiegelt, indem er antwortete: Ja, so ist es. Aber das, lieber Simon, hast du nicht mit deinem menschlichen Verstand erkannt; das hat Gott selbst dich erkennen lassen.

Als nun aber dieser einzigartige Wortwechsel gefallen war, sah Jesus die Stunde gekommen, jetzt gleich auch das gerade gegebene Bekenntnis und alle Jüngertreue zu riskieren, indem er klar sagte, welches Schicksal ihm bevorsteht, ihm, und damit in gewissem Maß auch seinen Jüngern. Es ist das Schicksal, vom Volk und seinen Führern verworfen zu werden, von den Römern gedemütigt und hingerichtet zu werden. Jesus fügte dieser schrecklichen Prophezeiung zwar hinzu, dass er von Gott nicht völlig im Stich gelassen, sondern schließlich auferweckt werden würde. Aber diesen Zusatz haben die Jünger, da sie ihn nicht verstanden, wohl ganz überhört. Im Gedächtnis aller blieb nur die entschiedene Reaktion des Petrus „Soweit darf es nie kommen!“ und die scharfe Gegenreaktion Jesu „Weg von mir, du Versucher! Du bringst mich von meinem Weg ab. Du bringst mich von Gott ab!“

Das ist der Hintergrund, den man im Kopf haben muss, wenn man die folgende Geschichte verstehen will, die so idyllisch wirkt: Wie Jesus den Petrus und zwei andere seiner Jünger mitnimmt auf einen Berg in die Einsamkeit. Den ganzen Aufstieg lang begleitete sie die ungelöste Spannung zwischen ihnen und dem Herrn.

In diese Situation hinein geschah es dann, dass Jesus ganz plötzlich vor ihren Augen verwandelt wurde: Dass seine Gestalt bis in die Kleider hinein von innen her erstrahlte. Und was noch mehr war: Es geschah, dass Elija und Mose, die größten Gestalten aus der Geschichte des Judentums, gegenwärtig wurden und mit Jesus redeten. Und schließlich kam es sogar so weit, dass die Wolke, die im Alten Testament Gottes Gegenwart ausdrückte, sich auf sie herabsenkte und dass aus der Wolke dieselbe Stimme erscholl, die Jesus im Jordan gehört hatte: „Das ist mein geliebter Sohn“, nur jetzt mit dem Zusatz für die Jünger: „Auf ihn sollt ihr hören!“.

Denn diese Erscheinung richtet sich an die Jünger, nicht an Jesus. Er *weiß* ja, dass er der Sohn Gottes ist. Mose und Elija waren ihm als Gesprächspartner *immer* gegenwärtig. Und er weiß, dass er sich nicht nur mit ihnen beschäftigt, gewissermaßen nach rückwärts. Vielmehr weiß er auch, dass er in ihren Gedanken, nach vorwärts gerichtet, gegenwärtig war als der, der da kommen soll. Aber die Jünger wussten es bisher nicht. Zu ihnen war zwar davon gesprochen worden. Aber erlebt hatten sie es bisher nicht. Nun geht ihnen, ihren Augen, das Leben auf, das man das jenseitige Leben, das Leben der Auferstehung nennt. Es ist das göttliche Leben, das die innere Wirklichkeit Jesu ist, die meistens verborgen ist und in den kommenden Tagen des Leidens gewissermaßen noch viel mehr verdeckt sein wird, aber jetzt für einen Augenblick aufblitzt.

Dann lesen wir: „Während sie den Berg hinabstiegen, verbot er ihnen, irgend jemand zu erzählen, was sie gesehen hatten, bis er selbst von den Toten auferstanden sei". Was sie gesehen hatten, sollte nicht zum Gegenstand des Geredes werden, sondern sich ihnen tief ins Herz graben, über die Tage der Passion hinweg bis zu jenem Ostertag, an dem sich die Erinnerung an das Geschehen der Verklärung auf dem Berg mit der Begegnung mit dem Auferstandenen verbinden konnte. So sollten sie gefestigt werden für ihr eigenes Leben in der Nachfolge des Herrn, das allerhand Bedrängnisse mit sich bringen würde, aber auch erfüllt war von einer universalen Hoffnung.

„Du führst mich hinaus in Weite"

Zweiter Fastensonntag (Lesejahr C) (Gen 15,5-18) *Predigt 3*

Ich weiß nicht, ob es Ihnen mit der Lesung des heutigen Sonntags aus dem Buch Genesis ebenso ergangen ist wie mir. Ich fand sie faszinierend, faszinierend ebenso in ihrer archaischen Fremdheit wie in ihrer tiefen Menschlichkeit. Ihr wollen wir uns etwas zuwenden!

I. Aus einer archaischen, einer uralten Zeit ist diese Geschichte bis auf uns gekommen. Vier Dinge sind es vor allem, die ganz anders sind als heute.

Erstens: Die Geschichte gehört zum Überlieferungsschatz der Völker in und um Palästina, „vom Grenzbach Ägyptens bis zum großen Strom Eufrat". Sie leben miteinander und kämpfen gegeneinander. Sie wissen, dass sie alle miteinander verwandt sind. Das drücken sie so aus, dass sie sich allesamt als Nachkommen eines Stammespatriarchen aus grauer Vorzeit verstehen, und zwar paradoxer Weise eines Mannes, dem zunächst gar keine Nachkommen gegeben waren. Es ist also eine Wundergeschichte. Es ist kein historischer Bericht, sondern eine Sage vom Ursprung, erzählt und niedergeschrieben von Leuten und für Leute, zu denen wir hier in einem direkten Sinn nicht gehören.

Zweitens: Held dieser Sage ist der Mann Abraham, der aus Ur im Zweistromland (dem heutigen Irak) mit seiner Herde nach Palästina eingewandert ist und damals noch Abram heißt. Er kommt zu einem gewissen Wohlstand. Aber zwei Sorgen nagen an seinem Herzen: Er zieht als Fremder durch die Weidegebiete dieses Landes; ihm selbst gehört kein Stück Boden. Vor allem: Er hat keinen Sohn, dem er seinen Besitz vererben und sein Leben weitergeben könnte. Diese beiden Sorgen können auch wir noch in einem gewissen Maß teilen. Aber die Wucht, mit der sie einen Mann vor etwa viertausend Jahren bewegten, die erleben wir nicht mehr so, die ist uns fremd geworden.

Das Dritte, das uns noch viel fremder geworden ist, das ist das Ritual des Vertragsschlusses, das geschildert wird. Abraham nimmt einige Tiere, schlachtet und zerteilt sie so, dass eine Gasse zwischen den Teilen entsteht. Die zwei Vertragspartner mussten durch dieses Gasse gehen. Damit drückten sie aus: Wenn ich den Vertrag, den Bund, breche, dann soll es mir gehen wie diesen zerteilten Tieren.

Das Vierte, was den Abstand der damaligen Welt zur unsrigen deutlich macht, ist natürlich dies, dass da Gott konkrete Anweisungen gibt, dass er mit Abraham spricht und dass Abraham mit ihm spricht wie mit einem Menschen, und dass Gott im Feuer durch die zerlegten Tiere hindurchgeht und damit mit Abraham einen Bund eingeht. Das ist das Faszinierendste, aber auch das Fremdeste an dieser Geschichte.

II. Und doch gehört diese Geschichte von fremden Leuten und aus längst vergangenen Zeiten auch zu unserer eigenen Geschichte. Sie wurde ja heute wieder vorgelesen. Sie erinnert uns daran, dass der Saft des Glaubens aus einem Stamm kommt, der seine Wurzeln tief in die Vorgeschichte gesenkt hat. Das ist das Stichwort, das uns mit Abraham verbindet: der Glaube. Umstände, Gestalt und Bilder des Glaubens haben sich im Laufe der Geschichte gewandelt. Sie waren damals spürbar anders als sie es heute sind. Aber der Glaube selbst als eine menschliche Grundkraft ist derselbe wie damals. Und Gott, auf den sich der Glaube richtet, ist derselbe damals, heute und immer.

Die Weise, wie das Aufkeimen dieses Glaubens in der Abrahamsgeschichte angedeutet wird, kann uns heute noch ansprechen. Der Mann tritt aus seinem Zelt in die dunkle Nacht hinaus und betrachtet die Sterne. Vielleicht konnte er wieder einmal nicht schlafen, weil der Kummer seiner Kinderlosigkeit in ihm arbeitete. Sein Blick gleitet von einem Sternbild zum anderen und kommt an kein Ende. Sein Interesse gleitet dabei unmerklich von seinen Sorgen hinüber auf die Pracht und Unermesslichkeit des Sternenhimmels. Seine Brust, die eingeengt war von der Aussichtslosigkeit, weitet sich und lässt neuen, freien Atem in sich ein. Er denkt an Gott, den „heil'gen Schöpfer aller Stern". Und in diesem Augenblick muss ihm die Hoffnung wieder lebendig geworden sein: Gott wird alles gut machen; vielleicht wird er mir doch noch Kinder schenken. Und Abraham begann wieder zu vertrauen. Er schenkte dieser Botschaft, die Gott durch die Vermittlung des gestirnten Himmels in seinem Herzen aufweckte, Glauben.

III. Glaube ist eine fundamentale menschliche Kraft. – Man muss nicht alles glauben und man sollte nicht jedem vertrauen. Aber man kann nicht leben, wenn man prinzipiell misstraut. Man sollte selbstkritisch sein. Aber wer sich selbst nichts zutraut, wer sich selbst gegenüber voller Unglauben ist, der lebt am Leben vorbei. Und dasselbe gilt für den letzten Grund der Wirklichkeit: Ob unsere verschwiegene, innerste Einstellung ihm gegenüber von Glaube und Hoffnung oder von Skepsis und Verbitterung bestimmt ist, das macht einen riesigen Unterschied aus. Im zweiten Fall knicken wir selbst die Flügel, die uns durch das Leben tragen. Wenn wir aber der Kraft, die hinter allem steht, Vertrauen und Hoffnung entgegenbringen, wenn wir sie als „Gott" verehren, dann tragen uns diese Flügel weit, weiter als wir es zunächst dachten, hinaus in eine große und lichte, befreiende Weite.

Heißt das, dass es im Leben eines Glaubenden keinen Zweifel mehr geben kann? Nein. Menschen, die immun gegen jeden Zweifel sind, sind meistens keine glaubenden, sondern eher zwanghafte Charaktere. Zweifel kommen immer wieder. Aber es ist möglich und gelingt auch manchmal, durch sie hindurch den Pfeil des Glaubens in den Himmel zu schießen, aus dem uns die Sterne entgegenleuchten, auch wenn sie eine Zeit lang von Wolken verhüllt sind.

In einem alten Lied (Psalm 18, 20. 29. 37) kommt diese Erfahrung des Glaubens wunderbar zum Ausdruck:

> „Der Herr wurde mein Halt.
> Er führte mich hinaus ins Weite, / er befreite mich, denn er hatte an mir Gefallen.
> Du, Herr, läßt meine Leuchte erstrahlen, / mein Gott macht meine Finsternis hell.
> Du schaffst meinen Schritten weiten Raum, / meine Knöchel wanken nicht."

„Er wusste, was im Menschen ist“

Dritter Fastensonntag (B) (Joh 2,13-25)

I. Es „kamen viele zum Glauben an ihn. Jesus aber vertraute sich ihnen nicht an, denn er kannte sie alle und wusste, was im Menschen ist.“

Was wusste er? Jedenfalls so viel, dass er sich ihnen nicht anvertraute. Wem? Denen, die sich um ihn drängten, weil er wunderbare und erstaunliche Dinge getan hatte. Denen, die immer auf der Suche waren nach einem, auf den sie ihre Hoffnungen projizieren konnten, bei dem sie ihre Last abladen konnten und den sie gegen die anderen, die sie hassten, ausspielen konnten.

Warum vertraute er sich ihnen nicht an? Weil ihr Denken und Fühlen wie Flugsand war, wie Ebbe und Flut, wie ein Wagen auf der Achterbahn. Weil sie sich heute freuten, wie er es den Tempelkapitalisten gegeben hatte, und morgen sich doch auf die sichere Seite der Tradition schlagen würden. Weil sie morgen schreien würden „Weg mit ihm ans Kreuz“, so wie sie heute mit leuchtenden Augen sagten: Gut gemacht, Jesus, du bist unser Mann. Er kannte sie alle. Deshalb misstraute er ihrem Glauben und vertraute ihnen nicht. Hat er nicht recht daran getan?

Jesus wusste aber nicht nur, was in *diesen* Menschen vorging. „Er wusste, was im Menschen ist“: im Menschen überhaupt, in allen Menschen, also auch in uns.

Wären wir damals vertrauenswürdiger gewesen, zuverlässiger als diese Schnellbegeisterten? Sind wir heute stabiler in unseren Begeisterungen? Wenn wir ehrlich sind, müssen wir zugeben: Wenn es darauf ankommt, sind wir es oft auch nicht, weder in den zwischenmenschlichen Sympathien noch in unseren politischen Urteilen. Ersatzweise halten wir uns fest am Gerüst der öffentlichen Meinung, am Gestänge dessen, was gerade „in“ ist. Wenn das Gerüst umgebaut wird oder zusammenbricht, zeigt sich, wie fließend unser Inneres ist. Nicht jeder hat in sich, geistig verstanden, ein Rückgrat, das fähig ist, eine aufrechte Existenz zu tragen, und das auch wieder nicht nur deswegen hält, weil es versteift und verkalkt ist.

Ist das übertrieben? Empfinden Sie das als ehrenrührige Zumutung? Vielleicht, vielleicht sogar zu Recht. Vermutlich aber haben doch gerade diejenigen, die sich als abhängig *wissen*, noch am ehesten die Chance, eine gewisse Stabilität aufzubauen. Und bemerkenswert bleibt auch, dass diejenigen, die auf der Hut davor sind, ihre eigene moralische Kraft zu überschätzen, am ehesten Vertrauen verdienen und am ehesten zum Glauben an den Erlöser kommen.

II. Der Erlöser wusste und weiß, was im Menschen ist. Er macht sich keine Illusionen. Und weil er sich keine Illusionen macht, kann er auch nicht jenen bitteren Geschmack im Mund bekommen, der entsteht, wenn einem wieder eine Illusion zerplatzt ist. Da sagt man dann leicht: ‚Mir macht man nichts mehr vor, ich habe mein Lehrgeld bezahlt, ich weiß wie die Menschen sind'. So spricht ja ein Mensch, der geliebt hat, der sich anvertraut hat, und bitter enttäuscht worden ist. Er steht in der Versuchung, kalt oder gar zynisch, wenn nicht sogar ein Menschenhasser zu werden. Es ist sehr schwer, zu wissen, was alles im Menschen ist, und doch seinen Glauben an Menschen zu bewahren. Ganz ohne Illusionen scheint es nicht zu gehen. Fast scheint Nietzsche Recht zu haben, der einmal das vieldeutige Wort geprägt hat von „der pietätvollen Illusionsstimmung, in der alles, was leben will, allein leben kann".

Der Erlöser aber macht sich keine Illusionen, er braucht auch keine. Er weiß, was im Menschen ist. Wenn er sich für die Menschen interessiert und sich für sie aufreibt bis zum letzten, dann tut er das im vollen Bewusstsein, für wen er das tut. Er tut es aus einem Engagement heraus, das unbegreiflich ist. Es ist keine Liebe, die auf Liebenswürdigkeit reagiert. Es ist eine Liebe, die liebenswürdig macht, in schöpferischer, göttlicher Tat.

III. Und doch ist diese unbegreifliche Tat nicht grundlos. Denn der Erlöser weiß, was im Menschen ist: Er weiß, dass der Mensch Erlösung braucht, und er weiß auch, dass der Mensch es wert ist, erlöst zu werden.

Der Erlöser weiß, dass der Mensch *Erlösung braucht.* Hier bedarf es keines großen Kommentars. Auf vielerlei Wegen sind Menschen gefallen und haben sie sich verstiegen. Durch mancherlei Erfahrungen haben sie die Kraft zur Liebe und den Mut zur Hoffnung verloren. In vielfachen Weisen haben sich Menschen selbst in Schuld verstrickt und können sich nicht mehr befreien, wenn nicht die Kraft, die sie geschaffen hat, ihre Verstrickung aufbricht und sie mit einem neuen schöpferischen Impuls durchströmt.

Der Erlöser weiß aber auch, dass der Mensch *es wert ist*, erlöst zu werden. Nicht, dass er es *verdient* hätte, erlöst zu werden. Denn hätte er Erlösung verdient, bräuchte er nicht erlöst zu werden. Aber er ist es *wert*, erlöst zu werden. Denn er hat auch in seinen Irrungen und Wirrungen, ja in seiner Gemeinheit und Bosheit, seine Würde nicht verloren, seine Würde, in der er geschaffen ist. Er bleibt kostbar in den Augen seines Schöpfers und Erlösers. Wenn er nicht mehr an sich glauben kann, so glaubt Gott immer noch an ihn. Der *Erlöser* weiß, dass der Mensch Erlösung braucht, und er weiß, dass der Mensch es wert ist, erlöst zu werden. Weiß es der *Mensch*, wissen *wir* es auch? Nur wenn wir das wissen, können wir erlöst werden. Denn die Erlösung geschieht zwar nicht durch uns, aber sie geschieht auch nicht ohne uns. Die Fesseln kann sich der Gefangene nicht selbst abnehmen. Aber was bedeutet einem Menschen die Befreiung, wenn er das Elend seiner Fesseln verdrängt oder wenn er mutlos vergessen hat, was er war und sein könnte? Und was bedeutet ihm die Befreiung, wenn er es dem Befreier nicht abnimmt, dass er es gut mit ihm meint, wenn er sich ihm nicht anvertraut?

Vom Richten und Vergeben

Vierter Fastensonntag (B) (Jo 3, 14-21)

I. Vom Richten ist die Rede und es wird gesagt, worin es eigentlich besteht. Wie *schwierig* das Richten ist und überhaupt das *gerechte* Beurteilen, das weiß jeder berufsmäßige Richter. Das weiß auch jeder Schöffe bei Gericht, das weiß auch jeder Prüfer, und überhaupt ein jeder, dem die Aufgabe einer Beurteilung von Menschen zufällt. Wie *leicht* in anderer Hinsicht richten ist, das weiß auch jeder. Leicht ist es zu urteilen, zu verurteilen, zu unterstellen, von oben herab ein Urteil auszusprechen, zu denunzieren, fertig zu machen usw.

1. Vom amtlichen Richten und Beurteilen handelt das Evangelium heute und auch unsere Überlegung gar nicht! Es geht aber um das alltägliche Urteilen über Menschen. Das amtliche, das berufsmäßige, das aufgetragene Beurteilen ist wahrlich eine schwere Last. Das andere, das Ausrichten, das Herziehen über die Leute: das ist leicht und erleichtert. Es ist eine Freude; geben wir es nur zu! Es ist eine Entlastung, eine Entlastung von der eigenen Last. Denn dieses Richten lässt uns automatisch höher steigen, selbst dann, wenn es ausgewogen und gerecht ist, und erst recht, wenn der volle Schwung eines Verurteilungswillens hineingesetzt werden kann. Das gibt innere Befriedigung, dadurch steht man automatisch hoch über den Menschen, wenn man auch sonst vielleicht unter ihnen steht. Denn dadurch sagt man einschlussweise: „Aber ich, ich bin *nicht* so, ich bin *besser*!" Deswegen verschafft das Richten Befriedigung. Es ist eine gesellschaftlich erlaubte Form, Rache auszuüben, eine rationale Form, seinen Neid auszudrücken. Doch sagt man, es gehe einem natürlich nur um die Gerechtigkeit.

2. *Gerechtigkeit* ist ein großes Wort. Und wie alle großen Worte, eignet es sich sowohl, sein Leben daran auszurichten, wie dazu, es für andere Zwe-

cke zu verwenden. Überlegen wir doch einmal: Wo haben wir als Kinder zum ersten Mal einen Begriff der Gerechtigkeit entwickelt? Es war, als wir uns ungerecht behandelt fühlten. Es war die Erfahrung, das Objekt ungerechter Behandlung zu sein, oder auch bloß die Befürchtung, ein bisschen weniger Pudding zu bekommen als die anderen. Und so kämpft man im Bewusstsein des verletzten Rechts um sein Recht, man schlägt um sich und tut dabei vielleicht Unrecht, noch ohne es zu merken. Um unsere Ungerechtigkeit anderen gegenüber wahrzunehmen, dazu brauchte es einen viel längeren Lernprozess.

Das Gefühl, ohnmächtig zu sein gegen ungerechte Behandlung ist eines der ambivalentesten Gefühle, das wir kennen. Es ist voll von Moral und voll von berechtigter Empörung, das heißt, voll von einem Explosivstoff, der sich in den brutalsten Aktionen äußern kann, die mit dem „besten Gewissen" getan werden. Was haben Menschen nicht schon getan, weil sie sich dazu im Recht fühlten und dem Recht dienen wollten? Vor einigen Jahren haben wir ein besonders groteskes Beispiel erlebt. Um den „armen eingesperrten Tieren im Zoo Gerechtigkeit zukommen zu lassen", knackte jemand nachts das Gitter des Eisbärenabteils im Nürnberger Tiergarten und freute sich richtig bei der Vorstellung, dass die Bären im benachbarten Wald einigen Menschen begegnen und sie vielleicht töten würden.

3. „Richtet nicht" - heißt es im Evangelium. Dieser Satz wendet sich nicht gegen die Tätigkeit der Amtsrichter. Er muss uns allen gesagt werden, weil die Tendenz dazu in uns so stark ist. Warum sollen wir nicht richten? Ganz einfach, weil wir damit nichts in Ordnung bringen, weil wir damit nichts, wie man so im Bairischen sagt, „richten", d.h. ausrichten und aufrichten! Weder im anderen, denn der wird dadurch nicht besser. Im Gegenteil, er wird sich ungerecht behandelt fühlen und dann erst recht seinen Schwächen nachgehen. Noch auch in mir selber, demjenigen der glaubt, durch das Richten mit seinen eigenen Problemen fertig zu werden, die er projiziert in andere, um seine Last, seinen Ärger, seinen Daseinsfrust loszuwerden. Für

fünf Minuten gelingt das ja, aber für eine Heilung, für eine Kur, braucht es andere Mittel. So bleibt der Satz wichtig: „Richtet nicht!“

II. Wie ist es nun, wenn *Gott* richtet? Wir können das nicht anders erkennen, als dass wir anschauen, wie Gottes Sohn richtet. Wie richtet er denn?

1. Das Erste, was hier zu bemerken ist, ist dies: Er *braucht* das Richten nicht! Er muss keinen Frust loswerden, obwohl er davon auch genug gehabt hat, aber er hat andere Mittel der Verarbeitung gehabt. Er ruht in sich, er hat einen Frieden, der es ihm ermöglicht, gerecht zu urteilen, nicht vorschnell zu unterstellen und zu verurteilen.

2. Aber dann, *wie* richtet er denn? Gibt er seine Meinung kund über alles und jedes, über alle im Einzelnen? Nein! Hauptsächlich besteht sein Richten darin, dass er einfach da ist; dass er so ist, wie er ist. So wie das Licht nicht anders kann, als strahlen, so kann ein Sohn Gottes und besonders *der* Sohn Gottes gar nicht anders als Wahrheit, Reinheit, Lauterkeit, Güte auszustrahlen, so dass jeder, der ihm begegnet, den wahren Maßstab plötzlich wieder vor sich sieht, der sooft verdunkelt wurde, und so dass jeder an diesem Licht sich selbst erhellt sieht und die Möglichkeit bekommt, sich selbst objektiv zu beurteilen.

3. Aber mehr noch; wo Licht ist, ist Schatten. Das Licht, wenn es aufleuchtet, macht die Schatten dunkler. Nicht alle wollen von diesem Licht beleuchtet werden. Sie fliehen es. Sie fliehen in die Ecke, ins Dunkel, damit sie verborgen bleiben. Andere fühlen sich angezogen, denn sie sind Kinder des Lichtes und sie fühlen einen Verwandten, sie fühlen ihren eigenen Ursprung ihnen entgegenkommen. So ist allein das Aufscheinen der Wahrheit in Christus schon Gericht. Gericht, das heißt griechisch „Krisis“: „Scheidung“. So scheidet sich das Gute vom Schlechten, das Echte vom Unechten. Angesichts dieses Lichts richtet sich jeder selbst.

4. Aber, wenn wir soweit gekommen sind, ist noch ein Schritt zu tun, denn so scheidet auch das kalte Licht, das kalte Licht der bloßen Moral, das kalte

Licht des bloßen Gesetzes. Es bringt die einen zur Verzweiflung: „Das werde ich nie schaffen!“, „Das ist aussichtslos, ich bin verurteilt“. Es bringt sie dazu, sich selbst zu verurteilen, sich selbst allen Mut abzusprechen und moralisch abzuflauen. Es muss noch eine dritte Position geben zwischen denen, die verzweifeln und denen, die sich unschuldig wissen. Es muss noch dies geben, dass dieses Licht, das nicht nur leuchtet sondern auch Wärme spendet, auch diejenigen an sich zieht, die sich als Sünder wissen. Und so war es ja mit Jesus! Die Sünder kamen zu Ihm, sie wussten: „Hier können wir aufgenommen werden!“. Und zwar nicht, weil dieser die Maßstäbe herunterhängt und sagt: „Es ist ja sowieso alles egal“. Das gar nicht. Aber auch nicht so, dass er, der die Maßstäbe wieder leuchten lässt, sagt: „Verschwindet, Ihr Schweine!“ Sondern so, dass Er, der die Maßstäbe selber inkarniert, sagt: „Kommt!“ Denn diese Maßstäbe – die Gebote Gottes – sind nicht dazu da, um zu verurteilen und um in die Aussichtslosigkeit zu treiben. Sie sind da, um das Leben zu leiten, und sie sind da, um Leben zu retten. Anders ausgedrückt: Das Licht Gottes schenkt *Vergebung*.

III. Sie wissen alle, wie schwer es ist zu vergeben. Derjenige, den es nicht getroffen hat, der braucht ja nicht vergeben. Aber derjenige, den es getroffen hat, der tut sich schwer, denn er muss sein Vorrecht, der ungerecht Behandelte zu sein, aufgeben, das ist schon schwer. Er muss darauf verzichten, in kleinem oder großem Ausmaß, die Rache auszuüben, oder mindestens innerlich auszuspielen. Mit anderen Worten: „Wer vergibt, nimmt ein Leiden auf sich.“ Und nicht nur das. Er muss ja auch noch darauf verzichten, dem anderen, der um Vergebung bittet, diese ganze innere Arbeit, dieses ganze Leiden in extenso vorzuführen, damit er weiß, was er an dieser Vergebung hat. Nein auch darauf muss man ja noch verzichten, wenn man von Herzen vergibt! Und das ist nun wirklich eine schwere Arbeit, ein schweres Leiden. Man muss gewissermaßen die Untat des anderen, für die er um Vergebung bittet, selber ausleiden.

Verstehen Sie jetzt, warum der Sohn Gottes gelitten hat? Warum er leiden musste, wenn er die Vergebung gebracht hat? Wenn dies kein bloß so dahingesagtes Wort sein sollte, wenn dies nicht nur eine Außerkraftsetzung der Maßstäbe sein sollte, sondern echte, wirksame, reale, mächtige Vergebung, dann geht es nicht anders! Als ich zum ersten Mal in meinem Leben Beichte gehört habe, es war in dieser Kirche, im Beichtstuhl da, neben der Kanzel, 1973, da habe ich das sehr deutlich gespürt. Ich habe mir gedacht: „Es ist eigentlich zu leicht, dass ich so die Lossprechung gebe, was tue ich denn dafür?“ Ich müsste doch eigentlich etwas von der Last des Beichtenden übernehmen ... Aber schnell habe ich gelernt, dass ich das ja gar nicht kann, jedenfalls nicht richtig. Und auch nicht muss, weil es EINER schon übernommen hat.

Das ist Grund zur Freude, das ist Befreiung von dem Zwang, richten zu müssen. Das ist die Erfahrung, „gerichtet“ zu werden, aber in dem Sinne, dass man weiß, man wird in Ordnung gebracht, man wird aufgerichtet. Deswegen singen wir heute „Laetare“: „Freue dich!“.

Das Weizenkorn

Fünfter Fastensonntag (B) (Joh 12, 20-26)

Die Einleitung zum heutigen Evangelium ist erfüllt von einer umständlichen Höflichkeit. Da sind Griechen, die auf ihrer religiösen Suche zur Erkenntnis gekommen sind, dass die Juden den wahren Gott verehren, und so pilgern sie nach Jerusalem, um sich dort mit unter die Festgemeinde zu mischen. Sie bleiben freilich Gäste, Proselyten, das heißt wörtlich: Hinzugekommene; voll können sie nicht am Gottesdienst teilnehmen.

Sie möchten nun Jesus kennenlernen, wagen es aber nicht, ihn direkt anzusprechen, obwohl Jesus sicher auch Griechisch verstanden hat. Sie wenden sich vielmehr an einen Apostel, der den griechischen Namen Philippus trägt (d.h. auf Deutsch: Pferde-Narr). Philippus stammt aus Betsaida, einem Dorf in der Nähe des Sees Genezareth, das von griechischer Kultur geprägt war. Philippus seinerseits spricht Jesus erstaunlicherweise nicht direkt an, sondern teilt die Bitte der Griechen seinem Freund Andreas mit, der wie er aus Betsaida stammt und gleichfalls einen griechischen Namen trägt ("der Männliche"), und der, als der Erstberufene und als Bruder des Petrus, dem Herrn offenbar näherstand. Gemeinsam gehen sie zu Jesus und sagen ihm: Da sind Griechen, die dich sehen wollen.

Die Reaktion Jesu ist verblüffend. Er sagt: "Die Stunde ist gekommen, dass der Menschensohn verherrlicht wird." Was bedeutet das? "Verherrlichung" meint hier ein Dreifaches: Erstens, dass Jesus als Sohn Gottes anerkannt wird, und zwar nicht nur von Juden, sondern weit darüber hinaus, beginnend mit den Griechen; zweitens, dass vor dieser Anerkennung sein Tod kommen muss, der insofern eine Verherrlichung ist, als er darin seine Treue bis zuletzt durchhält; drittens, dass mit der Auferstehung aus dem Tod die Aufnahme in die Herrlichkeit des Vaters und die Einsetzung als König der Menschheit erfolgt. Diese drei Bedeutungen von Verherrlichung gehören für die Sicht des Johannes-Evangeliums eng zusammen.

Von diesem Zusammenhang her müssen wir auch die folgenden Worte des Herrn verstehen. Missverständlich ist in der deutschen Übersetzung dabei vor allem der Satz "Wer sein Leben liebt, verliert es; wer aber sein Leben in dieser Welt hasst, wird es bewahren bis ins ewige Leben." Sollen wir etwa unser Dasein in dieser Welt hassen und verachten, es nicht von Herzen annehmen? Nein; das kann nicht gemeint sein. Wer so dächte, wäre nicht gläubig, sondern krank, nicht fromm, sondern undankbar. Gemeint ist vielmehr ein unfreies Kleben am Lebensgenuss und sogar am Leben selbst, wenn höhere Werte auf dem Spiel stehen, sei es im Großen oder im Kleinen.

Es handelt sich dabei immer um Situationen des Entweder/Oder, um Situationen des Zeugnisses für etwas Größeres, als es dieser oder jener Vorteil ist, dieses oder jenes Vergnügen ist, ja als das eigene Leben selber. In solchen Fällen gilt: Wer im Zweifelsfalle sein Erleben- und Lebenwollen höher stellt als das Gebot Gottes, der verliert die Substanz seines Lebens, der nimmt seinem Leben seinen tieferen Sinn. Freilich ist das eine harte Wahrheit. Und deswegen sagt Jesus all denen, die davon betroffen sind, das Wort vom Weizenkorn.

"Wenn das Weizenkorn nicht in die Erde fällt und stirbt, bleibt es allein; wenn es aber stirbt, bringt es reiche Frucht." Es ist ein Wort, mit dem er zunächst sich selbst tröstet und dann seine Jünger, denen es ähnlich gehen wird, und schließlich alle diejenigen, die im Lauf der Zeit in eine ähnliche Sackgasse geraten wie er, die wählen müssen zwischen der Treue zu ihrer Sendung und der Liebe zu ihrem Leben.

Es ist ein Blick auf die Natur: Alle Früchte der Erde, so schön sie sind, sind dazu da zu verfallen, sich aufzulösen, um neu fruchtbar zu werden, denn es sind Samenfrüchte. So ein Weizenkorn ist ein wunderbares Produkt der Natur, und doch kann es nicht bleiben. Seine Bestimmung ist, dass es wieder vergeht und erneut fruchtbar wird für viele weitere Weizenkörner, die ihrerseits wieder in diesen Kreislauf des "Stirb und werde" eintauchen müssen. Das ist das Gesetz der Natur. Jedermann kann es verstehen, nicht nur Juden, sondern auch Griechen und überhaupt alle denkenden Wesen.

Dieses Gesetz gilt auch für uns Menschen. Wir können unser Leben zwar ein Stück weit vor den Gefahren schützen, die es bedrohen. Aber vor dem Tod, vor der reißenden Zeit, die so schnell dahinfliegt und uns mitreißt, können wir uns nicht bewahren. Und wer das mit allen Kräften dennoch versuchte, der mauert sich ein und zerstört sein Leben so selber. So ist das schon im Alltag. Deutlicher noch wird es in der Situation der Entscheidung, in der es um das Ganze geht.

Sokrates hätte damals aus dem Gefängnis in Athen mit Leichtigkeit entweichen können; seine Richter hatten die Türen offengelassen, weil sie keinen Martyrer haben wollten. Er wollte aber nicht fliehen; um seiner Sendung willen nahm er den Tod auf sich. Pater Delp, angeklagt vor dem Volksgerichtshof, hätte leicht die Freiheit erhalten können, wenn er nur seinen Orden und seine Arbeit für ein anderes Deutschland aufgegeben hätte. Aber das wollte er nicht und deshalb wurde er gehängt. Dietrich Bonhoeffer hätte während des Krieges leicht ein stilles gutes Wirken als Pfarrer in der evangelischen Kirche Brandenburgs weiterführen können, anstatt Kontakte zur Widerstandsbewegung aufzunehmen und Friedenschancen zu suchen; er wusste, dass ihn das das Leben kosten werde. Ein Bischof Romero in San Salvador hätte zur Ausbeutung der Arbeiter nur schweigen müssen, und er hätte nicht am Altar verbluten müssen unter den Schüssen der Todesschwadronen, die sich dort gewisse Leute der reichen Oberschicht halten. Noch viele andere Zeugen wären zu nennen für die Wahrheit, dass es Größeres gibt als die eigene Ruhe und selbst das eigene Leben.

Diese Menschen suchten das Martyrium nicht, denn sie waren keine todessüchtigen Fanatiker, die durch ihren Tod wiederum nur Hass und Fanatismus schüren wollten. Sie waren aktive Menschen, die das Leben liebten, Menschen, die nicht vor Lebensangst vergingen, sondern zu genießen und zu arbeiten verstanden. Sie hätten fruchtbar wirken können. Die Vernichtung hat diesem Wirken ein Ende gesetzt. Und doch hat ihr Tod ihr Wirken erst recht fruchtbar gemacht. Hätten sie sich gerettet, wäre ihre Wirkung geringer geblieben, vielleicht sogar innerlich zerstört worden. Nun leuchten ihre Gestalten und begeistern Menschen, machen Mut!

Zuerst muss das Weizenkorn in die Erde fallen und zerfallen, damit es fruchtbar werden kann. Zuerst musste Jesus umgebracht werden, damit alle

Welt seine Herrlichkeit, den Glanz seiner Wunden, sehen kann. Überall in der Welt haben Menschen diese Wahrheit zu begreifen gelernt. Überall in der Welt sehen Menschen nun das Sterben und Auferstehen in der Natur als Bild für das Sterben und Auferstehen derer, die zu Gott gehören. Auch zahlreiche Menschen, die nicht Christen sind, haben das begriffen. Die Frage ist, ob, im Zeitalter zwar nicht mehr des Kommunismus, aber umso mehr des Konsumismus, wir Christen dieses Gesetz vom Weizenkorn noch verstehen.

„Er dankte“

Gründonnerstag

Es kann wohl keinem Menschen gelingen, bei der Eucharistiefeier immer mit ganzem Herzen dabei zu sein. Allzu groß ist die Macht der Zerstreutheit über unsere Gedanken. Deswegen ist es nötig, dass wir auf dem Höhepunkt der heiligen Handlung an die Worte Jesu erinnert werden: Tut dies zu meinem Gedächtnis! Tut es nicht bloß als eure Sache, tut es vor allem als meine Sache!

I. "Tut dies zu meinem Gedächtnis!" Wie mag es Jesus zumute gewesen sein, als er das beim letzten gemeinsamen Abendmahl sagte? Die Jünger waren vielleicht guter Dinge. Sie ahnten vielleicht, dass ihre Lage nicht ganz ungefährlich war, aber sie wussten nicht, was in wenigen Stunden passieren würde. Für sie war es wohl zunächst ein Ostermahl wie mehrere andere. Anders für Jesus: Er wusste, was ihm bevorstand. Er schaute in dieser Stunde sicher zurück auf sein bisheriges Leben: auf das, was er gewollt und getan hatte, auf seine ersten Erfolge und die dann immer mehr gewachsene Entfremdung von den Führern des Volkes und auch vom Volk selbst. Die Ahnungslosigkeit der Jünger musste sein Gefühl der Einsamkeit verstärken. Ihr Unverständnis für das, was er wollte und wozu er bereit war, hätte ihn entmutigen können; denn sie stritten immer noch um die Verteilung der Ministersessel im künftigen Königreich des Messias! Und doch: Wen hatte er, wenn nicht sie? So vertraute er ihnen so, wie sie nun einmal waren, sein letztes Vermächtnis an: das Zeichen von Brot und Wein.

Und er tat es, indem er dankte: "Er nahm das Brot und sagte Dank." "Nach dem Mahl nahm er den Kelch und dankte wiederum...". Zweimal heißt es im Text des Einsetzungsberichts: "Er dankte". Ist das nicht erschütternd? Wofür dankt Jesus? Hat er denn Grund zu danken, wenn er an das denkt, was ihm bevorsteht? Leicht mögen ihm die Dankesworte nicht über die Lippen gegangen sein. Und doch hat er sie gesprochen, im Vertrauen auf die Güte Gottes. Von dieser Güte wusste sich Jesus früher immer getragen. Nun, in der Stunde der hereinsinkenden Dunkelheit, hielt er an seinem Glauben fest, dass Gott alles zum Guten führen würde, und dafür dankte er ihm schon jetzt.

II. Die ersten christlichen Generationen haben dieses erschütternde Dankgebet Jesu nicht vergessen. Sie haben nach ihm ihren Gottesdienst benannt: Er heißt ja bis heute "Eucharistie", das ist griechisch und das bedeutet "Danksagung". Und seit ältesten Zeiten werden die Gläubigen in der Präfation zum Hochgebet eingeladen "Lasset uns danken dem Herrn, unserem Gott", und die Gemeinde antwortet darauf: "Das ist würdig und recht." So unterstützt, fährt der Priester fort: „In Wahrheit ist es würdig und recht, Dir, Vater, immer und überall zu danken". Er sagt das im Namen der ganzen Gemeinde, also auch in Ihrem Namen.

Darf er denn das? "Immer und überall danken", das scheint doch ziemlich unangemessen zu sein, maßlos übertrieben. Gewiss gibt es manches in unserem Leben, wofür wir dankbar sein können, aber doch auch vieles, wofür wir es nicht sein können. Also müssten die Worte des Gottesdienstes etwas zurückhaltender formuliert werden! Aber etwas lässt uns damit zögern:

Wenn das Gute von Gott kommt und wenn Gott gut ist, dann muss all das, was er schickt, irgendwie etwas Gutes sein oder zu etwas Gutem dienen. "Wenn schon ihr, mit euren recht gemischten Motiven, zu euren Kindern gütig seid, um wie viel mehr der göttliche Vater im Himmel", sagt Jesus. In der Tat: Wir meinen zwar, Gott sei einmal gut zu uns und einmal hart. Aber Gott kann *nur* gut sein, sonst ist er nicht Gott. Also: Auch wenn wir es zunächst nicht so erleben: Von einem höheren Standpunkt aus, rückblickend, müssen sich alle Gaben Gottes als reine Gnadengaben erweisen. In der Hoffnung sind wir schon heute überzeugt, dass wir eines Tages diesen Standpunkt erringen werden, dass sich uns eines Tages alles klagende und bohrende "Warum?" auflöst in reine, staunenserfüllte Dankbarkeit. Deshalb können und dürfen wir jetzt schon vorgreifend sprechen: Gott sei Dank für alles, immer und überall!

III. Freilich: dieser Dank soll wenigstens ein Stück weit auch aus dem Herzen kommen. So wie wir gebaut sind, geht das aber zunächst nicht bezüglich des Bitteren und Harten, sondern nur bezüglich der Dinge, die wir spontan als gut empfinden können. Das aber sind viel mehr, als wir in unserer Gedankenlosigkeit meistens meinen. Dankbarkeit hängt mit Denken zusammen. Sehr oft jedoch nehmen wir die guten Sachen wie selbstverständlich hin, ohne sie recht zu genießen, ohne uns recht daran zu freuen. Man denke nur an gesunde Glieder, an ein gutes Auskommen, an Freunde. Dieses gedankenlose Leben aber ist nicht nur undankbar gegen Gott und gegen die Menschen, denen wir etwas verdanken. Es ist auch dumm. Denn auf diese Weise nehmen wir uns den halben Genuss und die schöne Grundstimmung des Lebens, die aus der Dankbarkeit wächst.

Wir sollten also immer wieder die Dankbarkeit üben. Dazu helfen, in ganz bescheidener Weise, auch die kleinen Dankgebete, z.B. beim Essen oder vor dem Schlafengehen. Auch das Dankgebet Jesu im Abendmahlsaal war zunächst nichts anderes als das damals bei den Juden übliche Tischgebet. Dennoch: Mit welchem Inhalt hat er es erfüllt! Was hat er in diese einfachen Worte hineingelegt! Schließen wir uns seiner Haltung der Dankbarkeit an!

Mein Platz in der Passion Christi

Karfreitag *Predigt 1*

Im Zentrum der Leidensgeschichte steht der Herr. Er ist ungerecht verurteilt worden. Was hat er getan? Nur Gutes. Er wird geschlagen, verhöhnt, dann an den Balken genagelt, hochgerissen. Da hängt er nun, qualvoll, mit brennenden Wunden, mühsam um Atem ringend, bis endlich der Tod kommt. Das Schlimmste dabei ist vielleicht dies: Er ist dabei ganz einsam. Ganz allein muss er alles tragen, die Treue durchhalten, nicht in den Hass und in die Verzweiflung umkippen, allein auf Gott gestützt, den er zärtlich seinen Vater nannte und der jetzt nichts von sich sehen und spüren lässt. So hat er unsere Erlösung bewirkt.

I. Um ihn herum sind Menschen der verschiedensten Art. Zuerst die Römer: Der Militärgouverneur Pilatus mag sich gedacht haben: Es ist schade um ihn, er machte einen so unschuldigen Eindruck. Aber was macht das schon aus: einer mehr von vielen aus diesem eigensinnigen Volk.

Die Soldaten im Kasernenhof: Für sie war es ein wenig Abwechslung im langweiligen Wacheschieben. Ein bisschen Spaß wird man doch noch haben dürfen, mit so einem wunderlichen Heiligen...

Dann die getuschelten Kommentare der Frauen am Wege: Der arme Kerl! Noch so jung! Wie gut er hat sprechen können, und wie er besonders uns Frauen immer so geachtet hat!

Und die Soldaten vom Hinrichtungskommando? Sie tun ihre Pflicht. In ihren Köpfen mag es so ausgesehen haben: Es ist schon allerhand, was einem zugemutet wird. Es wird Zeit, dass ich endlich Veteran sein darf und ein gutes Stück Acker irgendwo im Reich bekomme! Aber: Arbeit ist Arbeit... Endlich einer, der sich nicht so aufführt; ein leichter Kandidat. Ob seine Kleider noch gut erhalten sind? Hoffentlich hält er es nicht zu lange durch, damit wir bald heimgehen können.

II. Dann die Volksgenossen: In ihren Palästen die politisch kalkulierenden Führer des Volkes. Sie sind erleichtert: Hätte nicht der Taumel derer, die in Jesus ihren Befreiungshelden sahen, die Besatzungsmacht dazu bringen können, die geringen Rechte der Juden noch weiter einzuschränken? Nun ist diese Gefahr aus der Welt geschafft. "Besser, einer stirbt, als dass wir alle in Gefahr kommen."

Und die, denen er etwas bedeutet hat, wo sind sie? Die Jünger, soweit nicht geflohen, schauen ängstlich aus dem Winkel zu. Die Frauen, mutiger, teilen seine Schande. Wo ist Petrus? Wo Nikodemus? Was denken jetzt die vielen, die er geheilt hat?

Schließlich das Volk. Von denen, die dabei stehen: die einen mit Trauer und Wut, die anderen sensationslüstern. Andere, die nicht hinausgegangen sind zur Kreuzigung, die einen, weil sie so etwas anwidert, die anderen, weil sie die Wohnung putzen, den Tempel schmücken, schnell noch einkaufen müssen; morgen ist ja Oster-Sabbat, der höchste Feiertag. Manche werden gar nichts mitbekommen haben. Das Leben geht weiter.

III. Es sind Menschen wie du und ich. Nicht ganz gut, nicht ganz schlecht, jedenfalls nicht schlechter als die Menschen heute, als wir. So kann sich jeder von uns fragen: Hätte ich damals in Jerusalem gelebt, wo wäre ich gestanden? Wäre ich, nahe beim Kreuz, zum Hingerichteten gestanden oder davongelaufen? Hätte ich mitgemacht bei der Verhöhnung des wehrlosen Opfers? Wäre ich bei den mitleidigen Zuschauern gestanden? Oder bei den Neugierigen? Wäre ich mit einverstanden gewesen, den Unschuldigen dem Interesse des Staates oder der Religion zu opfern? Hätte ich, nach einem flüchtigen Blick auf den Leidenden, mich abgewandt, meinen Tagesgeschäften zu? Jeder kann sich wiederfinden in den Personen der Passion.

Die Passion geht auch heute weiter. Die Namen der ungerecht Verurteilten, der Misshandelten, der Beseitigten sind andere. Aber es ist immer noch *sein* Leiden. Denn es ist die Passion der Menschen, von denen er gesagt hat: Was ihr dem getan oder nicht getan habt, das habt ihr mir getan. – So muss ich mich fragen: Wo ist mein Platz in seiner Passion heute?

Warum „musste" der Messias leiden?

Karfreitag *Predigt 2*

I. Kann man sich vorstellen, dass Jesus sein Leben auch ganz anders hätte beschließen können: hochbetagt und geehrt in einem inzwischen großen Jüngerkreis, vielleicht als der bedeutendste Weise in Israel, zu dem Suchende aus dem ganzen Mittelmeerraum fuhren, um Rat und Inspiration zu finden? Warum nicht? Was hätte anders sein müssen? Vor allem er selbst. Er hätte in der Sabbatfrage nicht so schroff sein dürfen, sondern geschmeidiger, kompromissbereiter. Er hätte die Bedürfnisse des Volkes nach Brot und Freiheit ernst nehmen müssen. Er hätte es nicht auf die Konfrontation anlegen dürfen, indem er in der kritischsten Situation nach Jerusalem hin aufzog. Er hätte den Hohenpriestern und dem Statthalter höflicher antworten müssen usw. Dann hätte er vielleicht nicht so schrecklich leiden müssen. Wäre das nicht besser gewesen?

Nein. Denn dann wäre er nicht er selbst gewesen. Dann hätte jene einmalige Klarheit, die seiner Person zu Eigen war, ihr Licht nicht ausgestrahlt. Es wäre vom Menschlich-Allzumenschlichen um ihn herum absorbiert worden. Zu seiner Sendung gehörte es, dass das göttliche Licht unverhüllt in das Halbdunkel der Menschenwelt hineinleuchtete und dort die Schatten der Widerstände klar hervortreten ließ. Zu dieser Sendung gehörte es auch, dass Jesus diese Widerstände nicht abmildern durfte, sondern es zulassen musste, dass sich die Macht der Bosheit und der Borniertheit an seinem Leib austobt, um sich so „zu Tode zu laufen".

II. Diese Sendung war das große Muss, unter dem er sein Leben stehen sah. Wenn andere die Prophezeiungen lasen oder hörten, die der Prophet Jesaja über den Gottesknecht geschrieben hatte, konnten sie sich fragen: Wer ist damit wohl gemeint? Wenn Jesus sie hörte, wusste er: Das ist mein Schicksal; ich bin es, um den es da geht. Es gab Stunden, da er darüber jubelte, der auserwählte Knecht oder Sohn Gottes zu sein. Aber diese Sendung kostete ihn auch unheimlich viel, schon vorher und dann erst recht während der Passion. Aber anders konnte das Göttliche in ihm nicht reif werden und durchbrechen. So steht es im Hebräerbrief (5,8): „Obwohl er der Sohn war, hat er durch Leiden den Gehorsam gelernt." Anders konnte die Menschheit nicht erlöst werden. Anders nicht als dass einer die Last ihrer Sünden auf sich nahm.

Dass dies der Sinn der Passion ist, hatte ja schon vor langer Zeit Jesaja prophetisch geschaut: „Er wurde durchbohrt wegen unserer Sünden ... Er trug die Sünden von vielen und trat für die Schuldigen ein ... Nachdem er so vieles ertrug, erblickt er das Licht". Dieser Prophezeiung antwortete sehr früh, kaum dass alles „vollbracht" war, das Glaubensbekenntnis der Kirche

> „Christus ist gestorben für unsere Sünden, gemäß der Schrift
> und ist begraben worden.
> Er ist am dritten Tag auferweckt worden, gemäß der Schrift,
> und ist dem Petrus erschienen und dann den Zwölf."

So überliefert es Paulus, und zwar als etwas, was auch ihm schon überliefert worden ist (1 Kor 15,3-5). So bekennen es alle Gemeinden der Kirche seither, bis heute, bis er wieder kommt. Deswegen verehren wir heute auch voll Dankbarkeit das Kreuz, d.h. den, der daran gehangen hat.

III. Was aber das heißen mag, dass Jesus Christus das Lamm Gottes ist, das die Sünden der Welt trägt, und wie das geschieht, darüber gibt es viele Spekulationen, und manch einem ist vor lauter Spekulationen die schlichte Wahrheit des Bekenntnisses aus dem Blick geraten. Dahinein wollen wir uns heute nicht begeben.

Stattdessen möchte ich auf eine Erfahrung verweisen, die jeder im Zusammenhang mit der Beichte machen kann, die ja ein Geschenk des vom Kreuz Auferstandenen an die Seinen ist (Joh 20). Wer sich entschließt, zur Beichte zu gehen, dem muss man nicht erst beibringen, was die Last der Sünde bedeutet. Er weiß es. Und wenn er es ernst gemeint hat mit seiner Beichte und das Wort von der Vergebung hören durfte, dann versteht er auch, was es heißt, dass diese Last weggenommen wird. Er spürt es. Und der Priester, der das Amt hat, die Sünden zu vergeben, muss sich fragen: „Wie komme ich dazu, so etwas zu tun? Müsste ich nicht, statt nur ein paar geheiligte Sätze zu sprechen, sagen: Komm, ich trage Deine Last mit?“ Aber das kann ich nicht; das würde mich maßlos überfordern. Aber da ist Jesus, der sagt: „Komm, gib mir deine Sünden! Mir kannst du sie geben. Ich trage sie.“

Das Kreuz

Karfreitag *Predigt 3*

Das zentrale Symbol der christlichen Religion ist zweifellos das Kreuz. - Wenn wir gefragt würden, was für Symbole für unser religiöses Erleben wir uns spontan ausdenken oder wünschen würden, worauf kämen wir wohl? Wir würden vielleicht, Anregungen suchend, uns umschauen in der bunten religiösen Welt der Menschheit. Welche Symbole finden wir da? Wir entdecken den blühenden Zweig oder den immer grünen Baum oder andere Symbole der Lebenskraft; wir finden die Gestirne und dabei besonders die Sonne und all das, was zur Sonne gehört: den Spiegel oder den Obelisken oder die Pyramide mit ihren vergoldeten Spitzen, die den Glanz des Lichtes reflektieren; es sind Symbole der kosmischen Ordnung. Wir treffen Darstellungen von mächtigen und strahlenden Herrschergestalten, die den Traum nach einem gerecht gestalteten Miteinander und einer Geborgenheit ausdrücken. Wir finden Quellen und Flammen. Kurz: lauter schöne, die Seele erhebende und besänftigende Bilder. Nur auf Eines kämen wir wohl nicht: einen Pfahl, an dem ein Hingerichteter hängt, zum Symbol der göttlichen Wirksamkeit zu machen!

I. Es ist ein schreckliches Bild, das sich unsere christliche Religion als zentrales Zeichen erkoren hat. Und diese Schrecklichkeit ist ein Zeichen dafür, dass sie es sich nicht erfunden hat, sondern dass hier etwas anderes am Werke ist als menschliches religiöses Sehnen und Empfinden; dass nämlich hier Offenbarung am Werke ist: die Offenbarung einer Wahrheit, die wir gerne verdrängen und die andererseits so groß ist, dass wir sie kaum glauben können.

Die Verehrung eines Kreuzes steht im Zentrum unseres heutigen Gottesdienstes, natürlich nicht wegen des Holzes, sondern um desjenigen willen, der am Kreuz hing. Warum aber verehren wir den, der doch auferstanden ist, immer noch als einen Gekreuzigten? Die Antwort gibt uns das Glaubensbekenntnis: weil er "für uns" gelitten hat, weil sein Tod ein Opfertod war. Was aber heißt das? Versuchen wir, uns schrittweise an dieses Geheimnis unseres Glaubens heranzutasten!

II. Das Erste ist dies: Er ist den Menschen zum Opfer gefallen, in deren Gemeinschaft er gelebt hat. Er wurde das Opfer von Bosheit und Verblendung, das Opfer von Undankbarkeit und von politischem Kalkül, das Opfer von Feigheit und von schierer Gedankenlosigkeit. Er wurde auch das Opfer der Armut, denn damals wie heute wurden die Massen im Orient dafür bezahlt, für oder gegen jemanden Parolen zu schreien. Er fiel dem geballten

Ansturm all dieser allzumenschlichen Eigenschaften zum Opfer. Wenn nun das Kreuz bis heute im Zentrum unserer Religion steht, dann hat es die Funktion, daran zu erinnern, dass auf dieser Erde immer noch, bis heute, Menschen zu Opfern anderer Menschen werden, böser und gewalttätiger, aber auch einfach dummer oder feiger oder erpressbarer Menschen. Es hat die Funktion, nicht vergessen zu lassen, dass all diese Opfer mindestens ebenso zur Realität gehören, wie die Siegreichen und Mächtigen, die in den Geschichtsbüchern verherrlicht werden. Das Kreuz erinnert an die vergessenen Opfer.

III. Jesus wird also geopfert, wie unzählige andere. Zweitens aber: Er opfert sich auch selbst, und das, wie nur wenige. Nicht, dass er sein Leiden etwa gesucht hätte, nein. Aber nachdem es, aufgrund seiner Treue zu seiner Botschaft, unausweichlich geworden war, nahm er es an. Er fragte nicht: Warum gerade ich? Ich, dem doch keiner eine Bosheit nachweisen konnte, ich, der doch allen nur Gutes tun wollte? Er haderte nicht, sondern nahm sein Leiden an. Er schleuderte denen, die vergessen hatten, was er ihnen Gutes getan hatte, und denen, die ihn verließen oder gar quälten, nicht schreckliche Racheworte entgegen, nicht die Androhung kommender Vergeltung. Vielmehr betete er: „Vater vergib ihnen, denn sie wissen nicht was sie tun.“ Er wich dem Bösen, das sich auf ihn stürzte, nicht aus. Die Wucht des Bösen sollte sich an seinem eigenen Leib buchstäblich amortisieren, d.h erschöpfen. So unterbrach Jesus den üblichen Kreislauf des Bösen, dass nämlich der Gequälte wieder quälen will, dass der Verletzte Rache für seine Demütigung nehmen will. Das Außergewöhnliche im Leiden Jesu war, dass er nicht zurückhasste, sondern dem Bösen keinen Widerstand entgegensetzte.

IV. Aber mehr noch – und das ist der dritte Punkt: Er trug die Sünde selbst. Und nun wird es dunkel für unseren Verstand. Nun treten wir ins Zentrum des Geheimnisses ein. Paulus spricht schon so von Christus: „Er hat mich geliebt und sich für mich hingegeben." (Gal 2,20) All die Sünden, auf deren Vergebung wir hoffen und deren Vergebung wir immer wieder in der Beichte erfahren dürfen, werden nicht einfach als nichtexistent deklariert. Vielmehr zieht er sie auf sich und leidet sie aus. Die ganze Schuld der Welt leidet er aus, auch meine, auch deine ganz persönliche. Und so schafft er einen neuen Freiraum, so "befreit" und "erlöst" er uns. Wovon? Vor allem von der Hoffnungslosigkeit, die all diejenigen beschleichen muss, die wissen, wie viel sie falsch gemacht haben, die wissen, dass andere Menschen ihre Opfer geworden sind. Denn wir dürfen sehen: Es gibt Vergebung; es gibt eine Zukunft. Er kann uns auch von der Dummheit befreien, die in der Überzeugung liegt, dass nur das Zurückhauen, das Ausagieren der inneren Bosheit Befriedigung schafft. Er zeigt auf die Möglichkeit, das Böse ins Leere laufen zu lassen. Er macht unseren Blick frei für die Möglichkeit, unser eigenes Leiden anzunehmen und dadurch fruchtbar zu machen. So erlöst er uns.

V. Jesus tritt aber nicht einfach an unsere Stelle, so dass wir das Leiden ganz seine Sache sein lassen könnten, während unser Los hier die Bequemlichkeit und dort die himmlische Seligkeit wäre. Nein, das wäre nicht Erlösung. So blieben wir in einem infantilen Egoismus befangen. So an den Erlöser zu glauben wäre Charakterlosigkeit, Herzlosigkeit. An den Erlöser darf nur glauben, wer sich von ihm auch selber den erlösenden Kreuz-Weg zeigen lässt, und ihm, so gut es geht, selber nachfolgt. Das mag manchmal über unsere Kräfte gehen, so wie es auch über seine Kräfte zu gehen schien. Aber mit ihm zusammen ist es doch möglich. Und mit seinem Kreuz zusammen zieht solch ein angenommenes Kreuz großen Segen in die Menschheit hinein. Zuerst in die Menschen, die dies zu tun versuchen. Dann aber auch in die Menschen um jene herum.

So dürfen wir, im gemeinsamen, so schwierigen, aber auch so wunderbaren Glauben, im Hinblick auf das Kreuz, das uns gezeigt wird, sagen: Sei gegrüßt, heiliges Kreuz. Und wir dürfen dabei nicht nur das Kreuz unseres Erlösers Jesus Christus grüßen, sondern ebenso – mit Angst und Zittern, aber doch auch mit Zuversicht und Glauben – unser eigenes Kreuz. "Sei gegrüßt, mein Kreuz. Sei gegrüßt, heiliges Kreuz!"

Was neu an Ostern ist

Osternacht

In den letzten Jahrhunderten vor Christi Geburt reifte in Israel langsam der Glaube daran, dass der Schöpfer am Ende der Zeiten Menschen aus dem Todesschlaf ‚erwecken' werde, so dass sie ‚aufstehen' können zu einem großen Gericht und einem neuen, ganz neuartigen Leben. Man dachte dabei vor allem an jene Menschen, die in Treue zu Gottes Willen auf dieser Erde gelebt hatten oder dieser Treue wegen sogar das Martyrium hatten erleiden müssen. Sich vorzustellen, dass Gott diese Treue etwa nicht lohnen würde, war und ist ja skandalös und zerstört die Glaubwürdigkeit Gottes. Auch Jesus und die Jünger um ihn lebten aus dieser Überzeugung: Es gibt eine Auferstehung. Diesen Glauben teilen auch wir, wie es im Glaubensbekenntnis heißt: „Ich glaube an die Auferstehung der Toten und an das ewige Leben". Unser Glaube an die Auferstehung hat seine Geburtsstunde also nicht erst an Ostern, in der Auferweckung Jesu. Aber eben dieses Ereignis feiern wir heute, nicht nur diesen allgemeinen Glauben, der freilich immer wahr bleibt. Was wir feiern, ist etwas Neues, etwas, was umwirft, was ganz nahe an uns herankommt. Was ist dieses Neue? Ich will es in aller Kürze in zwei Sätze zusammenfassen.

I. Die Auferstehung wird jetzt nicht nur für eine ferne Zukunft erhofft, sondern in der gegenwärtigen Realität angenommen. Jesus sagt zu Martha am Grab ihres Bruders Lazarus: „Du glaubst doch an die Auferstehung." „Ja", sagt sie, „natürlich glaube ich an die Auferstehung am Ende der Zeiten". Jesus aber antwortet ihr: „Sie ist schon da. Ich bin die Auferstehung und das Leben“ (Jo 11, 24-25). Und Jesus selbst hat seinen letzten Atem ausgehaucht nicht bloß in der Hoffnung auf eine ferne Gutmachung. Er war sich sicher, dass er *jetzt* in das Reich Gottes eintritt, dass *jetzt* das ewige Leben auf die Erde herabkommt. Denn so sagt er es zu dem einen, der mit ihm gekreuzigt wurde: „Heute noch wirst du mit mir im Paradies sein“ (Lk 23,43). Und die Jünger tragen nicht nur seinen und ihren Glauben an das ewige Leben weiter, sondern machen jetzt eine ganz neue Erfahrung: Sie begegnen ihm, der am Kreuz starb, als einem, ja als *dem* Lebendigen. Mitten unter ihnen zeigt er sich. Damit wird der Eindruck hinfällig, der dadurch zustande kam, dass die weltlichen und religiösen Autoritäten im Bunde ihn als ehrlos verurteilt und hingerichtet haben. Nun tritt die höchste Instanz auf den Plan: Im Gericht Gottes wird Jesus freigesprochen und bekommt Recht. Gott rehabilitiert den, der so lebte, dass er den Namen „Sohn Gottes“ verdiente. Indem er ihn auferweckt, sagt Gott durch die Tat: Ja, er ist wirklich mein Sohn. Es ist etwas anderes, auf eine Zukunft weit jenseits des Todes zu hoffen, und etwas anderes, hier schon die Erfüllung dieser Hoffnung anfänglich, radikal, zu erleben: dem Auferstandenen wirklich zu begegnen, in dieser Welt, aus der anderen, kommenden Welt her.

II. Es ist die Auferstehung nicht nur eines Helden, nicht nur eines treuen, ja des treuesten Gottesdieners, des unschuldigsten Menschen, der je über diese Erde gegangen ist. Denn dann hätte darin ein unheilvolles Omen für uns, die Schuldbeladenen, liegen können. Aber er, der Unschuldige, wollte nicht ohne die Schuldigen in die Herrlichkeit eingehen. Er, der einzigartige Sohn, wollte seine armseligen Brüder und Schwestern mitnehmen, zusammenpacken und mit hinauf reißen. Das war ja der Sinn seiner ganzen Existenz: auch denen, die an ihrer Sünde leiden, eine Hoffnung zu geben. Dass das Osterlicht auf den Karfreitag fällt, das ist das Entscheidende: dass das Leiden am Kreuz für uns geschehen ist. Paulus sagt (1 Kor 15, 16-17): „Wenn der Christus nicht auferstanden wäre“ – und ich füge hinzu: wenn der auferstandene Christus sich nicht für euch hätte kreuzigen lassen –, „dann wäret ihr immer noch in euren Sünden und in eurer Hoffnungslosigkeit": dann wären die Sakramente der Taufe und der Buße ein leeres Spiel, und die Eucharistie wäre bloß Theater. Aber so ist es nicht. Darin erfahren wir seine Auferstehung. Es ist ja nicht nur so, dass er in seinem irdischen Leben sich für die Menschen verzehrt hat. Es ist so, dass er auch jetzt, gerade jetzt, sein verklärtes Leben für die Menschen lebt und ausgibt. Paulus, der das kapiert hat, drückt das so aus: „Nicht mehr ich lebe, sondern Christus lebt in mir" (Gal 2, 20). Gewiss, die Stunden der Mutlosigkeit, der Müdigkeit, ja der Verzweiflung bleiben auch weiterhin nicht aus. Aber in einer tieferen Schicht des Herzens sprudelt jetzt eine Hoffnung gegen alle Hoffnung, treibt der göttliche Lebensimpuls, ob wir's im Augenblick gerade spüren oder nicht, ja sogar, ob wir's gerade glauben können oder nicht, das ist zweitrangig.

So wollen auch wir in dieser Nacht uns wieder aufwecken und aufrichten lassen, dass wir neu aufstehen und auferstehen zum neuen Leben. Alt scheint die Botschaft zwar und verbraucht; zu den „news" gehört sie nicht, das ist wahr. Aber wenn sie uns nur ein Stück weit aufgeht, wissen wir: Sie ist so neu und frisch wie am ersten Tag. Sie kann nicht alt werden. Sie ist Kraft von der ewig jungen Kraft Gottes selbst.

Durchbruch ins göttliche Leben

Ostersonntag (Offb 10,37-43; Kol 3,1-4)

Wir feiern das höchste Fest der Christenheit, das Fest der Auferstehung Jesu von den Toten. Wir wollen dieses Fest nicht gedankenlos begehen, sondern über das, was wir feiern, einige Augenblicke nachdenken.

Wir halten uns dabei an den Satz, den Petrus in seiner Predigt vortrug: „Menschen haben Jesus an den Pfahl gehängt und getötet, Gott aber hat ihn am dritten Tag *auferweckt*". Die Rede von der Auferweckung ist ein uraltes Bild, das den Tod mit einem ganz tiefen Schlaf vergleicht: So wie ein Schlafender geweckt wird und dann selbst aufstehen kann, so ist Jesus aus dem Schlaf des Todes „auferweckt worden" und „auferstanden".

I. Zur Zeit Jesu gab es unter den Juden verschiedene Weisen, sich das umlaufende Bild von der „Auferstehung" weiter auszumalen. Man dachte sich zum Beispiel, dass irgendwann in ferner Zukunft, „am Ende der Zeiten", alle Menschen vor das Gericht Gottes gerufen werden, alle Menschen, also nicht nur die, die dann gerade leben werden, sondern alle, die bisher gelebt haben, also alle Toten. Damit auch diese vor Gericht erscheinen können, müssen sie freilich zuerst auferweckt werden, und zwar in ihrem jeweiligen Körper, damit sie von Anklägern und Verteidigern identifizierbar sind. Die Auferweckung dachte man sich so, dass die leblosen Körper neu mit dem Lebensatem erfüllt werden, der ihnen durch den Tod genommen worden war. Das war eine der damals umlaufenden Vorstellungen unter den Juden, eines der Bilder, das sich die religiöse *Phantasie* gemalt hat.

Wie aber war es denn *wirklich*, als Jesus *wirklich* auferstanden ist? Es war ziemlich anders. Es war kein Teil einer großen Einberufung aller Toten zum Gericht, er allein ist auferstanden, und zwar jetzt, mitten in der Zeit, nicht am Ende der Zeiten. Den Vorgang seiner Auferstehung hat niemand beobachtet; niemand war dabei. Klar war nur, dass der, der am Kreuz vom Leben zum Tode gebracht und auch begraben worden war, sich einigen Menschen als lebendig erwies, gegen alle menschliche Erwartung. Er war also *nicht* vom Tod völlig verschlungen, *nicht* in ewigem Schlaf versunken, sondern er lebte!

Wie wurde dieses Unmögliche möglich? Die Ursache dafür konnte nur ein Eingriff Gottes selbst gewesen sein, der der Ursprung allen Lebens und

Schöpfer allen Seins ist. Er war es, der Jesus gewissermaßen „aufweckte“, und zwar nicht zu einem neuen Abschnitt von der Art seines bisherigen sterblichen Lebens, sondern zu einem neuen Leben, über das der Tod keine Herrschaft mehr hat. Es ist nicht so, dass die Leiche Jesu bloß für eine gewisse Zeit erneut mit der vertrauten Lebenskraft erfüllt worden wäre. Der Leib, in dem er den Jüngern erschien, trug zwar seine Züge, war jedoch von anderer Natur, sonst hätte er nicht in fest verschlossenen Räumen bei den Aposteln auftauchen (Jo 20,19) oder für die Emmaus-Jünger plötzlich nicht mehr antreffbar sein können (Lk 24, 31). Nein, der Auferstandene ist kein Bestandteil dieser materiellen Welt mehr, der unserer Erfahrung und Erforschung offenstünde, wie es unsere Körper sind. Wenn es heißt, dass er „erschien“ oder, noch deutlicher, dass er „gezeigt wurde“, dann heißt das, dass er nun einer ganz anderen Realität angehört, von der aus er erscheint. In dieser ganz anderen Wirklichkeit, der göttlichen Realität, ist er nun geborgen, freilich auch für unsere Augen verborgen.

II. An manchen menschlichen Erwartungen gemessen, kann diese Verborgenheit etwas Enttäuschendes sein. Zunächst: Bisher war offenbar noch nie einer zurückgekehrt, der die Schwelle des Todes überschritten hatte. Hätte nicht der einzige, der von „Drüben“ für einige Zeit zurückgekehrt war, seinen Jüngern und damit auch uns eine verlässliche Nachricht bringen können davon, wie es im „Jenseits“ aussieht und was uns dort erwartet? Das hat er offenbar nicht getan. Warum? Die Antwort auf diese Frage hat er vorgreifend schon selbst gegeben, im Gleichnis vom reichen Prasser und dem armen Lazarus. „Wenn sie dem Mose – und mir selbst – nicht geglaubt haben, werden sie auch nicht glauben, wenn einer von den Toten aufersteht“ (Lk 16, 31).

Noch in einer anderen Weise blieben die Erscheinungen des auferstandenen Herrn hinter unseren Erwartungen zurück. Da ist nichts von Glanz und Machterweis. Er zeigt sich in schlichter Menschengestalt, so unspektakulär, wie es vor seinem Tode seine Art des Umgangs war. Hätte es damals schon

Medienvertreter gegeben, sie hätten ihre Kameraleute schnell abgezogen: *no sensations, no pictures*, nur plötzlich die schlichte personale Nähe des Meisters, der ihnen vorausgegangen ist in das Martyrium und damit vorausgegangen in den Sieg über all das, was das Edle im Menschen niederziehen kann!

III. Er ist uns vorausgegangen. Denn auch uns ist die Auferstehung aus unserem Tod in das ewige Leben verheißen. Wir dürfen freilich diese Verheißung nicht so verstehen, als läge ihre Einlösung vor uns in weiter Zukunft und hätte folglich für unsere Gegenwart keine unmittelbare Bedeutung. Damit wäre die Verheißung für uns kraftlos geworden. Ihre Kraft hat sie aber nur dann, wenn wir sie als etwas ansehen, was im Grunde schon jetzt erfüllt ist, genau in dem Sinne der Worte aus dem Kolosserbrief „Brüder, ihr seid mit Christus auferweckt … und euer Leben ist mit Christus verborgen in Gott“ (3, 1.3). Diese verborgen wirksame Gegenwart gibt uns die Kraft, uns für unsere irdischen Pflichten einzusetzen ohne Angst, dabei zu kurz zu kommen und das „Leben“ zu verpassen. Das genau ist ja die Angst der Menschen, die einerseits nicht an die Überfülle des schenkenden Gottes glauben und andererseits sehen, dass das Leben kurz ist.

Warum, glauben Sie, hat Jesus seine Kräfte so souverän eingesetzt und ohne Angst sich zu verlieren? Weil er zutiefst überzeugt war, dass er aus der Stellung des einzigen Sohnes zum göttlichen Vater nicht herausfallen konnte.

Das ist im Reich Gottes immer so: Zuerst kommt das Beschenktwerden, dann erst die Aufforderung, Gottes Willen zu tun. Zuerst kommt die Vergebung, dann können die Reue und das Eingeständnis der Sünde kommen. Zuerst kommt die Gnade, dann kommen die Gebote. Die Hingabe im Dienst an den Nächsten folgt aus dem frohen Glauben, dass mir nichts passieren kann, weil mich Gott so in seiner Liebe verwurzelt hat, dass mein Tod nur Durchgang in das Leben der Auferstehung sein kann.

Was heißt „Auferstehung“?

Ostermontag (1 Kor 15,1-8; Lk 24, 13-35)

„Jesus, der am Kreuz für uns gestorben ist, ist am dritten Tag auferweckt worden“ so haben es die Apostel erkannt und geglaubt. Diesen Glauben haben sie an andere weitergegeben, und diese wieder an andere, die ihnen geglaubt haben, bis hin zu uns, die wir – o Wunder! – auch glauben. Diesen Glauben wollen wir immer festhalten und auch unsererseits weitergeben. Heute aber, an Ostern, wollen wir ihn einfach in Dankbarkeit feiern, mit festlicher Musik und mit einer kurzen Besinnung.

I. Wie hat sich der Auferstandene gezeigt, als er einigen seiner Jünger „erschien“? Lassen wir zunächst einmal unsere Phantasie spielen und fragen uns, wie *wir* uns diese Erscheinung gedacht hätten. Da wäre Jesus erschienen, umgeben vom Glanz zahlloser Engel und unter dem Schall von Siegesposaunen. Und dann hätte er etwa Folgendes gesagt: Auf mein schreckliches Leiden am Kreuz will ich jetzt nicht zurückkommen, auch nicht darauf, dass ihr mich fast alle dabei im Stich gelassen habt. Ich werde euch aber verraten, wie es auf der anderen Seite des Todes aussieht. Man sagt ja, von dort sei noch keiner zurückgekommen. Mit einer Ausnahme, nämlich mich!

Ja, wenn die Osterbotschaft von seinen Anhängern *erfunden* worden wäre, dann sähe sie wohl ungefähr so aus. Aber die wirklichen Erzählungen von den Erscheinungen des Auferstandenen bieten einen ganz anderen Eindruck. Sie sind nüchtern und schlicht. Wenn der auferstandene Herr sich sehen lässt, hat er gar nichts Glanzvolles an sich. Es ist zunächst auch so, dass ihn seine Freunde und Schüler gar nicht erkennen: Maria Magdalena hält ihn zuerst für den Gärtner (Jo 20, 14); die Jünger am See von Tiberias halten ihn für einen Fremden am Ufer (Jo 21, 4); die zwei Wanderer nach Emmaus halten ihn für einen anderen Wanderer, der auf derselben Strecke unterwegs ist wie sie (Lk 24). Erst dann gehen ihnen plötzlich die Augen auf: Magdalena erkennt ihn, als er sie bei ihrem Namen anspricht; den beiden Emmausjüngern fällt es wie Schuppen von den Augen, als er ihnen (wie beim Abendmahl?) das Brot bricht. Dann aber ist auch schon alles vorbei. Der auferstandene Herr lässt sich nicht wie ein bleibend Gegenwärtiges „fassen" und „haben", genauso wenig wie Gott selbst. Freilich geht ihnen nun auf, wie schon, als er mit ihnen unerkannt unterwegs war, bei seinen Reden „ihr Herz brannte". So wird der Augenblick in Emmaus ihr Leben ändern.

II. Was will also dieser Satz, dass Jesus auferstanden ist, sagen? Die Apostel erkannten: Derjenige, der sich ihnen als lebendig zeigte, war eben derselbe, mit dem sie durch das Land gezogen sind und der zwei Tage vorher hingerichtet wurde. Auf diese Frage, wie das möglich sei, antworteten sie mithilfe eines überlieferten Bildes: „Gott hat ihn auferweckt". Wie jedes Bild, so hinkt natürlich auch dieses vom „Aufwecken": Denn wer aus tiefem Schlaf aufgeweckt wird, kommt in dasselbe wache Leben zurück, aus dem er in den Schlaf gesunken war. Das Leben jedoch, in das hinein Jesus Christus „aufgeweckt" wurde, ist nicht so, wie sein früheres Leben war, das mit dem Tode zu Ende ging. Es ist ein ganz anderes Leben. Es ist nicht an einen Leib gebunden wie das frühere. Es ist dieses neue Leben bei Gott, dieses göttliche Leben, aus dem heraus sich der Herr seinen Jüngern für einige vergängliche Augenblicke zeigte. Es ist ein ewiges Leben, für das „alles Vergängliche nur ein Gleichnis" ist. Er zeigte sich ihnen nur für einen vergänglichen Augenblick, für einen Augenblick allerdings, der ihr Leben änderte, weil er ihr Herz entzündete und seitdem viele andere Herzen, darunter auch unseres.

Der Zweifel der Jünger

Zweiter Sonntag der Osterzeit (Jo 20,19-31)

Heute, acht Tage nach Ostern, erinnern wir uns aus guten Gründen an den Tag der Begegnung des Skeptikers Thomas mit dem auferstandenen Herrn. Thomas war damals, am Abend des ersten Tags der Woche, nicht dabei, als alle anderen Mitglieder des engeren Kreises um Jesus beisammen waren. Damals, so erzählten sie ihm, sei plötzlich einer in ihrer Mitte gestanden und habe sie mit einem doppelten Shalom, Friede sei mit euch, begrüßt. Es sei aber, trotz der verrammelten Türen, kein Engel oder Geist gewesen, sondern ein Mensch, der die Zeichen seines schrecklichen Todes noch an sich trug, nun aber in einer mysteriösen Lebendigkeit vor ihnen stand. Den ausgerissenen Handwurzeln und der klaffenden Seitenwunde nach, der Art seines Sprechens nach, konnte es niemand anders sein als Jesus selbst, der vor drei Tagen Hingerichtete, in voller, neuartiger Lebendigkeit. Das Rätsel des leer und doch so aufgeräumt vorgefundenen Grabes war gelöst. „Thomas," so sagten sie, „wir haben wirklich den Herrn gesehen!"

I. Kann man es dem Thomas verdenken, dass er ihnen kein Wort geglaubt hat? Wie gerne er glauben würde, dass es wahr ist, was die anderen sagen, sieht man an der maßlosen Heftigkeit seiner Antwort: Für seine Überzeugung reicht es nicht, dass er, wie die anderen, die charakteristischen Wunden des Gekreuzigten selbst sieht; nein, er will sie auch erfühlen, ja Finger und Hand in sie stecken, um jeden Schein zu durchstoßen. Er möchte ja so gerne glauben, aber er kann es nicht, er erlaubt es sich nicht. Unwahrscheinlich, ja unmöglich scheint ihm zu sein, was seine Kameraden da erlebt zu haben meinen.

Thomas ist nicht der einzige Jünger, der zweifelt. Auch an anderer Stelle der Evangelien wird berichtet, dass einige Jünger dem Auferstandenen seine Realität abnahmen, andere aber nicht. Der Zweifel ist sogar die erste und normale Reaktion gegenüber einer so unglaublichen Nachricht, dass ein Mensch, dessen erbärmliches Zugrundegehen man vielleicht selbst noch vor kurzem miterlebt hat, nun auf einmal lebendig sein soll. Lebendig natürlich nicht so, dass er wieder ein irdisches Leben wie vorher hätte, sondern so, dass er von einer neuartigen Lebendigkeit erfüllt ist, aber doch wirklich und voll lebendig. So haben auch die Jünger den Frauen nicht geglaubt, die ihrerseits behaupteten, Engel gesehen zu haben, die von der Auferstehung Jesu sprachen. Erst als sie selbst mit dem Auferstandenen konfrontiert waren, glaubten sie. Und selbst dann, so berichtet es Matthäus, zweifelten immer noch einige. Einige von diesen Zweiflern kamen zur Überzeugung erst später, als ihnen durch eine erneute Lektüre bestimmter Stellen aus dem Alten Testament aufging, dass dort schon das Leiden des Messias und seine Verklärung vorausgesagt war, mit einer Präzision, die kein Zufall sein konnte. Man denke z.B. an die Details der Prophezeiung des Jesaja über den leidenden Gottesknecht, die am Karfreitag gelesen wird, und ihre erstaunliche Übereinstimmung mit der Passion Jesu.

II. Es ist also fast immer ein Prozess, wenn einer zum Osterglauben kommt, ein Prozess, der seine Zeit braucht und durch verschiedene Phasen geht. Zuerst sind die Jünger davon überzeugt, dass es am Ende der Tage überhaupt eine Auferstehung geben wird und der Tod folglich nicht das letzte Wort hat. Aber diese Überzeugung bleibt sehr allgemein und vag. Sie betrifft ein Ereignis, das weit weg ist und folglich vorläufig vernachlässigt werden kann. Dann hören sie von merkwürdigen Zuständen am Grab, dann hören sie, dass manche Frauen aus ihrem Kreis Begegnungen mit himmlischen Wesen oder gar mit ihm selbst gehabt haben wollen. Ihre Seele glaubt noch nicht, aber sie ist für die Aufnahme des Glaubens wie aufgelockert durch das, was bisher geschehen ist, bis sie dann ihm selbst begegnen. Allerdings zeigt er sich auch dann in einer Weise, die von einer gewissen Fremdheit durchzogen ist:

- wirklich leibhaft, da er sich anschauen und berühren lässt, und doch wieder nicht richtig leibhaft, da ihm Mauern kein Hindernis sind;

- Magdalena am Grab kann ihn für den Gärtner halten, bis er sie mit ihrem Namen, mit der vertrauten Stimme, anspricht;

- die Seelenlage der Jünger bei der Erscheinung am See Genezareth ist treffend in dem Satz ausgedrückt „Sie wagten ihn nicht zu fragen: wer bist du; wussten sie doch, dass es der Herr ist". Und doch war dieses Wissen nicht so, dass der Wunsch zu fragen und eine eindeutige Antwort zu bekommen, überflüssig geworden wäre, sondern nur so, dass sie sich scheuten, prüfende Fragen zu stellen. In dieser Scheu aber liegt das Zeugnis, dass ihnen bei der Begegnung mit dem Unbekannten das Herz so brannte, wie es nur im Umgang mit dem Herrn geschehen war.

Auch Thomas, als er dem Herrn dann persönlich konfrontiert wird, nimmt die Einladung nicht an, mit der Christus seinem schon fast schamlosen Verlangen nach Nachprüfung entgegenkommt. Nun, angesichts des Herrn selbst, überkommt ihn die Scheu und er verzichtet darauf. Seine Liebe zur Wahrheit, aus der heraus er das Unglaubliche nicht glauben wollte, findet nun ihre Erfüllung darin, dass sich ihm der Herr offenbart. So wandelt sich seine selbstquälerische Liebe zur Wahrheit und seine unglückliche Liebe zu einem gescheiterten und toten Jesus, indem beide Formen der Liebe zu einer neuen, nun aber glücklich erfüllten Einheit verschmelzen.

Zweifeln ist menschlich. So wird Thomas nicht getadelt. Sein Zweifel wird nicht als Sünde bezeichnet. Es wird ihm Zeit gelassen und bei gegebener Zeit die Gelegenheit gegeben, über seinen Unglauben hinauszukommen und sich glaubend der Gegenwart des Herrn zu öffnen. So geht es auch mit uns. Mit einem Unterschied allerdings: Der auferstandene Jesus sagt zu Thomas: „Weil du mich gesehen hast, glaubst du. Selig sind, die nicht sehen und doch glauben." Damit hat er uns gemeint, die die Vorzugsbehandlung, die der skeptische Thomas erhalten hat, nicht bekommen.

III. So möchten wir denken: Selig bist du, Thomas, dass du einer Erscheinung des Herrn gewürdigt worden und so deinen Zweifeln entrissen worden bist, während wir dir und den anderen Aposteln *glauben* müssen. Jesus jedoch sieht die Sache etwas anders: Er sagt: dass du, Thomas, jetzt, wo du gesehen hast, glaubst, ist allerdings nichts Besonderes. Es wird - o Wunder! - Menschen geben, die glauben, nur weil sie von dir das Zeugnis meiner Auferstehung hören. Sind die nicht ebenso selig, ja „seliger", d.h. beschenkter als du?

Wie ist das möglich? Nur so, dass der Glaube an die Macht der Ewigkeit in der sterblichen Zeitlichkeit, sowohl derjenigen Jesu wie der unseren, immer ein Geschenk ist, in dem sich die österliche Macht nicht weniger auswirkt als in den Erscheinungen vor den Aposteln. Ohne diese Erscheinungen und das darauf aufgebaute Lebenszeugnis der Apostel könnten wir freilich nicht zum Glauben an Ostern kommen, so wie die Apostel mit den Erscheinungen nichts hätten anfangen können, wenn sie nicht schon ein aufgelockertes Herz gehabt hätten. (Darin ist wohl der Grund zu suchen, warum sich Jesus nur ihnen, nicht aber seinen Gegnern oder der Volksmenge gezeigt hat). Aber dass dann der Funke springt, dass das sich sehnende Herz im Hören der Botschaft zu brennen beginnt, darin ist der auferstandene Herr uns jedes Mal ebenso nah wie er es den Aposteln damals war. Selig sind alle die, in denen das Wunder dieses Glaubens geschieht.

Das Autonomie-Ideal und der Gute Hirt

Vierter Sonntag der Osterzeit(C) (Joh 10, 27-30)

In jener Zeit sprach Jesus: „Ich bin der gute Hirt. Meine Schafe hören auf meine Stimme; ich kenne sie, und sie folgen mir. Ich gebe ihnen ewiges Leben." – „In jener Zeit": wann? Es ist nicht wichtig, wann und unter welchen Umständen Jesus solche oder ähnliche Worte zu seinen Lebzeiten in Palästina gesprochen hat. Wichtig ist, dass wir diese vom Evangelisten geformten Worte heute an uns gerichtet empfinden. Es sind Worte nicht aus ferner Vergangenheit, sondern Worte aus der Gegenwart, in der der Auferstandene lebt und zu uns spricht. Deswegen werden diese Worte auch gerade in der Osterzeit vorgelesen.

I. Im alten Orient waren die Herden der wichtigste Besitz. Die großen Herren ließen ihre Herden zwar von anderen betreuen, verstanden sich aber selbst als die Hirten ihres Volkes. Schließlich kam es so weit, dass man Gottes Fürsorge und Leitung mit der Sorge eines Hirten um seine Herde verglich. Kein Herrscher empfand diese Bezeichnung also als unpassend, und die Menschen verglichen sich gerne mit den kostbaren Schafen im Besitz eines guten Herrn.

Heute ist die Lage anders. Wer in unserer modernen Gesellschaft, in der auch die Landwirtschaft eine Form der Industrie geworden ist, hat noch eine erlebte Beziehung zu Schafen? Vor allem: wer möchte selbst mit einem Schaf verglichen werden, - einem Schaf, das einem gleich zusammen mit der Bezeichnung „dumm" einfällt? Wer fühlt sich nicht peinlich berührt, wenn er als Teil einer Herde angesprochen wird oder wenn Menschen mit dem Anspruch auftreten, seine Hirten – oder gar Oberhirten – zu sein? Die Zeiten haben sich gewandelt. Was „in jener Zeit" gesprochen wurde und heute ansprechen soll, spricht nicht mehr an oder weckt Widerspruch.

Diesen Widerspruch nicht ernst zu nehmen oder ihn gar zu verteufeln, ist nicht hilfreich; es ist auch unfair. Wer widerspricht, nimmt die Sache oft ernster als der, der zu allem Ja und Amen sagt.

II. Wovon, aus welcher Einstellung, lebt der Widerspruch gegen die Metapher vom Hirt und den Schafen? Er lebt aus dem Pathos der Autonomie.

Autonomie ist eine der heiligen Formeln der modernen Zeiten. Was ist damit gemeint?

Das Wort „Autonomie“ kommt aus dem Griechischen. In ihm stecken die Bestandteile: nómos = Gesetz und autós = selbst. Es bedeutet also „Selbstgesetzgebung“. Autonomie hat zunächst einen politischen Sinn. Autonomie ist hier die Fähigkeit und das Recht, sich selbst Gesetze zu geben, statt sie von anderen aufgezwungen zu bekommen. Ein Volk, das sein Parlament frei wählen kann, hat diese Autonomie; ein Volk, das nach Gesetzen leben muss, die von fremden Autoritäten beschlossen worden sind, hat sie nicht. Ausgehend vom politischen Feld ist die Idee der Selbstgesetzgebung hinübergewandert in den persönlichen Bereich. Niemand hat ursprünglich das Recht, einem erwachsenen Menschen vorzuschreiben, wie er leben soll; das ist seine eigenste, urpersönliche Sache.

Wenn man genau hinsieht, erkennt man, dass Autonomie zwei Seiten hat. Zuerst fällt die negative auf, die nach außen gerichtet ist: ich selbst, kein anderer; Abwehr der Übergriffe der anderen, Verteidigung der eigenen Freiheit nach außen. Dann aber geht einem vielleicht die andere Seite auf, die nach innen geht. Dass einem die Freiheit der Selbstbestimmung von außen zugestanden wird, stellt eine neue Aufgabe: Was soll man mit seiner Freiheit machen? Denn wenn man, ungehindert von außen, sich selbst einfach seinen wechselnden Launen überlässt, dann ist das möglicherweise schlechter, als wenn man von außen zu einem vernünftigen Verhalten gezwungen wird. Man muss selbst zu einem vernünftigen Lebensstil finden, - sich selbst ein „Gesetz“ geben, nach dem man sich richtet, damit das Leben nicht dahintorkelt, sondern ein Gepräge bekommt, und damit man sich selber zu einer Persönlichkeit bilden kann. Wie findet man so ein Gesetz, seinen persönlichen Lebensmaßstab? Der beiden wichtigsten Hilfsmittel für die Erkundung einer unbekannten Gegend sind Kompass und Landkarte. Für die Suche nach dem persönlichen Lebensmaßstab heißt die Landkarte „Erfahrung“ und der Kompass „Gewissen“. Und für die Benutzung beider braucht es den Einsatz der Vernunft. Wir alle wissen, dass diese Suche schwierig ist und dass ihr Weg von Irrtümern gesäumt ist.

III. Aber es ist noch eine andere Erfahrung, die uns klar macht, dass das Ideal der Selbstgesetzgebung ein hohes und anstrengendes Ideal ist. Wir erleben, dass wir selbst die gefährlichsten Gegner unserer eigenen Autonomie sind. Je nach den Umständen werfen wir unsere Ideale über Bord und überlassen uns willig anderen Mächten, die uns beherrschen. Der Name dieser zwei Mächte ist „Angst" und „Gier", und die Ansatzpunkte ihrer Herrschaft sind zahllos. Es ist vor allem die Angst, die unsere Freiheit bedroht. Aus Angst z.B., nicht dazuzugehören, machen wir vieles, was wir bei ruhiger Überlegung für dumm oder gar schlecht halten. Man lässt sich einreden, nur wenn man die Schuhe Marke X trägt, gehöre man dazu. Dazugehören aber will man auf jeden Fall; also kauft man den Schrott und, noch dümmer, beurteilt man Mitmenschen danach, was für Klamotten (oder Autos, Reisen usw.) sie sich leisten können. Ein Teil der Werbebranche nimmt einem die Freiheit des eigenen Urteilsvermögens sogar genau damit, dass sie einem Autonomie suggeriert: Beispiel: „Ich lasse mir nicht vorschreiben, mit welcher Crème ich meinen Körper pflege; ich nehme nur Marke *Schmalzan*." Tausend andere, und natürlich viel ernstere Beispiele zeigen: Gerade noch auf unsere Selbstbestimmung pochend, haben wir die Möglichkeit dazu im nächsten Augenblick schon wieder verschenkt. Es ist noch nicht einmal so, dass wir uns untreu geworden sind. Es ist eher so, dass wir in uns nichts gesucht haben, dem wir treu bleiben könnten.

Autonomie ist ein hohes, steiles Ideal. Zu gehorchen, indem man sich einfach anpasst, ist viel leichter. Autonomie ist freie Selbstgesetzgebung. Diese Freiheit kann uns niemand nehmen und niemand abnehmen, wir können sie nur selbst verschleudern oder selbst ergreifen. Aber wir schaffen diesen Aufbau nicht ganz allein, nicht ohne Hilfe. Wir können eine Selbstachtung nicht aufbauen und durchhalten ohne das Bewusstsein, dass uns einer achtet, den wir selbst achten können, dass uns einer *kennt* und anerkennt. Wir können das Gesetz, das es wert ist, unser Lebensgesetz zu sein, nicht allein im eigenen Gewissen finden. Wir brauchen auch eine vertrauenswürdige *Stimme* von außen, auf die wir vertrauend *hören* können, eine Stimme, die uns nicht unfrei, sondern frei machen will. Und wir können die Angst, den tragenden Kontakt mit der Menge zu verlieren, nur dann neutralisieren, wenn wir der Verheißung eines *Leben*s trauen, das schöner und kraftvoller ist als dasjenige, das in der Teilnahme an den Fleischtöpfen und der Absicherung im Sklavenhaus Ägypten besteht. Zur Freiheit, zur wirklichen Autonomie, kann keiner getragen werden. Er muss den Weg selbst gehen. Zur Freiheit, zur wirklichen Autonomie, gelangt jedoch keiner nur aus eigenen Kräften. Er braucht dazu Hilfe von Freunden an seiner Seite. Er braucht dazu auch Hilfe vom „Hirten" hoch über uns und tief in uns, der spricht: „Meine Schafe hören auf meine Stimme; ich kenne sie, und sie folgen mir. Ich gebe ihnen ewiges Leben."

Gott ist Liebe

Sechster Sonntag der Osterzeit (B) (1 Joh 4,7-10; Joh 15,9-17)

Es ist Osterzeit, immer noch. In der Osterzeit muss auch von der Frucht von Ostern die Rede sein - von der Liebe.

I. Liebe, das ist ein großes Wort. Es deckt eine sehr, sehr vielfältige Realität. Einer sagt: „Ich liebe diese Landschaft so, deswegen verbringe ich jedes Jahr hier meinen Urlaub." Jemand anders bekennt: „Am liebsten habe ich Kalbsbraten." Über einen Dritten hört man: „Die Liebe zur Musik ist diesem Menschen ins Herz gepflanzt." Viele Menschen lieben ihre Arbeit. In ähnlicher Weise kann man auch einen Menschen lieben, und zwar zunächst und meistens deshalb, weil man ihn sympathisch findet, ihn mag und gern in seiner Nähe ist. Es ist eine Liebe, die -- entschuldigen Sie den

Vergleich – mit der Liebe zum knusprigen Kalbsbraten oder zum schönen Tegernsee vieles gemeinsam hat.

Diese Liebe ist ein spontanes Gefühl, ein Affekt, der geweckt wird durch den Anblick und das Erleben eines Menschen, einer Landschaft, einer Speise. Es kann auch das Gegenteil geweckt werden: Antipathie, Abscheu, Ekel, Hass: „Ich mag das nicht“; „Das kommt nicht über meine Lippen“; „Mit diesem Menschen will ich keine Sekunde mehr verbringen“ u.s.w. Und zwischen beiden, zwischen Liebe und Hass, zwischen Sympathie und Antipathie gibt es eine neutrale Zwischenebene, die man formuliert mit Worten wie „Das oder die sagt mir nichts“, weder positiv noch negativ.

Alle drei Reaktionen – so eine Liebe oder so eine Gleichgültigkeit oder so eine Abneigung – entstehen spontan. Sie brechen aus den Quellen unseres Gefühls einfach so hervor. Zur Liebe oder zur Abneigung in diesem Sinn kann man niemanden zwingen. Wenn jemand etwas oder jemanden nicht lieben kann, dann kann er einfach nicht. Liebe im Sinn einer Gefühlsregung kann man deshalb auch nicht gebieten. Das wäre Unsinn.

II. Heute aber ist die Rede gewesen von einem *Gebot*. ‚Das ist mein Gebot’, sagt der Auferstandene: ‚Liebt einander!’ Also muss die Liebe, die er meint, eine andere Liebe sein: kein bloßer Affekt, den man nicht kommandieren kann, sondern etwas, das dem Willen unterliegt. Es ist eine Liebe, die nicht nur Reaktion ist auf das Erleben von etwas Schönem oder Sympathischem, sondern es ist eine aktive Liebe, die dem anderen Raum gibt, ihm sein Sein zugesteht oder auch ermöglicht.

Was ist das für eine Liebe? Um sie realistisch verstehen zu können, muss man die verschiedenen Grade ins Auge fassen, die sie hat.

Der erste Grad der von Christus gemeinten Liebe ist ganz und gar negativ: Bring den andern nicht um! Hau’ ihm keine in den Bauch! Stelle ihm kein Bein! Wir nennen das noch nicht Liebe. Und doch ist es ein Minimalgrad von Liebe. Damit fängt sie an. Denn in der Stimmung, jemanden umzubringen oder ihm doch mindestens eine Ohrfeige zu geben, sind wir doch manchmal; und wenn wir es dann *nicht* tun, dann kann das schon ein Anfang von Respekt und insofern von Nächstenliebe sein.

Dann wird es schon etwas subtiler: Betrüge nicht! Schlag' ihm kein Schnippchen! Belüge ihn nicht! Missbrauche sein Vertrauen nicht, denn er ist ja auch ein Mensch wie du! Und weiter: Verachte ihn nicht! Mobbe ihn nicht aus der Gemeinschaft raus! Rede nicht schlecht über ihn, auch nicht über seine wirklichen Fehler! Das ist, wie wir alle wissen, schon schwieriger. Aber wenn wir uns hier beherrschen, dann ist das schon ein Anfang von Liebe. Und wenn wir das nicht sehen und bei dem Wort ‚Liebe' gleich an die erhabenen Grade der Liebe denken, dann werden wir, ohne dass wir es merken, mobben, belügen, Vertrauen missbrauchen usw. Aber damit beginnt eben der Lehrgang, in dem man die Liebe lernt.

Diese Lektion müssen wir schon beherrschen, bevor wir zu jenem Grad kommen, der nun nicht mehr negativ ist, sondern schon eine echte Vorstufe zur Liebe. Das ist die Stufe der Gerechtigkeit, wo man erkennt:, dass ich nicht mehr wert bin als der andere. Es soll Gerechtigkeit herrschen. Jedem steht im Prinzip das gleiche zu. Das ist Liebe im Alltagsgewand der Gerechtigkeit, und ist doch auch schon allerhand.

Die richtige Liebe aber beginnt dann erst: Sei hilfsbereit, auch da, wo es keine Pflicht ist, auch da, wo es dich ein bisschen was kostet. Und dann geht es weiter: Sei hilfsbereit, auch da, wo es dich schon ein bisschen mehr kostet. Da geht uns schon leicht der Atem aus. Wir müssen nur an Beispiele denken.

Aber der Lehrgang der Liebe ist noch nicht am Ende. Die nächste Lektion lautet: Sei für den andern da, auch da, wo es dich viel kostet – bis zu jenem Fall, den Jesus erwähnt: bis zur Liebe, die darin besteht, dass man sein Leben riskiert für einen anderen.

III. Wenn all dies aus ehrlichem Herzen geschieht, dann werden wir zugeben müssen, dass das etwas Seltenes ist unter Menschen, etwas, wovon wir nicht ohne weiteres sagen können: Das tue ich den ganzen Tag. Und doch ist es Gebot. Liebt einander, sagt Christus, *wie ich euch geliebt habe*!

Liebe in diesem positiven Sinn ist nur „um Gottes Willen" möglich. Inwiefern? Weil wir glauben und vielleicht ein Stück weit innerlich gespürt haben, dass wir von Gott so geliebt sind, nicht nur ein bisschen, sondern ohne Restriktion, absolut.

Paulus sagt einmal: „Wie sollte der uns nicht alles geben, der uns seinen eigenen Sohn geschenkt hat?" Daran haben die ersten Christen erkannt, dass Gott Liebe ist. Dieser Satz aus dem ersten Johannesbrief ist der Spitzensatz der Religionsgeschichte. G o t t i s t L i e b e . Wo finden Sie das sonst als im Neuen Testament? Wo hätten Menschen gewagt, von sich aus so etwas zu sagen?

Gott ist Liebe. Und deswegen ist *alle* echte Liebe etwas Göttliches. Wenn Christus uns das Gebot gibt: Liebt so, weil Gott euch liebt, dann legt er uns nicht bloß eine Pflicht auf, sondern dann zeigt er uns eine ungeheure Möglichkeit: Ihr könnt Göttliches tun! Gott ist die Liebe . Lassen wir es uns immer wieder tief ins Herz hinein gesagt sein!

„Ich in dir und ihr in mir

Siebter Sonntag der Osterzeit (Joh 17,20-22)

Das Himmelsfahrtsfest hat symbolisch den Abschied Jesu von dieser Erde zum Ausdruck gebracht. Lange ist inzwischen die Zeit her, wo er greifbar und sichtbar unter den Menschen gelebt hat, – die Zeit, in der man ihn selbst reden hörte und ihm Fragen stellen konnte.

Diese Zeit ist vorbei. Es ist *unsere* Zeit gekommen. Für diese Zeit aber legt uns das Evangelium des Johannes heute eine *Erinnerung* nahe, eine Erinnerung an die Worte, die Jesus damals, vor seinem Abschied, gesprochen hat. Es sind freilich keine Worte, die er zu seinen Jüngern gesagt hat. Es sind Worte des Gebetes: Worte, die er an den „Vater" gerichtet hat. In diesem Gebet drückt Jesus seine Sorge aus im Hinblick auf die Zeit, wo er nicht mehr da ist. Und er denkt dabei nicht nur an seine unmittelbaren Jünger, sondern, weit hinaus, auch an diejenigen, die seinen Zeugen in den kommenden Zeiten glauben werden: an die Jünger zweiter Hand, ja fünfter und hundertster Hand. Dazu gehören auch wir. Was aber ist das Anliegen, um das es dem Herrn vor allem zu tun ist, in dieser letzten feierlichen Bitte? Es ist die Einheit. Einheit ist ein großes Wort. Was will er uns damit sagen?

I. Als Erstes wenden wir uns der Formulierung zu: „*Alle sollen eins sein*". Diese Formulierung ist uns im Ohr als Wunsch um die Wiedervereinigung der getrennten Kirchen zu einer einzigen Kirche. In der Tat, die Gläubigen sollen nicht in verschiedene zerstrittene Gruppen zerfallen. Und doch, ist der Wunsch, dass alle in einer Kirche zusammenkommen, realistisch?

In seiner Abwesenheit kann es doch gar nicht anders sein, als dass man darüber in Auseinandersetzungen gerät, wie der Glaube näher zu verstehen ist. Und dass man sich dabei auch erhitzt und Gruppen bildet und sich gegenseitig vorwirft, das Entscheidende nicht kapiert zu haben. Etwas Anderes ist wohl kaum denkbar. Was also kann Jesus mit dem Gebet um Einheit gemeint haben? Ich denke, er kann nur gemeint haben, dass in diesen unvermeidlichen Auseinandersetzungen der Geist des Respekts und der Wille zur Einheit nicht untergeht. Stellen wir uns vor, es gebe überhaupt keine Auseinandersetzungen, keinen Streit in der Kirche, sondern nur ein einheitliches Denken in einer gut durchorganisierten Ordnung. Das wäre sicher imposant. Aber, ob das die Menschen zum Glauben brächte? Wenn aber die Menschen sehen, dass in dieser christlichen Kirche die unvermeidlichen

Meinungsverschiedenheiten und Auseinandersetzungen im Geiste der gegenseitigen Achtung ausgetragen werden, dann können sie schon merken, dass dies etwas Außergewöhnliches ist, dass da nicht nur menschliche Geister, sondern göttlicher Geist am Werk ist.

II. Aber Jesus geht noch tiefer. Er sagt: „Sie sollen eins sein, wie du Vater in mir bist und wie ich in dir bin“. Halten wir ehrfürchtig inne vor diesen Worten. *„Ich in dir, Vater – und du in mir“*.

Es ist, so scheint es, eine unglaublich steile, mystische Einheit, aus der Jesus lebt. Er ist eins mit dem Vater und er ist gewiss, dass der Vater mit ihm eins ist. Und doch ist da gar nichts Überanstrengtes, es ist wie etwas Natürliches. Deswegen sagt Johannes, in der Einleitung zu seinem Evangelium (Kap. 1,1), dass diese Einheit nie begonnen hat, sondern von Anfang an bestand: „Im Anfang war das Wort“ – das in Jesus als Mensch erschienen ist – „und das Wort war bei Gott, und das Wort war selbst Gott“. Die Einheit Jesu mit dem Vater wurzelt in dieser ursprünglichen Einheit. Deswegen ist sie für ihn etwas ganz Natürliches. Das wird sichtbar in seinem Leben an verschiedenen Stellen. Da gibt es Situationen, in denen er wie selbstverständlich im Namen Gottes spricht, ohne sich über menschliches Maß steil aufrecken zu müssen. Oder an der Stelle, wo er sagt: „Den Willen Gottes zu tun, das ist für mich wie Essen und Trinken; davon lebe ich“.

Worauf es aber für uns hier ankommt, ist dies, dass diese Einheit mit seinem Tod nicht aufhört. So wie sie wurzelt in der Einheit Gottes vor aller Schöpfung, so bleibt sie bestehen über seinen Tod hinaus. Ja, man könnte sagen: Jetzt, nach der Heimkehr in den Schoß des Vaters, wird die Formel im vollen Sinn wahr: Ich in dir und du in mir.

Und wenn wir diese Worte noch einmal lesen und etwas anders betonen, dann offenbaren sie noch eine tiefere Wahrheit: Ich *bin* – ganz in dir. Du *bist* – ganz in mir. Mein ganzes Sein wurzelt und ist geborgen in dir. Und dein Sein, oh Vater, ist nicht weit weg, sondern vollzieht sich in mir. Und so wie du der Eine und Einzige bist, so finde ich meine eigene Einheit in dir.

III. Aber Jesus betet noch um ein Drittes, das direkt uns betrifft: „*Sie sollen eins sein: wie du in mir, so ich in ihnen.*" Diese außergewöhnliche und zugleich ganz schlichte Durchwohnung mit Gottes Gottheit, die Jesus ausmacht, den Einzigen, den Unvergleichlichen, diese Einheit soll auch auf uns übergreifen. Wie? „Ich in ihnen": dadurch dass Gottes Sohn in uns Wohnung nimmt. Das hat keinen Sinn, wenn wir es beziehen auf Jesus in seiner irdischen Daseinsweise. Dieser irdische Mensch Jesus ist ein Mensch neben anderen. Er kann nicht wollen oder beanspruchen, „in" einem andern zu sein. Das geht nicht. Ein Mensch steht neben dem andern, und jeder ist nur er selbst, auch wenn man miteinander in guten Beziehungen steht. Aber mit Gott ist das anders, und so auch mit dem Sohn Gottes, der in seinem Sterben durchgebrochen ist durch die irdische Vorläufigkeit, und nun, als „Auferstandener", Gottes Daseinsweise hat. Er kann deshalb von sich sagen: „Ich in ihnen". Und damit ist nicht in erster Linie gemeint, dass er in uns ist, weil wir an ihn denken, weil wir uns bemühen, ihn zu verstehen, und weil wir ihn lieben als unseren Herrn und Meister. All das ist wichtig, aber ist nicht die Wurzel. Gemeint ist etwas, was unserem Tun vorausliegt. Er in uns, wir in ihm. Da ist kein gegenseitiges Sich-Verdrängen. Da ist nur Wurzel und Weite des blühenden Heiligen Geistes.

Das ist alles sehr anders als unser gewöhnliches, alltägliches Denken und Rechnen und Bescheidwissen. Es ist Offenbarung – schöne, tief innerlich begeisternde Offenbarung. Lassen wir uns von ihr weiten und wärmen. Lassen wir uns erfassen vom Lebensstrom der Einheit zwischen dem Sohn und dem Vater!

Der Geist der Personalisierung

Pfingstsonntag

Im Mittelpunkt unseres Feierns und Betens an diesem Pfingsttag steht der Heilige Geist, auf Griechisch pnéuma hágion, Gottes heiliger Lebensatem. Dieser göttliche Atem durchdringt mit seiner linden Gegenwart auch die Menschen, die ihn einlassen, die einzelnen Menschen ebenso wie menschliche Gemeinschaften.

Wie der Heilige Geist in den Einzelnen wirkt, kommt wunderbar zum Ausdruck in den Zeilen des Pfingsthymnus *Veni, sancte Spiritus* ("Komm herab, o heiliger Geist.“) Dort heißt es:

> „Komm, o du glückselig Licht, / fülle Herz und Angesicht, / dring bis auf der Seele Grund ...
> Ohne dein lebendig Wehn, / kann im Menschen nichts bestehn, / kann nichts heil sein und gesund.“

I. Es ist der Geist der Freiheit, der herausführt aus Verengungen und Sackgassen, hinaus ins Weite. Er ist der Lichtschein im Dunkel, in dem wir herumtappen. Er ist die Salbe, die unsere inneren Verwundungen heilt, indem er Geduld gibt, sie zu tragen. Er ist die Milde, die Verholztes weich machen kann, die Wärme, die Erkaltetes sich regen lässt, die Richtung, an der Verbogenes wieder gerade werden kann. Freilich all das nicht von heute auf morgen, sondern zu seiner Zeit und im Rhythmus seines Wehens. Und freilich auch nicht auf unser Kommando, wenn es uns einfällt, auf ihn als einen letzten Nothelfer zurückzugreifen. Denn es ist der göttliche Geist. Er ist nicht ein Mittel zu unseren Zwecken. Wenn er, der alles sanft nach seiner Weisheit leitet, in uns Wohnung nimmt, dann als ein hoher Gast, der höchste und höchst angenehme Gast.

Wenn er unserer Not seine Gaben schenkt, dann geschieht uns nicht nur Gutes, sondern dann geschieht Verwandlung unseres Wesens, oder soll man besser sagen: Dann kommen wir aus dem Kreisen um unsere Kräfte und Schwächen heim in unser Wesen, zu dem von Anfang gehörte, dass Gottes Geist in uns ein- und ausgeht wie der Atem ein- und ausgeht? Wenn wir dies glauben, können wir mutig beten: Atme in mir, Heiliger Geist! Und wenn wir so beten lernen, d.h. wenn wir ihm unser Leben hinhalten und zur Verfügung stellen, dann wird er in uns sicher auch wirken.

II. Wie der Heilige Geist aber in den verschiedenen Menschen in verschiedenen Weisen wirkt, kommt zum Ausdruck in den Worten der heutigen Lesung aus der Apostelgeschichte: Jeder hört die Botschaft der Apostel, die diese doch in ihrem Dialekt vorgetragen haben, in seiner eigenen Sprache.

Allein gelassen fürchten sich die Menschen, und sie fühlen sich allein haltlos. So schließen sie sich zusammen; dann wissen sie, wer sie sind, dann fühlen sie sich stark und sind aufgehoben in einem großen Wir. Nationen und Sprachen sind solche großen Wir-Formen. Aber die Gefahr dieses Wir ist immer, dass es sich aufbaut im Gegenzug gegen die anderen, anhand einer Phantasievorstellung vom Anderen, Fremden, vom Feind.

So ist die Verschiedenheit der Gruppen und Nationen oft Grund für Spannungen, ja Kriege. Die Bildung eines solchen Wir aber zerreißt die umfassende Wir-Gemeinschaft, die sich nur auf das gemeinsame Menschsein stützt. Und die Bildung eines solchen Wir verlangt vom Einzelnen eine Ein- und Unterordnung, die manchmal sehr weit geht. Die einzelnen Menschen verschwinden hinter ihren Bezeichnungen: das ist ein Chinese, das ein Engländer usw. Jeder möchte zwar auch er selbst sein, als Einzelner wahrgenommen und angenommen werden. Aber das geht so nicht.

Wenn es doch nur eine Gemeinschaft gäbe, in die man eintreten kann, ohne sein Eigenes aufzugeben, eine Gemeinschaft, in der sich nicht alle einer Einheitssprache beugen müssen, eine Gemeinschaft, die nicht durch äußere Zwecke oder durch eine starke Herrschaft der einen über die anderen begründet wäre! Wie könnte sie zustandekommen? Gewiss nicht ohne menschliches Wollen und ohne entsprechende Bemühungen. Aber das reicht, wie man weiß, nicht. Und es ist ohnehin nicht das Erste, sondern nur das Zweite.

Das Erste ist immer etwas anderes: etwas Wunderbares, aber nichts Außergewöhnliches und in dem Sinn Geheimnisvolles. Es ist ein Geist, eine Atmosphäre, die sich einstellt und im selben Maß die Einzelnen verwandelt wie sie Gemeinschaft stiftet. Was ich meine, habe ich immer wieder am Beispiel eines Exerzitienkurses erlebt. Einige Menschen widmen sich einige Tage lang der Stille, der Besinnung und vor allem dem aufmerksamen Gebet. Sie sprechen in diesen Tagen nicht und kaum miteinander. Sie machen nichts miteinander aus. Sie schließen keinen Vertrag. Sie sehen sich nur. Die Erfahrung ist regelmäßig, dass am Ende solcher Gebets-Tage eine enge innere Verbundenheit entstanden ist.

III. Das ist eine typische Wirkung des Hl. Geistes. Man verliert die Angst vor dem Fremden, man lässt einander sein, wie man ist. Der Konkurrenzkampf tritt zurück, das Gefühl des Miteinander und Füreinander wächst, Wege zu einem Ausgleich der Interessengegensätze öffnen sich. Gleichzeitig haben die einzelnen in ihre eigene Mitte gefunden, gleichzeitig hat sich eine Mitte zwischen den Einzelnen gebildet, die alle verbindet. Jeder schenkt den anderen ein Ja zu seinem Dasein, jeder empfängt es von den anderen, dieses Ja, das sich jeder vielleicht noch selbst sagen, aber nicht mehr sich selbst glauben kann. Was hier geschieht, ist Menschwerdung, durch die Ankunft des göttlichen Geistes.

Einer meiner Lehrer, der bedeutende französische Theologe Henri de Lubac, hat das einmal treffend so ausgedrückt:

> „Der Heilige Geist erschließt neue Tiefen im einzelnen Menschen, insofern er ihn in die Tiefen Gottes führt, und zugleich wirft er ihn über sich hinaus bis zu den Grenzen der Menschheit. Zugleich universalisiert er ihn und verinnerlicht er ihn. Er bringt den Einzelnen zugleich zur Einheit mit sich und zur Einheit mit allen.“

Das ist das Wunder des göttlichen Geistes, das wir heute feiern. Ihm schenken wir unseren Dank, unsere Hoffung, unseren Glauben.

III. Predigten für Sonntage im Jahreskreis, Lesejahr A (Matthäus)

Das Salz der Erde

5. Sonntag (Mt 5,13-16)

„Ihr seid das Salz der Erde. Das Licht der Welt, das seid ihr!" Das sind kraftvolle Worte. Was ist gemeint? Wir versuchen, eine Antwort zu geben auf drei Ebenen: I. Was bedeuten die Worte? II. Was wollte Jesus damals seinen Jüngern sagen? III. Was heißt das für uns? Sie haben sicher schon bemerkt, dass die beiden Sprüche ganz parallel aufgebaut sind. Der Spruch vom Salz und der Spruch vom Licht, sie erklären sich gegenseitig.

I. Was meint hier „Erde"? Gemeint ist nicht der Ackerboden, der mit Salz nicht etwa gedüngt, sondern nur unfruchtbar gemacht werden könnte. Das Wort „Erde" zielt vielmehr auf die bewohnte Erde, m.a.W. die Bewohner der Erde, die Menschen, die Menschengemeinschaft, die auch mit dem Wort „Welt" im Spruch vom Licht gemeint ist.

Was bedeutet hier das Salz? Ein Vers aus dem Buch Ijob (6,6) kann uns hier weiterhelfen, wo Jiob klagt: „Isst man denn ungesalzene Speise? Wer hat Geschmack an fadem Schleim?" Damit vergleicht er sein Leben. Also das Salz hier ist das, was Würze gibt, was schmackhaft macht, zunächst die Speisen, die Lebensmittel, und dann das, was durch die Lebensmittel erhalten werden soll, nämlich das Leben selbst. Salz heißt also hier soviel wie die „Würze", durch wertvolle Menschen, auf die jedes menschliche Miteinander angewiesen ist.

Schließlich wird man fragen, was es heißen soll, dass das Salz seine Kraft verlieren kann? Das gibt es doch gar nicht; Salz *kann* seine Kraft gar nicht verlieren. Nun, eben das ist gemeint, nur dass die Gedanken etwas unklar geworden sind, weil sie sich ineinander geschoben haben. Wir müssen sie wohl so verstehen: So wie das Salz nicht einmal Salz ist und dann wieder nicht, so haben die Menschen, die Jesus im Auge hat, in sich etwas, das sie zum Gewürz macht. Aber sie müssen achtgeben. Im Unterschied zum Salz, das einfach ist, was es ist, haben sie die Möglichkeit, diese innere Würzkraft - den Heiligen Geist in ihnen- zu verlieren. Und so verlieren sie, die doch Salz hätten sein können und sollen, paradoxerweise ihre Salz-Kraft. Sie werden dann zu einem lebendigen Widerspruch: wie angebliches Salz, das nicht mehr salzt. Es taugt zu nichts mehr. Man wirft es aus dem Haus hinaus, wo es sich mit dem Straßenstaub vermischt, über den man achtlos läuft.

Nun das Licht: Man zündet es an, „um es auf den Leuchter zu stellen". Sie müssen an die Antike denken. Da war das Licht vor allen Dingen ein Öllämpchen, und es gab eigene Ständer mit einem kleinen Podest oben, auf das man des Lämpchen stellte. Gesagt wird nun: Ebenso widersprüchlich wie die Vorstellung von einem Salz, das nicht salzt, ist die Handlung, dass jemand ein Licht anzündet und es dann unter einen Eimer stellt. Das ist verrückt, absurd! Nein, das tut man nicht, sondern man stellt es auf den Leuchter; es soll ja leuchten. So soll auch „unser" Licht *leuchten*.

Wer will das? Offenbar der, der das Licht zum Leuchten gebracht hat. Er will offenbar, dass es nicht unter dem Eimer dahinfunzelt, sondern auf dem Leuchter, in aller Öffentlichkeit, leuchtet. Leuchten aber heißt: sehen lassen und gesehen werden. Das Licht ist da, damit man sieht. Aber es ist selbst auch etwas, das die Blicke auf sich zieht, so wie eine Stadt auf dem Berg, die von allen Seiten sichtbar ist.

II. Was wollte Jesus damit sagen? Zuerst ist zu fragen: *Wem* sagt er das? Die Antwort lautet: Er sagt es zunächst zu seinen jüdischen Volksgenossen, die die göttliche Weisung haben, damit alle Völker sich daran ein Beispiel nehmen. Er sagt es dann aber auch im Besonderen seinen Jüngern. Das griechische Wort, das wir mit „Jünger" übersetzen, heißt *mathetés*. Es ist dasselbe Wort, das auch in „Mathematik“ steckt, denn die Mathematik ist ein Wissen, das sich man sich in der Schule aneignet. Die Jünger sind also Schüler, Auszubildende, Studenten; es sind Menschen, die lernen. Bevor die Menschen sich in die Schule Jesu begeben haben, waren sie Leute wie alle anderen euch. Die Worte vom Salz und vom Licht ruft ihnen der Meister nicht schon am Eingangstor zur Schule entgegen, sondern zwischendrin und nach den ersten Ausbildungsabschnitten. Das heißt: Er hat sie mit seiner Lehre und seinem Beispiel gesalzen und zum Licht gemacht, und jetzt sind sie es. Denn – so drückt es der Evangelist Johannes einmal aus – „*Er* ist das Licht der Welt“ und von *daher* sind seine Jünger, insofern sie denn wirklich seine Jünger sind, auch ein Licht für die Menschenwelt.

Die zweite Frage ist: In welche Situation spricht Jesus hinein? *Warum* erinnert er sie an ihre Berufung? Weil die Jünger in der Gefahr sind, sich aus davonzustehlen. Sie sind gewissermaßen wie Öllämpchen, die kleine Beinchen haben, und damit dauernd unter den Eimer kriechen. Jesus will ihnen sagen, dass sie das nicht dürfen, weil Gott sie zu Lichtern gemacht hat. Denn eine Aufgabe, die einem Gott gegeben hat, von der kann man sich nicht so einfach davonstehlen, man darf nicht so tun, als wenn die einfach nicht da wäre. Die prägt einen, die hat einen, und wenn man sich davonstiehlt, dann entzündet sich etwas in einem, aber nicht wie ein Licht, sondern wie ein Pickel, der sich entzündet.

Warum wollen sich die Jünger verstecken? Sie haben Angst, vor dem Urteil der anderen, vor der sog. öffentlichen Meinung oder auch vor der Verfolgung. Gegen diese Angst steht das Wort, das aufruft zum Mut, zum Standhalten: „Vergesst nicht, was ihr seid: *Ihr* seid Licht! *Ihr* seid Salz!“ Damit die Ermutigung verstärkt wird, ist ihr auch noch eine Drohung beigefügt: die Warnung, zu einem inneren Widerspruch zu werden, der einen zerstört und außerdem berechtigter Verachtung preisgibt: Salz zu sein, das nicht mehr salzt, und deshalb achtlos zertreten wird. Wichtiger als die

Warnung ist die Ermutigung. Aber auch jene gehört zur Motivation. Der Mensch braucht beides, und deshalb gehört beides zur Pädagogik Jesu.

III. An wen aber richten sich diese gewaltigen Worte *heute*? Man wird spontan antworten: an die Kirche, und gleich hinzufügen, dass die Kirche offenbar heute nicht mehr Salz und Licht der Welt sei. So lesen wir es jedenfalls immer in diesen selektiven Pressemeldungen, wo die Skandale, Probleme und der „Reformstau“ nach vorne gespielt werden. Und so glauben wir es inzwischen vielleicht selber. „Kirche“, das meint in diesem Zusammenhang vor allem den Vatikan und die Bischöfe.

Aber auch wir sind gemeint, die jetzt friedlich in dieser Kirche sitzen und Messe feiern miteinander, unterstützt von Schuberts Musik. Wir, die frei entscheiden konnten, ob wir das „Angebot“ eines Gottesdienstes wahrnehmen wollen oder nicht. Noch gibt es diese Freiheit, noch gibt es dieses Angebot, durch die Gunst der Umstände, unabhängig davon, ob wir Salz sind oder nicht.

Noch ist dieses herrliche Gebäude eine Kirche. Wenn wir aber so weiter machen mit unserer inneren Auslaugung, könnte es eines Tages schon so kommen, dass der Bayerische Staat als Eigentümer dieses Hauses sich fragt, ob er diesen Raum, der leer geworden ist, nun besser zum Museum für die christliche Kunst der Vergangenheit deklariert oder jener aktiven, überzeugten, missionarischen Gemeinde zur Verfügung stellt, die einen großen Raum braucht – und sie zur Moschee macht. Glauben wir nicht, das sei unmöglich! Glauben Sie, dass die Gläubigen, die die Hagia Sophia in Konstantinopel gefüllt haben, im Ernst damit gerechnet hätten, dass daraus eines Tages eine Moschee wird? Das kann auch uns passieren. Und ich muss Ihnen sagen: Ich privat würde weit vorziehen, dass es ein Gebetshaus *bleibt*, indem es eine Moschee *wird*, als dass es ein Museum für blasierte Kunstkenner wird, die für das Heilige überhaupt keinen Sinn mehr haben. Also, noch haben wir die herrliche Hülle, füllen wir sie mit Begeisterung!

IV. Damit das „Wir“ nicht selbst eine Weise des Davonlaufens wird, muss es zum „ich“ werden. Jeder einzelne hört doch dieses Wort: „Du, du, schau mal her, auch du bist Salz, du bist Licht – du bist doch Christ, oder?“ Und so muss sich jeder fragen, der es ernst nimmt: Was heißt das jetzt? Was soll *ich* daraus für Konsequenzen ziehen? Was antworte *ich* dem Herrn, der mich anschaut und mir das sagt? Ausweichen heißt hier verraten; mitmachen bei seiner Austreibung aus der Stadt; hinter einer Hausecke versteckt zuschauen, wie die ratloser gewordenen Menschen unseres Volkes nach Christenmenschen ausschauen und immer weniger finden. Was also antworten Sie, Sie persönlich?

Wir lesen in den Zeitungen, dass die Zahlen der christlichen Gemeinden geringer werden. Innerhalb von zehn Jahren haben über 20% unseres Volkes mehr angegeben, dass sie keinerlei religiösem Glauben angehören. Der Trend geht nicht mit uns. Das bedrückt uns; das verführt uns zum Defaitismus.

Jedoch: Am Anfang war die Kirche zahlenmäßig noch viel viel kleiner. Aber sie glaubte: „Wir sind das Licht der Welt. Wir sind das Salz der Erde. Wir!“ Was glauben Sie, als Petrus und Paulus vor Rom standen und zum ersten Mal diese herrlichste aller Städte Europas gesehen haben, wie groß da ihre Erfolgschancen waren? Sie waren aussichtslos! Aber sie gingen hinein, mit den Worten Christi im Herzen: „Petrus, jetzt gilt's; du bist das Salz dieser Stadt!“ „Paulus, jetzt gilt's; du bist das Licht dieser Stadt!“ Und sie sind hineingegangen und sie haben die Stadt und den Erdkreis verändert. Gott gebe uns etwas mehr von diesem Geist!

Gerechtigkeit – und etwas mehr

7. Sonntag (Mt 5, 38-48)

"Das werde ich dir heimzahlen, Auge um Auge, Zahn um Zahn!" Wenn einer so droht, empfinden wir das als brutal und primitiv. Und weil es so im Alten Testament steht, "Auge um Auge, Zahn um Zahn", schauen wir Christen gerne von oben auf die primitive Einstellung des jüdischen Alten Testaments herab.

I. Gemeint ist dort aber das genaue Gegenteil, nämlich die Einschränkung der Rache (unter der Voraussetzung einer Gesellschaft, die noch kein staatliches Strafmonopol kannte): Wenn dir dein Gegner im Streit ein Auge herausgeschlagen hat, dann darfst du ihm auch nur ein Auge, höchstens ein Auge, ausschlagen, nicht beide! Also: Wenn du dich schon rächen willst, dann übertreib es nicht; mach es nicht wie der Maulheld Lamech, über den die Bibel spottet, weil er sich mit dem Satz brüstete: Für jeden, der einen von uns umbrachte, erschlug ich sieben! (Gen 4,23f). "Aug um Auge": Das ist hart und meinetwegen primitiv; damals aber war es ein großer Fortschritt. Damals? Manch einem täte diese "primitive" Lektion noch heute gut!

II. Jetzt aber kommt Jesus: "Ich aber sage euch". Was meint er nun? Ich meine, ungefähr folgendes: Leute, das mit dem 'Auge für Auge', das war eine Konzession, ein Zugeständnis, die Angabe einer äußersten Grenze. Besser ist es, wenn ihr sie nicht ausschöpft, sondern z.B. - wenn es schon sein muss - für einen ausgeschlagenen Zahn nicht wieder einen Zahn ausschlagt, sondern eurem Gegner nur einen Tritt ans Schienbein verpasst oder nur Schmerzensgeld verlangt, oder vielleicht noch weniger, oder gar - aber jetzt, ihr versteht schon, jetzt übertreibe ich einmal ganz gewaltig -: Wenn dich einer auf die rechte Backe schlägt, halt' ihm auch die linke hin ...

Angesichts solcher Sätze haben wir eine Wahl zwischen drei Möglichkeiten. Möglichkeit eins: Wir nehmen Jesu Worte ganz ernst und werden schnurstracks Heilige. Möglichkeit zwei: Wir verstehen Jesus ganz wörtlich und erlauben uns (meistens aber ganz still), ihn für verrückt und seine Worte für irrelevant für uns zu halten. Möglichkeit drei wir versuchen, aus diesen Worten etwas zu lernen für uns, so wie wir jetzt sind. Zwei Dinge müssen wir dabei voraussetzen: Erstens dass Jesus kein Verfasser von Schriftsätzen in einer deutschen Rechtsanwaltskanzlei des 21. Jahrhunderts war, sondern ein Volksprediger im alten Orient, und zweitens, dass er voraussetzt, dass wir nicht nur einen Verstand haben, sondern ihn auch kräftig gebrauchen.

III. Was also will Jesus uns sagen? Will er uns ein schlechtes Gewissen machen, wenn wir auf unserem gerechten Anteil bestehen, auf unserer Bezahlung und einer anständigen Behandlung? Nein. Die, die so veranlagt sind, dass sie sich nichts zu verlangen trauen und dauernd um Entschuldigung bitten dafür, dass sie da sind, will er uns sicher nicht zum Vorbild hinstellen. Dazu ist er zu gesund. Er selber hat die Ohrfeige, die ihm der Wachsoldat des Hohenpriesters bei seinem Prozess gab, auch nicht einfach hingenommen, sondern hat protestiert (Jo 18,23). Und wenn sein treuer Jünger Paulus darauf zu sprechen kommt, dass er um seiner Gemeinden willen ohne Frau lebt und für seinen Lebensunterhalt selbst arbeitet, vergisst er nicht, stolz herauszustreichen, dass er das freiwillig tut, und dass er ein Recht auf Unterhaltszahlungen hätte (1 Kor 9,3-18).

Jesus will uns vielmehr darauf hinweisen, wie menschliches Zusammenleben funktioniert. Was er im Auge hat, ist der Kitt und Zement der Gesellschaft, das Tauschprinzip: Geld für Ware und Ware für Geld, und Wie du mir, so ich dir, im Guten wie im Bösen. Jede Gesellschaft funktioniert so. Wer arbeitet, tut das in berechtigter Erwartung des Lohns. Wer gibt, erwartet, dass man auch ihm gibt, sonst wird er bald zu geben aufhören. Das Leben ist ein Kreislauf. Wer nicht mehr nimmt, als er selbst gibt, ist gerecht.

Wer nicht weniger liefert, als er Bezahlung verlangt, ist gerecht. In dem Sinne gerecht zu sein ist schon viel; viele sind ungerecht, wenn sie die Chance dafür haben. Wer so gerecht ist, heißt in der Bibel "Knecht Gottes". Wer aber immer wieder einmal auch ohne Gegenleistung (gratis) Gutes tut, der darf "Freund" Gottes heißen (Joh 15,15).

IV. Max Weber, der berühmte Soziologe anfangs des letzten Jahrhunderts, hat einmal gesagt: Auf die Moral der Bergpredigt kann man keine Gesellschaft aufbauen. Da hat er den Realismus Jesu doch unterschätzt. Gewiss, und das weiß Jesus natürlich auch, funktioniert eine Gesellschaft nach den ehernen Gesetzen von Leistung und Gegenleistung. Aber es braucht in einer Gesellschaft immer Menschen, die auch einmal verzichten können auf die volle Ausschöpfung ihrer Rechte. Und dies schon deswegen, weil es ein Gegengewicht braucht zu denen, die das Tauschprinzip nach der anderen Seite hin verletzen, nach dem Motto: Jedem das Seine, aber mir das Meiste. Darüber hinaus aber und vor allem braucht es Menschen, die nicht nur zu rechnen und zu berechnen verstehen, sondern großzügig geben und vergeben können: damit im Leben etwas von Güte und Charme und Leichtigkeit und Fröhlichkeit und frischer Ursprünglichkeit spürbar wird, damit das Miteinander nicht kalt und hart wird.

In seiner Bergpredigt stellt Jesus kein neues Gesetz auf, das an die Stelle des alten treten könnte. Er macht nur deutlich, wie dieses ursprünglich gemeint war. Er macht deutlich, was eine Richtschnur des richtigen Lebens ist, und was nur als eine Konzession, ein Zugeständnis an das langsame und oft harte Herz der Menschen gemeint war. „Meinen Nächsten soll ich lieben? Nun, wenn es schon sein muss, darf ich dann wenigstens meinen Feind hassen?" - "Gut", sagt Jesus, "wenn es nicht anders geht, dann liebe wenigstens deinen Nächsten; aber wenn du noch Kraft übrig hast, dann versuche, auch deinen Feind ein bisschen zu verstehen; mögen musst du ihn nicht, aber vielleicht bringst du es über dich, für ihn zu beten, dass Gott ihn liebt? Überfordere dich nicht und mache dir vor allem nichts vor! Aber konzediere deinem Herz doch ab und zu, sich ein Stück weit in die Richtung zu bewegen, die ich dir zeige: vorsichtig, nicht die ganze Strecke auf einmal, aber Schritt für Schritt: von der Rücksichtslosigkeit zum gewöhnlichen Egoismus, von da zur Gerechtigkeit, und von der Gerechtigkeit zur Großzügigkeit. Gehst du mit?

Zwei Weisen, Jesus zu dienen

13. Sonntag Mt 10,37-42

Liebe Zuhörer, wir wollen einmal genau hinhören auf dieses Stück des Matthäus-Evangeliums! Zunächst ist es gut zu merken, wie die Sätze aufeinander folgen, wie sie gebaut sind in ihrer Einheit. Sie haben vielleicht unmittelbar mitbekommen, dass diese Rede Jesu an seine Apostel zwei Teile hat. Im ersten Teil wird dreimal gesagt: „Wer ... , ist meiner nicht würdig.“ Und dieser Teil wird abgeschlossen mit dem Satz „Wer sein Leben sucht, wird es verlieren ...“. Die zweite Einheit wird eingeführt mit dem Satz „Wer euch aufnimmt, nimmt mich auf“, und dann kommt wieder ein dreifaches „Wer ..., der wird seinen Lohn erhalten“.

Der erste Teil dieser kleinen von Matthäus zusammengestellten Rede richtet sich an die Apostel, d.h. an die Boten, die Jesus hinaus sendet, um die Botschaft der Nähe Gottes zu verkünden. Der zweite Teil richtet sich an die, zu denen die Boten gesandt sind und bei denen sie Unterkunft und Unterstützung bekommen.

I. Was ist nun mit den Worten des ersten Teils gemeint? „Wer Vater und Mutter mehr liebt als mich ...“ – ja soll man denn Vater und Mutter *nicht* lieben, sie ehren, ihnen, wenn sie es brauchen, Hilfe und Unterstützung gewähren und dasselbe für die Kinder, für Söhne und Töchter? Das ist nicht gemeint. Halten wir uns vor Augen, es handelt sich darum, dass Menschen angesprochen werden, die als Boten hinausgehen sollen, die folglich das heimatliche Haus mit Vater und Mutter verlassen müssen, und die nicht daran denken sollen, selbst so ein Haus zu gründen, Familie zu haben und Söhne und Töchter, sondern die frei und ledig hinausgehen sollen in seinem Dienst.

Zu beachten ist auch die Weise, wie sich die Forderungen des Herrn steigern: Ihr sollt erstens verzichten auf das väterliche/mütterliche Haus, d.h. auf die Rückbindung an den Wurzelboden eures Lebens; ihr sollt zweitens verzichten auf die Chance, euer Leben fortzusetzen in der Zukunft eurer Kindern; ja, ihr sollt, wenn es sein muss, bereit sein, sogar euer eigenes leibliches Leben der Gefahr eines gewaltsamen Todes auszusetzen, massiv ausgedrückt: den Kreuzbalken selber zur Richtstätte zu schleifen, so wie ich.

Es ist eine Steigerung, die sich dann ihren Gipfel findet in dem massiven Wort: „Wer sein Leben sucht, wird es verlieren. Wer es verliert, wird es gewinnen.“ Dieses Wort ist ein Gegenmittel gegen die Angst. Denn da hat man doch Angst, wenn man den heimatlichen Boden verliert, wenn man da steht und älter wird und keine Kinder hat, die einem die eigene Zukunft vor Augen führen, in die man sich hinein investieren kann. Man hat doch Angst, wenn die Staatspolizei vor der Tür steht. Jesus hat auch Angst gehabt. Aber er hat sein Leben nicht an sich gehalten; er hat nicht selbst dafür gesorgt, dass es ihm blieb, dass es sich fortsetzen konnte – er hat es hingegeben. Und so ist er für uns zum Leben geworden und Gott hat ihn bestätigt, indem er ihm das himmlische, göttliche Leben in der Auferstehung geschenkt hat.

Auch der zweite Teil, der sich an die Menschen draußen auf dem Land und in der Stadt richtet, enthält eine Steigerung, aber gewissermaßen nach unten: Wenn jemand einen echten Propheten bei sich zu Hause aufnimmt, so wie diese Frau im Alten Testament in dem Ort Schunem den Propheten Elischa aufgenommen hat (vgl. die Lesung des Tages, 2 Könige 4), dann darf er damit rechnen, dass mit einem solch hohen Gast auch der Segen einkehrt. Aber auch wer nur einen Gerechten, der vielleicht auf der Flucht ist, aufnimmt und versteckt, auch der bekommt reichen Lohn von Gott zugesprochen. Und sogar wer nur einem dieser „Kleinen", die da durchs Land ziehen, um die Botschaft Christi zu verkünden, wer denen auch nur, wenn sie klopfen, ein Glas Wasser gibt, auch das wird nicht vergessen sein droben, denn so tut man ja Gottes Willen.

II. Die Situation, in die diese Worte *ursprünglich* gesprochen sind, ist die: Jesus hat die neu ausgewählten Apostel vor sich und sagt: „So, jetzt geht's hinaus!" und die zögern und sagen „Ja, aber ..." und „Wie lange dauert es? Acht Tage und kann ich dann wieder heimkehren?"; oder: „Meine Braut wartet doch". Und die Antwort ist von schneidender Härte: „Wenn du so denkst, geh'! Du hast das Zeug nicht, das man braucht, um zu mir zu gehören." Das sind harte Worte. So etwas möchte man in der Predigt gern weglassen. Aber es sind Worte Jesu, und wenn ich diese Worte – und es sind mehrere von dieser Sorte im Evangelium – nicht ernst nehme und vorlese, dann schwindele ich mich um meinen Boten-Auftrag herum.

Gerichtet sind die Worte aber auch an all diejenigen, zu denen diese Boten gesandt sind und bei denen sie einkehren, bei denen sie ein Mittagessen bekommen, ein Nachtlager, Freundschaft, Unterstützung um Gottes willen, so wie Jesus selber immer wieder bei den Geschwistern Martha, Maria und Lazarus und eingekehrt ist und die Gastfreundschaft vermögender Frauen in Galiläa angenommen hat und so wie Paulus z.B. bei der Purpurhändlerin Lydia (die Namen sind uns ja wunderbar erhalten) eingekehrt ist oder bei dem Ehepaar Aquila und Priscilla, die von Ephesus umgezogen sind nach Rom und dort dann wieder ein Zuhause gefunden hat. So geht es ja bis heute weiter in tausendfältiger Weise. Das sind gewissermaßen die „Laien". Es gibt im Evangelium diesen Unterschied zwischen den Boten und den Menschen im Lande. Es sind nicht alle gleich. Die einen sind gesandt, sich herauszulösen aus dem bürgerlichen Leben und Boten zu werden, und die anderen bleiben im bürgerlichen Leben und werden auch gebraucht, nicht nur als die Adressaten der Botschaft, sondern als Mitarbeiter, indem sie diese Boten unterstützen und ihnen eine vorübergehende Heimat bieten.

III. Gesandt sein, das ist auch *heute* noch mehr als einen Vollzeitjob als Angestellter der kirchlichen Organisation auszufüllen mit 35 oder 40 oder 50 Stunden in der Woche, je nachdem, mit automatischem Anrufbeantworter abends um fünf oder auch nicht. Gesandt sein ist auch heute noch etwas anderes und nicht alle sind so gesandt. Glücklicherweise sind die Rollen nicht mehr so stark getrennt wie früher. Auch diejenigen, die normalerweise zu Hause bei ihrer Familie sind oder im Betrieb, können von Zeit zu Zeit solche Gesandte sein, d.h. selbst apostolisch tätig sein. Das ist wunderbar, dass es das heute gibt. Aber es darf nicht umgekehrt das im bürgerlichen Leben legitime Denken an Gehalt, Karriere, an Prestige usw. in die kirchlichen Berufe zurückschwappen, so dass es dort auch um Gehalt, Arbeitszeit, Karriere usw. geht, nur halt für eine ideologisch geprägte Firma. Das ist kein Dienst an Christus mehr. Denn darum geht es: dass alle, die unterwegs sind, wie diese Boten und die, die sie unterstützen, dass alle gemeinsam, je auf ihre Weise, Christus einen Dienst erweisen wollen.

Wem? Wer ist Christus? Wenn wir diese scharfen Worte hören „Wer nicht bereit ist, sogar seine Heimat, sogar seine Zukunft in Kindern, ja sogar sein eigenes Leben aufs Spiel zu setzen, der ist meiner nicht wert“, dann greifen wir uns an den Kopf und fragen uns: Für wen hält der sich? Wer muss das sein, wenn er so was mit Recht sagen kann? Ich nenne mich Christ, aber habe ich denn Ihn schon so erfasst, dass ich sage: ja, das *darfst* du zu mir sagen, das musst du sagen? Nehme ich Ihn so ernst als den, der Er heißt: den *Herrn*, den einen, göttlichen Herrn? Oder ist Er für mich ein Plakat, ein Fan-Bild mehr in meiner Stube, ein dekoratives Bild, das ich bei Gelegenheit, wenn ich Trost brauche, herausziehe, um so mein Dasein ein bisschen gefälliger zu möblieren? Ist Er ein Mittel für mich, der ich mir das Herr-Sein über mein Leben reserviere? Oder stelle ich mich Ihm als Bote, als Diener zur Verfügung, weil Er es wert ist? Ich glaube, um diese Entscheidungsfrage mogeln wir uns schon lange herum, und deswegen ist unser Christentum so zahnlos heute: weil es nicht mehr Christentum ist, sondern religiöses Dekor; weil es nicht mehr Glaube ist an Gott den Herrn, der in Christus gegenwärtig ist.

Bitten wir um die Gnade der Bekehrung! Bitten wir, dass Er uns aufgeht in seinem unendlichen, unvergleichlichen Wert. Bitten wir um die Gnade, dass wir es nicht mehr als eine Gnade von unserer Seite ansehen, wenn wir noch katholisch sind – „Herr Pfarrer, da müssen Sie dankbar sein" –, sondern dass wir erkennen, dass es Seine Gnade ist, wenn wir Ihm etwas geben können.

Jesus wirbt für sich

14. Sonntag (Mt 11,25-30)

Wenige Passagen im Evangelium geben uns einen Einblick in das Innerste unseres Herrn wie dieses Stück, das man den Jubel- und Heilandsruf Jesu nennt. Sie besteht aus drei Stücken: Im ersten wendet sich Jesus im Gebet an den Vater, - das zweite ist vielleicht eine Art von Selbstgespräch, - im dritten wendet sich Jesus an seine potentiellen Jünger. Ich will ausgehen vom dritten Stück.

I. Dieser Text ist eine Art von Werbetext: Jesus wirbt um Schüler; er wirbt für sich als Lehrer. Die Weise wie er es tut, hat Vorbilder in der Weisheitsliteratur des Alten Testaments. Dort wirbt der Vater um das Ohr seines Sohnes (Spr 1,8-9 und öfter); der Lehrer der Lebensweisheit empfiehlt sich seinen Schülern (Spr 22,17 ff); schließlich schaut die Weisheit selbst, um deren Vermittlung es geht, aus nach Liebhabern, die sich um sie bemühen (Spr 1,20; 8).

Auch heute wird, und genau so direkt, kräftig so geworben. Ein Lehrer an der Universität z.B. wünscht sich viele und gescheite Studenten und tut etwas dafür, dass er sie bekommt. Er empfiehlt sich im Wettbewerb der Kollegen durch gute Veröffentlichungen, durch öffentliche Auftritte, durch interessante Vorlesungen, von denen die Studenten etwas haben für das Leben und die Karriere („Klugheit"), für die wissenschaftliche Einsicht („Weisheit"), oder für beides.

Vergleichen wir damit die Werbung Jesu! Auch er wirbt für sich: „Lernt von mir!" „Nehmt mein Joch auf euch" („Joch", das auch im indischen Ausdruck Joga steckt, ist ein altes Bild für eine Leitung, der man sich unterwirft). Und Jesus empfiehlt sich als guten Lehrer: Mein Joch ist leicht; bei mir könnt ihr Ruhe (Frieden) gewinnen.

Bis hierher läuft alles normal. Aber dann bricht alles ein. Während normale Lehrer stolz sind auf den Einfluss, den sie sich erworben haben, und glücklich über die Zahl hochbegabter Schüler, die es selbst zu etwas gebracht haben, müssen wir im Falle Jesu befremdet zur Kenntnis nehmen, dass Jesus (am Anfang unseres Textes) seinen Dank ausdrückt, nicht für den Erfolg, sondern für seinen Misserfolg, von dem kurz vor dem Jubelruf berichtet worden war (Mt 11, 16.20-24). Er preist Gott sogar dafür, dass er den „Weisen" und „Klugen" in seinem Publikum die Augen und Ohren *nicht* öffnete. Was geht hier vor?

II. Der französische Mathematiker und Philosoph Blaise Pascal (1623-1661) kann uns in dieser Frage weiterhelfen. In einem seiner Gedankenfragmente (Pensées, Frg. 793) unterscheidet er zwei Seins- und Wert-Ordnungen:

„Alle Körper, der ganze Kosmos und die Erde mit ihren Reichen, wiegen nicht den Glanz einer einzigen Intelligenz auf, wie der eines Archimedes [oder, so können wir ergänzen, eines Darwin, eines Einstein]. Denn eine Intelligenz erkennt das alles und sich selbst, die Körper aber erkennen nichts.

Alle Intelligenzen zusammen aber und ihre Leistungen aber wiegen nicht die geringste Bewegung der reinen Liebe auf; denn diese gehört einer unendlich höheren Ordnung an. ...

Jesus Christus, ohne Besitz, ohne wissenschaftliche Leistungen für die Welt, steht in der Ordnung der Heiligkeit. Er hat uns keine Erfindungen geschenkt, hat kein Reich beherrscht. Aber er war demütig, geduldig, heilig, heilig, heilig für Gott, furchtbar für die Dämonen, von jeder Sünde frei. Oh, in welch großer Pracht, wie überwältigend groß ist er gekommen für die Herzen, die Augen haben für die wahre Weisheit!“

Warum werden Weltklugkeit und wissenschaftliche Bildung für viele Menschen zum Fallstrick, so dass sie bei all ihrem Wissen doch für Gottes Wirklichkeit blind werden und diese nicht wahrnehmen können? Ist etwa das Wissen etwas Schlechtes? Ist etwa politischer und ökonomischer Sachverstand nichts wert? Nein, im Gegenteil. Der Fallstrick liegt gerade in ihrem wirklich hohen Wert. Er verführt dazu, ihn für den höchsten zu halten. So kann es sehr leicht geschehen, dass man sich an der Nüchternheit, die aus Erfahrung und Wissen erwachsen, paradoxerweise *berauscht* und sich so selbst benebelt im Hinblick auf den höheren und zugleich demütigeren Wert der Liebe.

Warum ist Jesus froh darüber, dass das Reich Gottes solchen Menschen, die sich an ihrer Klugheit und Weisheit berauschen, verborgen bleibt? Nicht, weil er schadenfroh Menschen ausschließen möchte. Sondern weil ihnen, so wie sie sind (unbekehrt), die Realität Gottes nur völlig verzerrt aufscheinen könnte: als weiteres Mittel der klugen Durchsetzung der Interessen im Kampf ums Dasein, oder als ein Beitrag zur menschlichen Kultur des Wissens. Es ist besser für das Reich Gottes, aber auch für diese Menschen, dass sie *nicht* kapieren als dass sie missverstehen. Denn dann bleibt die Chance der Erschütterung und Bekehrung bestehen; im anderen Falle nicht.

In diesem Punkt empfindet sich Jesus ganz eins mit Gott, seinem Vater, der die Bewegungen der Herzen lenkt wie Wasserbäche. Für Gottes Wirklichkeit und Reich kann – wie könnte es anders sein – nur Gott selbst die Augen öffnen; und er tut es nur für die demütigen Herzen, den hochmütigen aber leistet er Widerstand. An diesem Punkt bricht nun der Jubel Jesu aus: „Niemand kennt den Sohn, nur der Vater, und niemand kennt den Vater, nur der Sohn." In das Geheimnis dieser Intimität kann niemand von außen eindringen; es wird auch keiner versuchen, weil er davon keine Ahnung hat. Aber „der Sohn will es einigen offenbaren".

III. Was verspricht Jesus nun? An wendet er sich? An die, die sich plagen und schwere Lasten tragen. Damals waren das vielleicht die frommen Menschen, die unter den vielen Geboten, die ihnen die Schriftgelehrten aufgebürdet hatten, stöhnten.

Heute haben sich die Menschen andere Lasten aufbürden lassen. Sie haben ihre Freiheit verloren unter der Macht der öffentlichen Meinung und der *political correctness*; unter der Furcht vor der Meinung und Einschätzung der Nachbarn; unter dem Diktat der Mode, von der sie sich Verhalten, Image, Auftreten vorschreiben lassen, bis hin zu den lächerlichen, aber auch zerstörerischen In-Out-Listen usw. Wer in Jesu Schule geht, kann diese Dinge nicht mehr ernst nehmen; langsam weicht ihr Zwang von der Seele. Wichtigeres und damit eine neue Freiheit kommen nach oben.

Und die Last des Lebens? Sie kann geringer oder größer oder kaum erträglich sein, in schwerer Krankheit, in bitterer Armut, in Vertreibung und Ungerechtigkeit, im Verlust geliebter Menschen. Auch diese Menschen lädt

Jesus ein, unter sein Joch zu kommen. Freilich, wie John Henry Newman gesagt hat, „nimmt Gott uns die Last des Lebens nicht ab. Aber er gibt Kraft zum Tragen.“ Solche Kraft wächst in uns, wenn wir auf *den* schauen, der seine Last getragen hat, und nicht nur seine, sondern dazu noch auch die unsere. Lassen wir uns also als Lehrlinge anwerben und gehen wir in seine Schule!

Das Unkraut im Acker

16. Sonntag (Mt 13, 24-30)

Manchmal möchte man wohl, dass Gott eingreift und all die Gewalttätigen, Schmarotzer, Betrüger usw. am Schopf packt und aus dem Acker des Lebens herausreißt. Manchmal möchte man wohl, dass Gott wenigstens in der Kirche den Sumpf von Unehrlichkeit, Besserwisserei und Kleinkariertheit austrockne. Aber er *tut* es nicht - *jetzt* noch nicht. Er lässt das Unkraut zusammen mit dem Getreide wachsen, so lange diese Erde besteht, auf der die Menschen wie Pflanzen wachsen, bis zur großen Ernte, die allen bevorsteht, wenn das Gericht kommt.

I. Für viele Menschen ist diese Untätigkeit Gottes ein großer Anstoß, ein Ärgernis. *Sie* an seiner Stelle, mit seinen Machtmitteln, hätten es anders gemacht, besser gemacht. Ich gebe zu, dass zu diesen Menschen auch ich hin und wieder gehöre und manch einer von Ihnen wird zustimmen: "Ja, ich auch."

Jedoch: Ist es gerecht, Gott wegen seiner endlosen Geduld und Langmut anzuklagen? Zunächst fühlen wir uns ganz sicher. Aber dann beschleicht uns doch der Zweifel, wenn uns nämlich die Frage kommt, ob wir selber vielleicht lieber nicht schon heute, sondern erst morgen von Gott gerichtet werden möchten. Und es kann uns auch aufgehen, dass es vielleicht doch besser sein könnte, vom barmherzigen Gott gerichtet zu werden als von Menschen, die ebenso aufs Verurteilen erpicht sind wie wir, wenn uns der moralische Zorn packt.

Denn das gerechte Richten ist eine sehr schwierige Aufgabe, und es setzt viel Klugheit und Selbstbeherrschung voraus. Es ist etwas ganz anderes als das beliebte Gesellschaftsspiel, das darin besteht, dass man über abwesende Leute herzieht, und das man auf Bairisch „Leute ausrichten" nennt. Dieses Schlechtmachen ist zwar sehr verbreitet, aber doch ziemlich gemein. *Wie* gemein, merkt man gleich, wenn man sich vorstellt, dass man selber derjenige ist, über den getuschelt, vermutet, vom Leder gezogen und gelacht wird.

II. Aber manchmal kann es auch eine ernste und unausweichliche Aufgabe sein, sich ein Urteil zu bilden über Meinungen und über Menschen. Keiner von uns kann sich dieser Pflicht entziehen, am wenigsten diejenigen, die für andere Menschen Verantwortung tragen. So ist es wichtig, sich ein paar Gedanken zu machen über die Frage, was ein gutes und was ein schlechtes Urteilen ist. Drei Überlegungen sind hier vielleicht hilfreich.

Erstens: Sich sorgfältig informieren. Der heilige Ignatius von Loyola hat aus eigener bitterer Erfahrung eine Erkenntnis gewonnen, die er an den Anfang seines Exerzitienbüchleins stellt. Sie ist auch für uns von großer Bedeutung. In die Sprache unserer Zeit übersetzt, lautet sie so: „Ein jeder Christ muss versuchen, in der Aussage seines Nächsten einen guten Sinn zu vermuten. Gelingt ihm das zunächst nicht, so stelle er sein Urteil zurück und erkundige sich nach den Gründen, warum der andere so denkt. Er wird ihn dann in vielen Fällen besser verstehen."

Eine gute, verantwortliche Beurteilung ist also eine, die nicht dem ersten Eindruck folgt, sondern sich sorgfältig nach dem erkundigt, was der andere *wirklich* gesagt hat. Es ist eine Beurteilung, die zu verstehen versucht, welche Gründe er für diese Positionsbestimmung und Meinung hatte. Anders formuliert: Eine gute Beurteilung lässt sich nicht von einem schnellen Vorurteil leiten. Solche Vorurteile klingen etwa so: "Was kann denn aus Nazaret schon Gutes kommen?" oder "Den kenne ich schon; wenn der redet, brauche ich gar nicht hinzuhören." Eine gute Beurteilung gibt den Unterschied zwischen wahr und falsch, gut und schlecht keineswegs preis. Aber sie beruht auf der Beobachtung, dass die Sachen normalerweise zwei Seiten haben, so dass man beide Seiten zu Wort kommen lassen muss. Und sie beruht auf der weiteren Erkenntnis, dass man in vielen Dingen mit gleichem Recht so und auch anders denken kann.

Die zweite Überlegung heißt: Den Respekt bewahren. Man darf und soll auch kämpfen für die Meinung, die man hat, aber dies sollte nach Möglichkeit mit Gründen geschehen, nicht mit rotem Kopf und schreiender Stimme. Und der Kampf sollte immer verbunden sein mit dem Respekt vor dem Gesprächspartner, der eine andere Meinung vertritt. Denn sonst wird die Atmosphäre der gegenseitigen Achtung zerstört, die wir alle so nötig brauchen - und der Teufel hätte in jedem Fall schon eine Schlacht gewonnen, während wir doch der Wahrheit und damit Gott zum Sieg verhelfen wollten. Die Verbindung von sachlicher Auseinandersetzung mit dem Verzicht auf Herabsetzung müssen wir immer wieder üben. Denn sie ist nicht leicht zu erlangen.

Die dritte und letzte Überlegung bezieht sich vor allem auf die Auseinandersetzungen innerhalb der Kirche. Denn natürlich gibt es auch in der Kirche Meinungsverschiedenheiten, ja manchmal auch Richtungskämpfe. Hier gilt es nun unbedingt, *zwei* Grundsätze zu beachten.

Der erste Grundsatz lautet: Der zentrale Inhalt unseres Glaubens, der dessen Saft und Kraft, dessen Glanz und Freude ausmacht, steht höher als diese oder jene Meinung zu kirchlicher Disziplin, zur Amtsführung, zur Orientierung der kirchlichen Politik. Der *gemeinsame Glaube* an Christus muss uns höher stehen als unsere Position im Streit zwischen den sogenannten Konservativen und den sogenannten Progressiven. Mag uns das, worum es in diesem Streit geht – den einen jenes, den anderen dieses – auch wichtig sein, so darf es uns doch nie so wichtig werden, dass uns darüber der eigentliche Gehalt des gemeinsamen überkommenen Glaubens in den Hintergrund rückt und dadurch mehr und mehr verblasst.

Der zweite Grundsatz aber ist der: Eine Auseinandersetzung um die richtigen christlichen Wege, die von Hass und maßlosen Unterstellungen geprägt ist, ist *in jedem Fall* schon nicht mehr christlich.

III. Wenn Gott also den Weizen und das Unkraut wachsen lässt, dann sollten wir nicht strenger als Gott sein wollen, sondern seine Geduld und Toleranz nachahmen. Ist er doch unser gemeinsamer Vater. Er ist der Vater für mich, den Weizen und dich, das Unkraut, - und vielleicht auch umgekehrt: für dich, den Weizen, und mich, das Unkraut?

Pächter, nicht Besitzer dieser Erde

27. Sonntag (Mt 21,33-44)

Im Unterschied zu den Zuhörern Jesu wissen wir heute schon von Anfang an, was dieses Gleichnis von den Pächtern des Weinbergs bedeutet. Matthäus hat es uns so zugespitzt aufgezeichnet, dass es ganz durchsichtig wird auf die Geschichte Jesu selber. Es ist aber doch ganz gut, einige Punkte ins Gedächtnis zu rufen, die uns erlauben, diese Geschichte ein bisschen realistischer zu verstehen.

I. Der erste Punkt ist, dass die wirtschaftliche Basis für das Leben in der alten Zeit - und das gilt im Grunde bis ins 18. Jahrhundert - fast ausschließlich die Landwirtschaft war, als deren aufwendigster, aber auch rentabelster und vornehmster Teil der Weinbau galt. Der zweite Punkt ist, dass das alte Israel das Land, das es bebaute, nicht als sein ureigenstes Territorium verstand, das es immer schon in Besitz gehabt hätte. Das Volk wusste, dass es eingewandert war und dass dieses Land, das ihm ursprünglich nicht gehörte, ihm von Gott zugewiesen wurde. Und drittens, anerkannte das Volk diese Tatsache dadurch, dass es die Erstlingsfrüchte der Äcker und Gärten, der Viehställe dem Herrn dieses Landes und dem Herrn seiner Fruchtbarkeit darbrachte. Es anerkannte diese Tatsache auch dadurch, dass es den Armen des Volkes und den Fremden, die mit im Land wohnten, einen Anteil an den Früchten dieses Landes zukommen ließ. Und schließlich anerkannte das Volk diese Tatsache dadurch, dass es die Erde selbst nicht pausenlos ausbeutete, sondern dass es die Erde alle sieben Tage einen Tag (den Sabbat) und alle sieben Jahre ein Jahr lang ruhen ließ. Und entsprechend sollte mit seiner eigenen Arbeitskraft und der seiner Knechte geschehen.

So jedenfalls sah es das Gesetz vor. So jedenfalls war das Ideal, oft aber nicht die Wirklichkeit. An dieses vergessene, verdrängte, gehasste Gesetz zu erinnern, war die Aufgabe der Propheten, die es besonders wichtig fanden, die soziale Seite dieses Gesetzes in Erinnerung zu rufen. Man kann sich vorstellen, dass diese Propheten nicht gern gehört worden sind. Einige von ihnen wurden zum Schweigen gebracht. So auch der letzte, der in unserer Geschichte "der Sohn" heißt. Israel verstand sich gerne als das auserwählte Volk - und mit Recht. Es wusste aber auch oder sollte doch wissen, dass mit dieser Auserwählung eine besondere Aufgabe verbunden war, nämlich Vorbild zu sein für die anderen Völker. Es durfte sich nicht selbst genügen, sondern hatte einen Dienst zu leisten. Nun, - Vorbild inwiefern? Jedes Volk hat seine eigene Kultur, seine eigene Sprache und Geschichte, seine eigenen Gebräuche und in dem Sinne sind alle Kulturen vom Prinzip her gleichwertig; kein Volk kann dem andern Vorbild sein. Aber es gibt einen Punkt, in dem dieses alte auserwählte Volk den Nachbarvölkern Vorbild sein sollte, und das war seine sittlich-rechtliche Gesetzgebung, wie sie konzentriert ausgedrückt ist in den Zehn Geboten. Die Zehn Gebote, das Zentralgesetz Israels, wurden nicht verstanden als ein nationales Gesetz, sondern als ein Menschheitsgesetz, das in diesem Volk mit besonderer Klarheit erfasst wird und nach Möglichkeit vorbildlich vorgelebt wird, so dass alle anderen sagen: Daran orientieren auch wir uns.

II. Unter diesem Gesetz stehen auch wir. Am Ende des Evangeliums haben wir den Satz gehört, das Reich Gottes werde dem alten Volk weggenommen und einem neuen Volk gegeben, das nun wirklich die erwarteten Früchte bringt. Sind nun wir Christen, das Volk des Neuen Bundes, so einfachhin dieses Volk? Wenn es so wäre, dann hätte die Übertragung des „Reiches" vom alten auf das neue Volk wohl keinen sehr großen Erfolg aufzuweisen. Denn dass im Durchschnitt die Menschen, die "Christen" heißen, dieses Gesetz besser erfüllen, als die Israeliten des Alten Bundes, wer würde das zu behaupten wagen? Vielleicht besteht das neue Volk aus der Menge derjenigen Menschen auf der ganzen Erde, die ihrem Gewissen folgen. Vielleicht sind es jene Menschen, die wissen, dass ihnen die Erde nicht selbstverständlich gehört, sondern dass sie ihnen pachtweise überlassen ist. Vielleicht sind es alle jene Menschen, die wissen, dass sie dieses Leben nicht verschlafen oder bloß im Egoismus zubringen dürfen, sondern dass sie eine Frucht zu bringen haben. Ja, so ist es wohl. Wollen wir zu diesen Menschen gehören? Ich denke: ja.

Wir wollen also unser Leben so leben, dass wir uns unserer mannigfaltigen Verantwortungen bewusst sind, unserer Verantwortung voreinander und füreinander, unserer Verantwortung auch vor Gott. Unserer Verantwortung dafür, wie wir dieses Leben führen. Wir wollen von Herzen die Gebete mitsprechen können, die bei jeder Heiligen Messe bei der Gabenbereitung gesprochen werden: „Wir danken Dir, Schöpfer der Welt, für dieses Brot, Frucht der Erde und menschlicher Arbeit; wir danken Dir für diesen Wein, Frucht des Weinstocks und menschlicher Arbeit." Nicht nur für die Frucht der Erde danken wir, sondern auch für die mannigfache Frucht unserer

Hände und für die Frucht unserer Gehirne. Und in diesem Sinne wollen wir unser Arbeiten und Genießen verstehen und gestalten.

III. Ist es nun nur unsere Pflicht, Gott zu danken für das, was er uns gibt, oder ist da noch etwas anderes im Spiel? Diese Frage führt uns in eine tiefere Dimension dessen, was Jesus selber meint und sein Evangelist Matthäus: dass nämlich die Dankbarkeit, die wir Gott entgegenbringen, für uns nicht mit dem Gefühl bloß der Schuldigkeit und des Pflichtgefühls gegeben werden sollte, sondern dass dieses Danken selber ein Freude ist. So wie Gott uns nicht nur das gibt, was wir nun gerade für das Leben und Überleben brauchen, sondern in seiner Natur auch den wunderbaren Wechsel der Jahreszeiten, der Stimmungen, die Blätter, die jetzt so bunt fallen, die Sterne, die jetzt klarer am Himmel leuchten, hinzu gibt zum Notwendigen, als Blumen, als Geschenk, als Überfluss. So sollen auch wir unser Fruchtbringen nicht nur als schuldige Antwort verstehen, sondern wiederum als etwas, was wir dürfen, was wir nicht bloß müssen, was uns geschenkt ist, mitzuarbeiten, Gott selbst etwas darbringen zu können, ihm etwas geben zu können. Es gibt einen wunderbaren Satz in einer der Präfationen, wo es heißt: "Wenn wir Dich loben, wenn wir Dir danken, Gott, dann ist es nicht, um Dich irgendwie größer zu machen" - als hätte Gott etwas davon, was er sonst bitter entbehren müsste -, "sondern dann ist es ein Geschenk Deiner Gnade wiederum, dass wir danken können." Liebe Brüder und Schwestern, dass wir zu den Menschen gehören, die wissen, dass das Leben aus der Hand Gottes kommt, dass das, was uns die Erde, heute dazu die ganze Industrie, die ganze Wirtschaft, die Kraft eines vereinten Volkes, einer Menschheit uns dem Genusse darbietet, dass dies nicht selbstverständlich ist, sondern letzten Endes auch wieder Geschenk ist:

Das ist noch einmal Geschenk, dass wir dies wissen und es ist noch einmal Geschenk, dass wir Formen haben, dieses Bewusstsein, diese Dankbarkeit auszudrücken, wie eben gerade jetzt in dieser Dankesfeier der Eucharistie am Erntedankfest. Lassen wir uns tief durchdrungen sein von dieser Auserwählung, die Pflicht einschließt, aber eine Pflicht, die überwölbt und unterfangen ist von Dankbarkeit, von Freude, von Großzügigkeit. Freuen wir uns, dass wir diesen Glauben haben dürfen.

Das Doppelgebot der Liebe

30. Sonntag (Mt 22,34-40)

Was ist das wichtigste Gebot in der Tora, d.h. im Gesetz Gottes, wie es Mose und seine Schüler aufgeschrieben haben? Darüber gab es einen lebendigen Disput unter den jüdischen Schriftgelehrten zur Zeit Jesu. So stellen sie diese Frage auch ihm. Die Art, wie Jesus auf diese Frage antwortet, weicht nicht wesentlich von der Art ab, wie sie sein älterer Zeitgenosse, der Rabbi Hillel, beantwortet hatte. Hillel hatte nämlich gesagt: „Was du nicht willst, das man dir tu, das füge auch keinem andern zu. Das ist die ganze Tora, alles andere ist Kommentar ...“.
Kaum einen von uns heute bewegt die Frage in dieser Form. Wir sind schon lange überzeugt, dass es wahr ist, was Hillel sagt und was Jesus zu sagen scheint. Doch lohnt es sich, näher hinzusehen, was Jesus sagt.
Auf alten Statuen hält Mose zwei Steintafeln im Arm. Auf diesen finden sich, mit Zahlen bezeichnet, die Zehn Gebote, aber meist ungleich verteilt: links die drei Gebote der Gottesverehrung, rechts die sechs Verbote, die den Nächsten schützen; das Gebot, die Eltern zu ehren, wird einmal der linken und ein anderes Mal der rechten Seite zugeschlagen. Entsprechend den zwei Tafeln spricht Jesus von einem doppelten Hauptgebot: dem Gebot der Liebe zu Gott und dem Gebot der Liebe zum Nächsten. Fangen wir mit dem zweiten an, um uns zum ersten vorzutasten und dann nach der Einheit der beiden Gebote zu fragen!

I. Wer sind meine „Nächsten"? Es sind zuallererst die Menschen, die mit mir diese Wohnung oder dasselbe Haus bewohnen. Darüber hinaus sind es unsere Nachbarn auf den nächsten Grundstücken. Schließlich sind es all jene Menschen, die mit mir in einen Kontakt treten, der dauerhaft oder auch nur vorübergehend sein kann.
Was heißt es, dass ich sie „lieben" soll? Es ist hier nicht an die Ausnahmebeziehungen der intimen Beziehungen oder der Freundschaft gedacht. „Lieben" heißt in der Sprache der Gebote zunächst nur das Gegenteil von Hassen. Und beides, Hassen wie Lieben, sind keine bloßen Emotionen oder Gefühlseinstellungen, sondern bezeichnen Weisen des Verhaltens. Jemanden hassen heißt, ihm Übles zu wünschen und anzutun. Jemanden lieben heißt ihm Gutes zu gönnen und Gutes zu tun, z.B. in der Not zu helfen. Die Zehn Gebote fordern zunächst nur, das Böse zu unterlassen, also z.B. *nicht* zu morden, *nicht* zu rauben, *nicht* in die Ehe des anderen einzubrechen, ihn *nicht* vor Gericht fälschlicherweise zu belasten. Alle diese Gebote sind ja negativ formuliert: du sollst nicht … Viel zurückhaltender treten dann die positiven Forderungen auf, dem anderen, der in Not ist, Gutes zu tun, also z.B. die Hungrigen zu speisen, Obdachlose aufzunehmen, Kranke und Gefangene zu besuchen usw. Hier tut sich ein Feld auf, für kleinere oder großzügigere Taten der Liebe, das sehr weit ist und keine Grenzen kennt, bis dahin, dass ich mich nicht mehr meinem Nächsten vorziehe, sondern ihn „liebe wie mich selbst". Jesus wünscht sich von seinen Jüngern, dass sie es machen wie er, dass sie nämlich Ausschau halten nach Möglichkeiten, anderen Gutes zu tun, auch wenn es das eigene Wohlbefinden beeinträchtigt oder gar das Leben kosten sollte. Das letztere ist natürlich ein Extremfall, der uns durch Menschen wie den hl. Maximilian Kolbe, aber auch durch manchen tapferen Feuerwehrmann oder Bomben-Entschärfer, vor Augen gestellt wird. Immerhin: so weit kann Hochherzigkeit gehen! Vergessen wir freilich über die heroischen Beispiele nicht die schlichten Weisen, Gutes oder Schlechtes in unserem Alltag zu tun. Soviel zum Gebot der Nächs-

tenliebe! Es ist nicht schwer zu verstehen. Schwierig ist nur, es ohne Selbsttäuschung in die konkrete Tat umzusetzen.

II. Schwerer zu verstehen scheint aber, für uns heute jedenfalls, das Gebot der Liebe zu Gott: „Du sollst den Herrn, deinen Gott, lieben mit ganzem Herzen, mit ganzer Seele und mit all deinen Gedanken!" Jemand hat gesagt, es sei Unsinn, Gefühle wie die Gottesliebe befehlen zu wollen. Das ist richtig. Aber bei der Gottesliebe geht es nicht um Gefühle, sondern um Taten. Freilich anders als bei der Nächstenliebe, nicht in erster Liebe um äußere, leibliche Taten, sondern eher um innere, d.h. um Haltungen des Willens, hinter denen ich mit meiner ganzen Seele stehen soll. Denn Gott lässt nicht zu, dass man mit ihm Geschäfte abschließt, dass man versucht, ihn hinters Licht zu führen. Wenn ich es mit Gott zu tun bekomme, dann kann es nur um alles gehen. Wenn ich meine, ihm nur einen Fetzen meines Lebens hinwerfen zu können und ihn aus dem Rest ausschließen zu können, habe ich es schon nicht mehr mit Gott zu tun.

Da wir Gott aber nicht begegnen können, wie wir einem anderen Menschen begegnen, stellt sich die Frage: Wie geht das, Gott zu lieben? Wer ist einer, der Gott liebt? Ich würde sagen: Das ist jemand, der die Wahrheit liebt und sich ihr beugt. Das ist einer, der sich Zeit nimmt hinzuhören, was ihm in der Tiefe seines Gewissens vielleicht gesagt wird. Das ist einer, der das mühsame Geschäft der Gottsuche im Gebet durchhält, nicht in erster Linie, weil er etwas von Gott haben will, sondern deswegen, weil er Gott selbst sucht und sich ihm anbietet.

III. Nun kommen wir noch zur dritten Frage, zum Zusammenhang von beiden! Zunächst ist es klar oder sollte klar sein, dass man Gott nicht am Nächsten vorbei finden kann. Man kann nicht in die Kirche hineingehen und, kaum dass man wieder draußen ist, wieder anfangen die Leute auszurichten und seine innere Bosheit, die in der Kirche drinnen offenbar ungereinigt dieselbe geblieben ist, an den Mitmenschen auszulassen. Nur wer dem Nächsten in seiner leiblichen oder seelischen Not Gutes tut, wird aus dem Mund des Weltenrichters das Wort hören: „Das hast du mir getan“ (Mt 25, 34 ff). Es bleibt auch heute wahr, was im ersten Johannesbrief (4,20) steht: „Wer seinen Bruder nicht liebt, den er gesehen hat, wie kann der Gott lieben, den er nicht gesehen hat?"

Auf der anderen Seite: Wie kann ich den Nächsten lieben, der oft wenig Liebenswertes an sich zu haben scheint? Ich kann es nur, wenn ich glaube und weiß, dass Gott ihn liebt so wie er auch mich liebt und geliebt hat, lange bevor ich Ihn gesucht habe.

Das Gleichnis von den Talenten

33. Sonntag (Mt 25, 14-30)

Die Geschichte, die Jesus heute erzählt, ist aus dem Wirtschaftsleben genommen und heute ebenso verständlich wie damals. Ein reicher Mann zieht sich für eine längere Zeit aus seinen Finanzgeschäften zurück. Die Geschäfte aber sollen weitergehen. So überträgt er sein Barvermögen seinen Mitarbeitern, damit sie damit Gewinne machen. Dem einen 5 Talente, das ist etwa 1 Million Euro, dem anderen 400 Tausend Euro, dem dritten 200 Tausend Euro. Bei seiner Rückkunft lässt er sich berichten, was die Investitionen inzwischen gebracht haben. Die beiden ersten haben damit satte Gewinne erwirtschaftet. Nur der dritte, der die kleinste Summe hatte, hat nichts dazu gewonnen. Er hat es gar nicht probiert, sondern hat sein Kapital zu einem toten Kapital gemacht, indem er es vergrub. Er wird mit Recht getadelt, während die beiden anderen gelobt und am Gewinn beteiligt werden. So geht es im Wirtschaftsleben zu. Und Jesus scheut sich auch nicht, einen etwas zynischen Satz zu zitieren, der die Verhältnisse im Geldgeschäft charakterisiert: „Wer hat, dem wird gegeben. Wer aber nicht hat, dem wird auch das noch weggenommen, was er hat." Das galt damals, das gilt auch heute noch.

Soweit ist alles verständlich. Was aber will Jesus mit dieser Geschichte sagen, die ja ein *Gleichnis* für die Verhältnisse im Reich Gottes sein soll? Was ist der springende Punkt in der Geschichte, auf den es ihm ankommt, um seine Botschaft „herüber" zu bringen? Es ist sicher der Fall des letzten Mitarbeiters, der nur ein Talent Silber erhalten hat. Es sind immerhin noch 200 Tausend Euro, also ein großes Kapital, aber es ist eben doch, im Vergleich mit den beiden anderen Beträgen, die kleinste Summe. Darin konnte der Mitarbeiter schon eine Zurücksetzung, ein gemindertes Vertrauen erblicken. Dieser Eindruck verstärkte seine Ängstlichkeit. Er hätte ja auch seinen Trotz und seine Selbstbehauptung herausfordern und damit zu gesteigerten Aktivitäten führen können. Aber so war es nicht. Die Angst siegte. Schließlich war es ja nicht sein Geld, sondern das seines Herrn.

Was bedeutet das nun, angewendet auf das Leben vor Gott? Was das Wort von den Talenten bedeutet, müssen wir nicht mehr fragen. Denn seitdem Jesus in diesem Gleichnis das Wort Talent verwendete, bedeutet es nicht mehr bloß ein gewisses Silbergewicht, sondern heißt so viel wie „Begabung". So reden wir von einer talentierten Künstlerin oder von einem Nachwuchs-Talent. Jeder Mensch hat bestimmte Talente, die ausgebildet, gefördert, trainiert werden können und sollen. Die einen haben mehr, die anderen weniger. Darin liegt schon der erste Stolperstein. Wer weniger hat und wer meint, weniger zu haben, muss die Versuchung zum Neid und zur Mutlosigkeit überwinden. Dann allerdings kann er ebenso viel schaffen wie der Begabtere, ja manchmal mehr, wenn der Begabtere nämlich meint, sich auf Grund seiner Gaben ausruhen zu können und sich nicht anstrengen zu müssen.

Es gibt noch einen zweiten Stein, über den besonders religiöse Menschen ins Stolpern kommen. Sie denken an das Wort „Was hast du Mensch, was du nicht empfangen hättest?“ Sie wissen, dass alles, was sie haben und können, Gabe Gottes ist; sie wissen, dass sie über die Verwendung dieser Gaben Rechenschaft ablegen müssen. Das ist ja auch alles richtig. Die Frage ist freilich, wie man das alles versteht. Gewiss sind einem die Talente, die man hat, geschenkt; man hat sie sich nicht selbst eingepflanzt. Und gewiss soll man sie nicht brachliegen lassen, sondern pflegen und wachsen lassen. Man hat eine Verantwortung für sie; man selbst soll etwas davon haben und auch die anderen sollen etwas davon haben. Aber dieses Verantwortungsgefühl kann auch zur Angst werden. Motive dafür gäbe es freilich schon. Denn: Wenn ich auf eines meiner Talente setze statt auf ein anderes, treffe ich dabei die richtige Wahl? Es kann sein, dass ich dabei mein eigentliches Talent übersehe oder vernachlässige. Und es kann geschehen, dass das Talent, das ich ausgebildet habe, in einer gewandelten Wirtschafts- und Gesellschaftslage nicht mehr so gefragt ist. Jede Wahl, in der man sein Leben in das eine oder andere seiner Talente investiert, ist also nicht ohne Risiko. Risiken aber machen Angst. Diese Angst kann noch verstärkt werden durch den Gedanken, dass meine Begabungen nicht mein Besitz, sondern eigentlich Gottes Besitz sind, die er mir nur geliehen hat. Aber dieser Gedanke ist falsch. Meine Begabungen sind wirklich mir gegeben; sie gehören mir. Denn Gott ist großzügig, nicht neidisch oder kleinlich. Und er will, dass auch wir nicht kleinlich oder kleinmütig sind, sondern mutig mit den Pfunden unserer Begabungen wuchern, jeder mit den seinen, zum Nutzen aller.

IV. PREDIGTEN FÜR SONNTAGE IM JAHRESKREIS, LESEJAHR B (MARKUS UND JOHANNES)

Mit Christus in Kontakt kommen

2. Sonntag (Joh 1,35-42)

Die Geschichte gehört zu den bewegendsten des Evangeliums. Wir erleben mit, wie junge Menschen Jesus entdecken, sich von ihm faszinieren lassen und darüber nicht schweigen können.

I. Es handelt sich um zwei Männer, die in ihrer Heimat im nördlichen Galiläa vom Auftreten des Propheten Johannes gehört haben, der zahlreiche suchende Menschen in die Jordansenke gelockt hatte, wo sie ihm erschüttert zuhörten und sich dann, zum Zeichen ihres Umkehrwillens, im Jordan taufen ließen. Die zwei sind länger geblieben, um mehr von Johannes zu lernen. Sie werden deshalb „Jünger", d.h. „Schüler" genannt. Wer sie sind, wird zunächst nicht verraten. Es wird sich herausstellen, dass sie später zum engsten Kreis gehören werden, den Jesus um sich sammelt. Der eine ist Andreas. Der Name des anderen wird nicht genannt. Wir dürfen aber vermuten, dass es sich um Johannes handelte, dem wir diesen Bericht verdanken. Johannes stammte aus Kafarnaum am Nordufer des Sees Genezareth, wo er als Fischer arbeitete. Andreas kam aus Betsaida, einem Ort gleich in der Nähe, etwas nördlich des Sees, auf der anderen Seite des Jordans, der dort in den See mündet. Er hatte einen Bruder namens Simon, der in Kafarnaum verheiratet war, wo er, ebenso wie Johannes und dessen Bruder Jakobus, das Fischereigewerbe ausübte. So viel zum Hintergrund des Geschehens.

Johannes der Täufer also steht da mit seinen zwei Anhängern aus Galiläa. Da geht, wie zufällig, Jesus vorbei. Im Blick auf ihn richtete der Täufer an die zwei Jünger die Worte ‚Seht, das Lamm Gottes!'. So rätselhaft diese

Worte auch waren, sie hatten die Wirkung, dass die beiden Jesus folgten, offenbar in vorsichtigem Abstand und scheu. Sie wollen zunächst nur schauen und sind wahrscheinlich erschrocken, vielleicht aber zugleich beglückt, als Jesus sich plötzlich zu ihnen umdreht und sie direkt anspricht: „Was wollt ihr?" Das wissen sie ja selber noch nicht recht, und so antworten sie ausweichend mit der banalen Frage „Lehrer, wo wohnst du?", d.h. vordergründig: In welcher Herberge bist du untergekommen? Im Sinne des Evangelisten heißt das freilich noch mehr. Es heißt auch: Wo kann man dich finden? Denn eigentlich wollen die beiden jungen Männer wissen: Wo gehörst du hin? Wer bist du? Statt einer Auskunft lädt sie Jesus zu sich ein: „Kommt und seht!" Und sie gehen mit und bleiben den ganzen Rest des Tages bei ihm. Noch viel später erinnert sich der ungenannte Jünger, dass es um die zehnte Stunde war, nachmittags um vier Uhr. Es war die Stunde, in der sein Leben eine ungeahnte Wende nahm, die Stunde, in der Gott begann, ihn und den Andreas „umzudrehen" und sie zu Aposteln Christi zu machen. Apostel aber heißt „Bote" oder „Gesandter".

Und gleich geht es los. Erfüllt von dem Erlebten, geht Andreas auf die Strasse hinaus, um sein Herz bei jemandem auszuschütten. Das Schicksal, wie man so sagt, fügt es, dass er „zuerst" seinem Bruder Simon begegnet, der offenbar mit ihm aus Galiläa an den unteren Jordan gekommen war. Ihm gegenüber kann er sich nicht zurückhalten. So erzählt er auch nicht umständlich, wie es zuging, dass er die Bekanntschaft Jesu machte, sondern platzt gleich mit dem Ergebnis heraus: Wir haben den Messias gefunden! Der Messias, d.h. wörtlich: der Gesalbte, ist der vom Volk ersehnte König, der sogar David, den Ideal-König Israels, in den Schatten stellen soll. Und damit nicht zufrieden, schleppt Andreas sogleich seinen Bruder zu Jesus hin, damit er ihn selbst kennenlernt. Aber dem Simon wird nicht die Zeit gelassen, zuerst einmal nur zu schauen. Gleich legt Jesus, der Herr, seine Hand auf sein Leben. „Simon also nennt man dich? Du sollst jetzt Kephas heissen", d.h. „Fels"' (– was, ins Griechische übersetzt, dann zu Petros bzw. Petrus werden wird). Von Jesus bekommt Simon mit dem neuen Namen eine neue Identität, wie wir heute sagen.

II. Nach der Darstellung der Evangelientradition, die Markus begründet hat, kam die Beziehung zwischen Jesus und seinen ersten Jüngern etwas anders zustande. Jesus geht am Ufer des Sees Genezareth entlang, wo die Fischer Simon und Jakobus und Johannes in ihren Booten sitzen und ihre Fangnetze flicken. Der Herr ruft sie, und sogleich lassen sie ihr Handwerk liegen und folgen ihm. Wie passt das zum Bericht im Johannesevangelium? Vielleicht beschreibt dieser die erste Phase der Beziehung und die Berufung am See die zweite. Dann würde die Plötzlichkeit der Berufung am See und der Folgeleistung der Fischer verständlicher. Ob es wirklich so war, können wir zwar nicht wissen. Aber ich denke, wir dürfen es uns so vorstellen.

Wichtiger ist es nun aber, aus dem Bericht über das Vergangene überzugehen zur Frage, wie es heute vor sich geht, dass Menschen mit Christus so in Kontakt kommen, so dass sich eine Beziehung ergibt. Direkt können wir ihm heute nicht mehr von Mensch zu Mensch begegnen, wie das damals in seiner irdischen Lebenszeit der Fall war für einige Menschen, die damals lebten und seine Wege kreuzten. Die bloße äußere Zeitgenossenschaft oder auch die äußere Bekanntschaft haben allerdings auch damals nicht gereicht für einen echten Kontakt. Und deshalb ist der Ausfall einer äußeren Bekanntschaft kein so wichtiger Mangel, dass ein Kontakt unmöglich würde.

Der echte Kontakt ist schon damals vorbereitet worden durch Mitmenschen, die von ihm ergriffen waren, wie z.B. in unserer Geschichte vom Täufer für die beiden Jünger, und von Andreas für Simon und weitere Ungenannte. Auch heute ist das der normale Weg. Worte in Predigten und Büchern bahnen normalerweise für sich allein den Weg nicht. Dazu braucht es das unmittelbare, lebendige Zeugnis eines ergriffenen, vom Glauben erfüllten Herzens. Hier spürt ein Suchender schon ein Stück der Realität, die er sucht. Wenn ich z.B. an meine eigene religiöse Entwicklung zurückdenke, dann fallen mir die Namen von Personen ein, bei denen ich etwas von der Faszination durch Jesus Christus gespürt habe.

Dann freilich muss die eigene Suche einsetzen, nach dem Motto ‚Kommt und seht!' Hier können uns die Geschichten aus dem Evangelium und aus dem Leben der Heiligen die leibliche Begegnung mit Jesus einigermaßen ersetzen. Wir sollen diese Geschichten auf uns wirken lassen und die Worte und Taten Christi an uns selbst gerichtet betrachten, so weit das sinnvoll ist. Und wir sollen möglichst gleich auch die ersten Konsequenzen ziehen, die sich daraus für unsere Lebensführung ergeben. So kann es im Lauf der Zeit dazu kommen, dass uns die Persönlichkeit Jesu nahe kommt, dass wir in eine persönliche Nähe zu ihr gelangen und dass sein Geist auch uns ergreift, wenigstens ein Stück weit.

„Es kann so weit kommen", sagte ich. Wodurch? Sicherlich auch durch unsere anhaltende Bemühung, aber eben nicht allein dadurch. Sondern letzten Endes dadurch, dass aus dem Hintergrund seine eigene Stimme durchklingt und dass sein ewig aktiver Geist uns lockt.

Die Begegnung mit Gott richtet auf

5. Sonntag (Mk 1,29-39)

Nehmen wir uns trotz all dessen, was uns im Kopf herum geht, für einen Augenblick die Zeit, abzuschalten und schlicht hinzuschauen auf die Geschichte, die uns das Evangelium vorlegt. Es ist eine schlichte Geschichte. Man liest leicht darüber hinweg. Dem meditativen Auge und dem interessierten Blick kann sich aber doch manches erschließen. Es sind drei Szenen: Die Szene im Haus mit der Schwiegermutter, die ganz kurze Szene vor dem Haus mit den Kranken und dann die Szene, wo Jesus sich zurückzieht auf den Berg und anderswohin geht.

I. Betrachten wir die erste Szene: Jesus geht, zusammen mit Jakobus und Johannes, „in das Haus des Simon und Andreas“. Die Schwiegermutter des Simon lag mit Fieber im Bett. Um recht zu verstehen, was da los ist, muss man die Eigentumsverhältnisse kennen. Vielleicht erinnern Sie sich, von einer anderen Stelle der Evangelien her (Jo 1,44), dass Simon Petrus und Andreas gar nicht aus Kafarnaum sind, sondern aus Betsaida stammen, einem Dorf einige Kilometer weiter östlich, auf der anderen Jordanseite. Es ist also gar nicht *ihr* Haus, es ist das Haus der Schwiegermutter. Mit anderen Worten: Es ist das Haus, in das Simon eingezogen ist, als er deren Tochter heiratete.

Sie ahnen schon, dass das Leben für diese Frau nicht leicht war. Ihr Mann ist gestorben, sie ist hilflose Witwe und hat jetzt den Schwiegersohn Simon im Haus. Nicht bloß das, der hat auch seinen Bruder Andreas mit einquartiert. Und jetzt noch diese ganze Gruppe, der er sich angeschlossen hat. Der Schwiegersohn vernachlässigt sein Handwerk, läuft mit diesem Rabbi herum, und die Frau zu Hause kann schauen, wie sie den Betrieb über die Runden bringt. Vielleicht war das Fieber, das die Schwiegermutter erfasst hatte, nicht bloß ein körperliches, sondern eine seelische Rückzugsdefensive, eine Protestkrankheit – zumal angesichts des angekündigten Besuchs! Vielleicht war auch schon die Rede davon, was bald darauf (Mk 2,1) angedeutet wird, dass dann zu Simon und Andreas auch noch Jesus in das Haus gezogen ist. Ich denke, darüber machte sie sich Sorgen.

Und dann kommt Jesus und geht ins Haus. Es wird mit einiger Feierlichkeit berichtet: Er ging zu ihr. Er tat den ersten Schritt. Er fasste sie an der Hand und richtete sie auf. Das muss so gewesen sein, so heilsam, so wohltuend, dass das Fieber wich, dass die unter Druck geratene und vielleicht verbitterte Frau ihr Herz öffnete und die zunächst ungeliebten Gäste bediente. Es war Jesus in seiner Art, der sie wieder aufrichtete.

II. Dann die vielen Kranken: die körperlich Kranken, die psychisch Kranken, die da vor der Tür stehen, Menschen, die sich keinen Arzt leisten können. Menschen, die vielleicht diese Klage des Hiob, diese eindrucksvolle pessimistische Klage, die wir vorhin in der Lesung (Ijob 7,1-7) gehört haben, öfter hätten nachsprechen können. Er heilt auch sie und richtet sie auf.

III. Und am nächsten Morgen, vor allen andern und ohne dass es irgendjemand merkt, verlässt er das Haus und das Dorf, um zu beten. Er will allein sein mit dem „Vater", von dem er sich gesandt weiß, um sich von ihm wieder neu aufrichten zu lassen. Da findet ihn Petrus und berichtet ihm: Die Menschen sind schon wieder da, die von gestern, die ihn jetzt näher kennen lernen und sich an ihn klammern wollen, und die neuen, die gestern nicht da sein konnten und jetzt auch noch geheilt werden wollen. Aber Jesus entwindet sich diesem Griff. In der Stunde des Gebetes hat er zu seiner Berufung zurück gefunden und die heißt: Weiter, anderswohin, um auch dort die Gegenwart Gottes zu verkündigen. Und dabei auch, damit die Menschen etwas davon spüren können, heilen. Aber er ist doch kein Arzt. Das Heilen soll aufmerksam machen auf die viel größere, die viel verborgenere Kraft Gottes, die den Menschen aufrichtet, nicht nur körperlich, wenn er gebeugt ist oder unbeweglich im Bett liegt, nicht nur seelisch, wenn er bedrückt ist und keine Freude am Leben mehr hat, sondern vor allen Dingen im Innersten des Herzens.

IV. Am Anfang der Bibel ist die Rede davon, dass der Mensch als Bild Gottes geschaffen ist. Und sicherlich ist dabei auch gedacht, wie er aufrecht dasteht unter all jenen Tieren, die auf allen Vieren der Erde zugeneigt gehen, wie er senkrecht auf der Erde steht, mit dem Blick nach oben. Der aufrechte Gang gehört von Anfang an zum Menschen. Aber es ist schwer, ihn durchzuhalten, ihn sich immer neu zu erobern, ihn immer neu zu lernen, weil man so oft geschlagen wird, so oft hinfällt, so oft schwach auf dem Boden liegt, so oft sich duckt und krumm wird, so oft sich dreht und seine Geradheit verliert. Dahinein zielt die Aktion Jesu. Dahinein geht sein Wort: Steh auf! Habe Mut! Lass dich nach oben ziehen. Lass dich aufrichten! So lassen auch wir uns immer wieder von Gott aufrichten. Auch dann, wenn er abwesend scheint, wenn wir Ihn am meisten brauchen, ist er doch da.

Der Aussatz der Unehrlichkeit

6. Sonntag (Mk 1, 40-45)

I. Der Aussatz (die Lepra) ist eine schreckliche Krankheit. Früher war sie auch in unseren Ländern verbreitet, wo die Städte von Siechenkobeln umgeben waren. Heute ist sie selbst in Ländern der sogenannten Dritten Welt im Rückzug durch den Einsatz von vielen Forschern und Helfern, von denen uns z.B. Albert Schweitzer und Ruth Pfau vielleicht noch bekannt sind. Damals aber, in Palästina, war der Aussatz eine verbreitete Plage, gegen die man fast machtlos war. Die einzige Möglichkeit bestand im Schutz der Gesunden vor Ansteckung. Man verhängte über die Aussätzigen eine Quarantäne. Sie fielen unter die Überwachung durch das Gesundheitsamt, das damals in die Zuständigkeit der Tempelpriester fiel. Durch sie hatte auch die Feststellung der wenigen Heilungen zu geschehen und von ihnen wurde die Erlaubnis erteilt, zurückzukehren in die Gemeinschaft mit den anderen, den Gesunden.

Einer der Hoffnungslosen schöpft Hoffnung, als er von Jesus hört, der schon manchen Kranken geheilt haben soll. Voll Vertrauen spricht er ihn an: Wenn du willst, kannst du mich gesund machen ... Und das Wunderbare geschieht: Jesus heilt ihn, er heilt ihn wirklich, von einem Augenblick auf den anderen. Und es ist bemerkenswert, *wie* er das macht: nicht durch ein bloßes Wort aus sicherem Abstand, in dem sich der Kranke halten musste, dem es nicht erlaubt war, sich anderen Menschen zu nähern, der vielmehr zur Warnung rufen musste „Unrein, unrein“. Sondern Jesus geht auf ihn zu und fasst ihn an, in unmittelbar körperlichem Kontakt. Das wird für den Aussätzigen noch ein besonderer, unvergesslicher Teil seiner Heilungserfahrung gewesen sein.

II. Was kann *uns* diese Geschichte sagen? Anscheinend gar nichts. Denn wem von uns geht es so oder so ähnlich, wie es dem Aussätzigen damals ging? Und wenn schon, wo wäre dann Jesus, dass wir zu ihm gehen könnten, um ihn um Heilung zu bitten? Warum also trägt man uns diese Geschichten aus der Vergangenheit immer wieder vor? Was können wir mit ihr anfangen?

Vielleicht kommen wir weiter, wenn wir uns nicht bloß mit dem Verstand, sondern auch mit dem Herzen auf diese Geschichte einlassen. Das heißt Zweierlei, etwas Negatives und etwas Positives. Negativ heißt es, dass wir dieses Evangelium nicht bloß als einen Bericht aus der Vergangenheit lesen, als eine Geschichte, die von einem fremden Menschen handelt, und von einem Jesus, der uns Heutigen in dieser Weise nie begegnet ist und auch nicht begegnen wird. Positiv heißt das, dass wir zwei Schritte gehen. Der Erste besteht in der Erneuerung unseres Glaubens, dass uns der Herr durch seine Auferstehung nahe ist, ebenso nahe wie damals, nur eben anders: nicht in der Sichtbarkeit eines Zeitgenossen, sondern in der Verborgenheit, die der Gegenwart Gottes eignet. Den zweiten Schritt gehen wir, indem wir uns selbst in der Phantasie, in einer Art von Rollenspiel, in die Lage des Aussätzigen versetzen und dann im Gegenüber zum verborgen anwesenden Herrn unserer Seele freien Lauf lassen, dass kommen kann, was kommen will. Vielleicht geht es uns dann so, dass wir unter dem gütigen und heiligen Blick Jesu, den wir auf uns ruhen fühlen, die Unreinheit und die Kontaktkrankheiten überhaupt erst deutlich spüren, die um uns herum und in uns selber herrscht.

III. Die Unreinheit, die die Landschaft der Öffentlichkeit *um uns herum* und nicht zuletzt unsere Parteienlandschaft und das Medienwesen durchzieht, ist kaum mehr zu ertragen. Sie nimmt uns die Luft. Worin besteht sie? Da sind jahrelang Transaktionen und Vorteilsnahmen gelaufen, von denen man wusste, dass sie besser vor dem Licht des Tages zu verbergen sind. Es waren Transaktionen gegen das Gesetz. Aber die Akteure konnten sich sagen, dass es überall so gemacht wird, im wesentlichen in allen großen Parteien, nur so, dass die Höhepunkte der Geschäfte zu jeweils anderen Zeiten stattfanden. Und man konnte sich sagen, dass diese Geschäfte in der Grauzone doch weithin im Wirtschaftsleben üblich sind: von den großen Firmen bis zu den Steuerbetrügereien sehr vieler Privatleute. Und während dort oft der nackte Egoismus die treibende Kraft war, lebte wohl mancher Funktionär im Glauben, es sei ja für die gute Sache, wenn er ein wenig oder ein wenig mehr schwindelt. Aber das betäubte Gewissen und die Heimlichkeiten voreinander haben ihren Preis. Die in Kauf genommene Unehrlichkeit wirkt zurück und macht die ganze Atmosphäre unsauber, stickig und unrein.

Einige freilich empfinden diese stickige Luft als Aufwind. Moral ist nicht nur das Gesetz über uns allen. Das Gesetz, das von den anderen übertretene Gesetz, ist auch eine scharfe Waffe, die sich hervorragend dafür eignet, Punkte für den eigenen Vorteil im Daseinskampf zu sammeln. Und so blitzt auf allen Seiten und in allen Zeitungen das blanke Schwert des Kampfes für Sauberkeit und Gerechtigkeit. Aber ist das schon ein Schritt zur Reinigung, die ja auch eine Heilung sein muss? Gewiss, die dunklen Geschäfte müssen ans Licht und müssen geahndet werden. Das ist keine Frage. Aber kann der Selbstgerechte, der am Fehler des Mitmenschen nicht leidet, sondern ihn gierig aufspießt, dazu beitragen, dass der Ungerechte sich bekehrt? Dass er sich bekehrt, das heißt doch mehr, als dass er in Zukunft nur besser aufpasst, beim Durchschlüpfen unter dem Zaun des Gesetzes nicht mit dessen Drahtstacheln in Kontakt zu kommen. Sich bekehren, sich bessern: das geht doch nie anders, als dass einem der Andere, der im Augenblick eher die Position des Gerechten hat, bei aller sachlichen Unbestechlichkeit doch auch entgegengeht und sagt: *wir zwei*, wir müssen das wieder hinbekommen. Bei dem Aussätzigen damals war es jedenfalls ein erster Schritt zu seiner Heilung: dass ihn Jesus nicht *auch* ausgrenzte, sondern ihm seine Hand entgegenstreckte. Dass in einer Situation, die voll von unmoralischen Winkelzügen und von politisch instrumentalisierten Empörungen war, auch versöhnliche Stimmen unter besonnenen Politikern zu hören waren, wenngleich sie viel leiser waren und von den Medien nicht sonderlich verstärkt worden sind, das kann einen mit Hoffnung erfüllen.

IV. Bei allem Erschrecken, das uns packt, angesichts der Unsauberkeit des Umgangs mit Geld und Macht auf allen Ebenen, sollte unser kritischer Blick sich aber nicht auch wieder bloß auf die Anderen richten. Das Erschrecken über Andere sollte uns Anlass zu eigener Gewissenserforschung sein. Unter dem nicht verurteilenden, aber aufdeckenden und dann heilenden Blick Jesu könnte manches Unsaubere auch in unserem Herzen nach oben kommen. Zum Beispiel eben jenes Abwägen unserer Vorteile und Nachteile auch da, wo man nicht berechnend sein darf, nämlich angesichts des moralischen, des göttlichen Gesetzes. Aber ist es nicht immer wieder so, dass wir überlegen, ob wir dem Gebot Gottes seine Geltung lassen oder wir es auf die Seite schieben: nur für den Augenblick und nur ein bisschen, und dann etwas mehr und öfter und dann, schon hinreichend innerlich vergiftet und benebelt, immer häufiger, bis wir den Betrug in unserem Inneren, den Verlust des reinen Herzens, gar nicht mehr merken? Und wenn es uns bewusst wird, dass es so weit gekommen ist, dann dürfen wir schon erschrecken, aber wir dürfen die Erkenntnis auch für eine Gnade halten. Wie können wir sie aushalten? Im Wissen, dass uns Jesus, der Arzt, seine Hilfe und seine Vergebung anbietet. Denn so ist der Mensch: ehrlich kann er nur sein und besser kann er nur werden, wenn ihm einer dazu hilft, indem er sein Schuldbekenntnis anhört, ohne ihn in die Verzweiflung zu stoßen und vor allem, ohne daraus eine Waffe gegen ihn zu schmieden. Nur so kann eine echte Heilung der Einstellung eingeleitet werden.

„Ist das nicht der Zimmermann?“

14. Sonntag (Mk 6,1-6)

Sonntag für Sonntag wird uns ein Abschnitt aus der Geschichte Jesu vorgeführt. Die einzelnen Stücke folgen einander. Es ist wie eine Art von Dia-Show, wo jedes Bild eine Zeitlang dasteht, bis es durch das nächste ersetzt wird. So reiht sich Bild an Bild.

Es braucht einige Zeit, bis einen die Bilder aus dem Evangelium ansprechen. Man muss sich in sie vertiefen, denn sie sind nur in knappen Strichen gezeichnet. Das ist typisch für die biblische Erzählweise überhaupt. Dort wird die Geschichte nicht breit und bunt ausgemalt, sondern nur mit wenigen Worten angedeutet, wie es in jenem lustigen Gedicht von Christian Morgenstern heißt: „Es war einmal ein Lattenzaun, mit Zwischenraum, hindurchzuschaun.“ Sehr viel steht zwischen den Zeilen und muss erst vom Hörer oder Leser entdeckt werden. Das hat zwei Gründe. Erstens geht es immer um ein Geheimnis, das Geheimnis der Gegenwart des unsichtbaren Gottes. Zweitens ist die biblische Geschichte nicht zur Unterhaltung geschrieben, sondern enthält eine Botschaft, die jeder für sich herausfinden soll.

I. Doch hat diese bloß skizzierende Sprache der Evangelien auch etwas Frustrierendes. Sie fasziniert hinreichend, um in uns den Wunsch nach genaueren und lebendigeren Informationen zu wecken, aber in ihrer Nüchternheit verweigert sie das gerade. Sie führt unsere Vorstellungskraft auf die Wege Jesu durch Galiläa, aber sie verweigert ihr alle kräftigere Nahrung. Wie hat Jesus ausgesehen? War er eher groß oder klein, eher schlank oder kräftig? Wie bewegte er sich? Was für Augen hatte er? Wie war der Klang seiner Stimme? Keiner der Evangelisten hat es für nötig gefunden, uns Späteren darüber Informationen aufzuschreiben. Wie beneidenswert kommen uns da die Menschen vor, die seinerzeit in unmittelbaren Kontakt mit dem Herrn treten konnten: seine Zeitgenossen, seine Zuhörer, seine Jünger und natürlich nicht zuletzt seine Verwandten und Altersgenossen aus Nazaret, dem Dorf, in dem er dreisig Jahre lang lebte, aufwuchs und als Zimmermann arbeitete. Sie kannten ihn sozusagen in- und auswendig. Aber sie erkannten ihn nicht.

Wohl war aus anderen Dörfern Galiläas das Gerücht zu ihnen gekommen, dass ihr ehemaliger Landsmann jetzt in einer Weise predigend durch das Land zöge, die sich gewaltig von den Predigten der Schriftgelehrten unterschied, und dass er dabei sogar mancherlei Wunder täte. Als er nun wieder bei ihnen auftauchte, war ihm die allgemeine Neugier sicher und wohl auch das stolze Gefühl: er hat anderswo Erfolg gehabt, aber er ist doch schließlich einer von uns.

Wie es für ihn selbst gewesen sein mag, zum ersten Mal seit seinem Fortgang wieder nach Hause zu kommen, zu seiner Mutter und zu seinen „Brüdern", d.h. zu seinen etwa gleichaltrigen Verwandten, darüber erfahren wir kein Wort. Im Dorf wartet alles auf seinen Auftritt am Sabbat, in der heimischen Synagoge, die ihm von früher her vertraut war. Dort „lehrte er". Es wird nicht gesagt was. Wir können aber davon ausgehen, dass er, wie überall, eindrucksvoll vom Geheimnis des andrängenden „Reiches Gottes" sprach. Aber er drang damit nicht durch. Die Zuhörer sagten: „Gewiss, er redet eindrucksvoll. Aber wie ist das möglich? Woher hat er das auf einmal, der Zimmermann und Sohn eines Zimmermanns? Woher er das hat, wissen wir zwar nicht. Was wir aber wissen ist, wer er ist – ein Handwerker aus Nazaret, über dessen Familie jeder von uns Bescheid weiß. Und damit ist es nicht weit her."

II. Der Evangelist äußert dazu einen doppelten Kommentar: Der erste betrifft die Reaktion der Nazarener und lautet: „Sie nahmen Anstoß an ihm", wie es der deutsche Text sagt. In seiner griechischen Sprache lautet das so: eskandalízonto en autō. Darin steckt das Wort skándalon, von dem unser modernes Wort „Skandal" abgeleitet ist. Was meint es ursprünglich? Ein Skandalon ist ein Bestandteil einer Falle, nämlich jener, der bei Berührung die Falle zum Einschnappen bringt. Die Leute aus Nazaret tappten also in die Falle, die in der so gewöhnlichen und vertrauten Erscheinung Jesu lag. Es war diese Falle, die sie hinderte, über sich hinaus zu kommen und sich von seiner Weisheit betreffen zu lassen, um in ihm schließlich den einzigen Sohn Gottes zu erkennen.

Der zweite Kommentar des Evangelisten betrifft die Reaktion Jesu auf die Muffigkeit seiner Landsleute: „Jesus wunderte sich über ihren Unglauben". Jesus wunderte sich immer wieder über den Unglauben, auch über die Kleingläubigkeit seiner Jünger. *Ich* wundere mich eher, wenn ich heute glaubenden Menschen begegne. *Er* lebte offenbar so aus der Verbindung mit Gott, dass es ihn erstaunte, wenn man ihm nicht oder nur unentschieden glaubte. Darüber wundert er sich, und es tut ihm weh, denn, wenn ihm kein Vertrauen entgegenschlägt, kann er zugunsten des anderen kein Wunder wirken. So geht die Chance für die Einwohner von Nazaret ungenutzt vorbei.

III. Was können wir nun aus all dem lernen? Die Zeiten, in denen Jesus durch das Land wanderte und in den Gotteshäusern mit Macht predigte, sind vorbei. Stattdessen sprechen dort wieder bloß Schriftgelehrte, wie z.B. ich hier heute. Immerhin haben auch sie die Aufgabe, eine Botschaft mitzuteilen, die aus Gott stammt und zu Gott führt. Und auch sie sind angewiesen auf den Glauben der Zuhörer, also auf Ihren Glauben.

Dieser Glaube kann erstickt werden, wenn die Zuhörer bloß auf die menschliche Erscheinung des Predigers und auf seine persönliche Geschicklichkeit oder Unbeholfenheit achten; oder wenn sie glauben, ihn zu kennen, so wie die Leute von Nazaret Jesus zu kennen meinten. Denn auf all das kommt es nicht an. Worauf es ankommt ist, dass man in der Predigt vielleicht von einem Punkt berührt wird, in dem die Wahrheit, die Stimme Gottes, erkennbar wird. Es genügt ja schon *ein* Punkt.

Wenn die Predigt so ist, dass sie Sie ganz kalt lässt, sei es, weil sie nichts taugt, sei es dass Sie selbst nicht in der passenden Stimmung sind, nun ja, dann ist es eben so. Aber *wenn* einmal ein Punkt dabei ist, durch den Gott zu Ihnen spricht, dann sollten Sie diese Chance nicht verpassen, sondern auf seine Stimme hören und das innen Gehörte von Herzen ergreifen. Im Übrigen muss es ja keineswegs im Rahmen einer Predigt sein, dass Gott zu einer oder einem von Ihnen spricht. Auch im Leben ergeben sich manchmal solche Situationen. Auch da heißt es dann, mit dem Herzen genau hinzuhören und sich dieser Zusage glaubend und vertrauend zu öffnen.

Und es reicht doch!

17. Sonntag (Joh 6, 1-15)

Was wollte der Herr mit der wunderbaren Vermehrung der Brote und Fische andeuten? Die Menge, die er satt machte, hat daraus den Schluss gezogen, dass er sich als den Mann empfehle, der ihre Ernährungsprobleme löst. Als sie ihn aber im Triumph fortführen wollten, um ihn zum König auszurufen, entzog er sich ihnen. Er fühlte sich missverstanden. Er hatte ein Zeichen wirken wollen, kein Wirtschaftswunder. Was aber bedeutet dieses Zeichen? Was will es uns, die wir davon hören, heute sagen?

I. Die ganze Geschichte dreht sich um den Gegensatz von Knappheit und Überfluss. In einer Welt, in der Knappheit bis zum Hunger herrscht, quillt plötzlich der Überfluss. Für einen Augenblick befindet man sich paradiesischem Überfluß. Aber das ist nur ein Augenblick; dann kehrt die Knappheit des Alltags wieder. Im Rückblick kann dann die wunderbare Fülle als eine Erscheinung empfunden werden, deren Faszination uns dann nur umso härter in den Hunger zurückstößt. Aber sie kann auch als ein Erlebnis verstanden werden, das Hoffnung gibt und das man nicht mehr vergisst.

Der Gegensatz ist ein Gleichnis dafür, wie man eine Einstellung zum Leben findet, das schön ist, aber immer in gewissen Grenzen, und das auch viele Einschränkungen und Schmerzen mit sich bringt.

Manche Menschen ziehen aus dieser Erfahrung von Grenze und Leid den Schluss, dass das Leben eigentlich zu wenig wert ist, als dass man sich voll darauf einlassen könnte. Sie finden, dass Gott mit seinen Gaben knausert, dass die Ausstattung, die er uns mitgegeben hat, zu knapp geraten ist. Auch wenn die eine oder andere Krankheit wegfiele und die eine oder andere Freude dazukäme, würden diese Menschen immer noch finden, dass sie zu kurz gekommen sind.

Haben Sie sich schon einmal gefragt, warum sogar Adam und Eva, die im Paradies leben durften, dennoch unzufrieden waren? Sie konnten es nicht ertragen, dass ihnen in der Fülle des Paradiesesgartens ein einziger Obstbaum vorenthalten war. Der Ärger über diese Einschränkung konnte so stark werden, dass alles andere, was ihnen geschenkt war, verblasste, indem es zu einer Selbstverständlichkeit herabsank, die nicht weiter beachtenswert schien. Nur dieses eine, was eben nicht gegeben ist, sammelte alle die Aufmerksamkeit auf sich, so dass sich in den beiden Menschen - wie in trotzigen Kindern - der Eindruck festsetzte: Wir bekommen nie das, was wir wollen. Schon die Tatsache einer geringfügigen Verweigerung ihrer Wünsche ließ sie an der Großzügigkeit des Schöpfers zweifeln.

II. Sind wir nicht auch öfter so? Und um wie viel gerechtfertigter scheint der Zweifel an Gottes Güte in der Welt, in der wir leben. Manche gehen so weit, dem Schöpfer wegen der Menge der Übel und der Knappheit des Guten in seiner Welt den Prozess zu machen, und es gibt sogar Stimmen, die Gott entgegenrufen: Sei froh, dass du nicht existierst; denn sonst erginge ein scharfes Urteil über dich!

Wer sich moralisch so über Gott erhaben dünkt, muss freilich aufpassen, dass er nicht selbst unter seine eigenen moralischen Maßstäbe sinkt. Denn wer von dem Gefühl durchdrungen ist, dass ihm etwas vorenthalten wird, wird nicht nur unempfindlich und undankbar für das Gute, das ihm gegeben ist. Vielmehr spricht er sich auch leicht das Recht zu, sich gewaltsam das zu nehmen, wovon er meint, dass es ihm zusteht, auch jenseits der Grenzen der Moral und der Rücksicht auf die anderen. Die bösesten Taten geschehen im Allgemeinen nie ohne das Gefühl, sich dadurch ein lange vorenthaltenes Recht endlich zu nehmen.

Was wäre die Alternative? Dass man, wie es der banale, aber doch tiefe Spruch sagt, sich nicht darüber aufregt, dass das Glas halb leer ist, sondern dass man sich daran freut, dass es halb voll ist, und es mit Genuss austrinkt. Knappheit und Leiden bleiben bestehen, aber das, was an Gutem und Lebenswertem da ist, ist mehr. Erstaunlicherweise wird in einer Wohlstandsgesellschaft mehr über Einschränkungen geklagt als bei armen Völkern. An der Menge der Güter liegt es also nicht in erster Linie, ob man dankbar und zufrieden ist oder nicht. Es liegt in erster Linie an der Einstellung, m.a.W. an Vertrauen oder Misstrauen, an Dankbarkeit oder Undankbarkeit, – daran, ob man selber großzügig ist oder kleinlich.

Wenn ich aber großzügig darauf aus sein soll, Gutes zu tun, kann ich denn das auch? Wird es mich nicht überfordern? Reicht der Vorrat an Güte, den ich in mir habe? Er scheint mir oft allzu knapp. Reicht denn meine Kraft für so viele? Immer wieder entstehen neue Nöte. Angesichts dessen kann man den Mut verlieren, so dass auch jenes Gute, das man vielleicht doch tun könnte, ungetan bleibt. Oder man denkt sich, dass das bisschen Güte, das man in sich hat, gerade noch reicht, dass man sich selbst ein bisschen gut sein kann. Oder man verwechselt gar die kleinmütige Selbsteinschätzung, dass man wenig Gutes tun könne, mit echter Demut.

III. Mit diesen Fragen im Hintergrund wenden wir uns nun wieder dem Evangelium zu, wo Jesus seinen Jüngern aufträgt, sie sollen mit dem knappen Vorrat, der gerade für sie reicht, viele Menschen satt machen. Denn nun verstehen wir vielleicht, was Jesus mit dem Zeichen der wunderbaren Vermehrung der knappen Lebens-Mittel sagen will. Es ist dieses: Wenn du in dich hineinschaust und Deinen Vorrat an Lebensfreude und Güte betrachtest, dann scheint er nur für dich zu reichen, vielleicht noch für zwei, drei andere. Aber fang an, teile aus und du wirst immer wieder die Erfahrung machen, dass mehr in dir ist, als du dachtest. Du wirst erstaunt feststellen, dass in dir noch eine andere Kraft am Werk ist, die weit über deine eigene hinausgeht, die aber deine Mitarbeit braucht.

Die Brotvermehrung war ein Zeichen für die Menschen damals. Das entsprechende Zeichen für uns heute ist die Feier der Eucharistie, d.h. das nicht endende Austeilen des Brotes, das die Lebenskraft des auferstandenen Herrn enthält. Wenn wir dieses Zeichen feiern, dann begehen wir nicht einen isolierten Ritus, sondern dann verstehen wir es als einen Ausdruck für das, was in unserem Leben geschieht oder geschehen kann: Fülle des Lebens trotz allem. Fülle, die uns geschenkt ist, Fülle zum Weitergeben.

Brot für das Leben

20. Sonntag (Joh 6,51-58)

Wie soll man an das herankommen, was die Worte aus dem Evangelium für uns bedeuten? Wie kann man besser verstehen, was wir in jedem Gottesdienst feiern, und zwar verstehen nicht nur mit dem Kopf, sondern mit dem Herzen? Es gibt einen einfachen Weg. Es ist der Gang über das Symbol, das hier ins Spiel kommt: das Zeichen der Mahlfeier. Dazu allerdings müssen wir etwas wiederentdecken, was für die alten Kulturen eine Selbstverständlichkeit war, was wir aber fast ganz vergessen haben. Dass nämlich jedes gemeinsame Essen, so einfach es sein mag, nichts Banales ist, sondern etwas Heiliges hat. Erst dann können wir uns daran machen, das Besondere der Mahlfeier am Altar, in der Kirche, zu verstehen.

I. Jedes Essen ist etwas Besonderes, ja etwas Heiliges, weil es mit dem Wertvollsten, dem Heil und dem Leben selbst, aufs engste zusammenhängt, und zwar in dreifacher Weise: als etwas, was unser Leben erneuert, - als etwas, was nur durch das Töten anderen Lebens möglich ist, - und als etwas, was Gemeinschaft schafft.

Erstens ist unser Vorrat an Lebenskraft schnell erschöpft. Schon nach kurzer Zeit müssen wir ihn auffüllen, indem wir essen und trinken. Weil wir auf Nahrung angewiesen sind, schätzen wir das Brot und überhaupt alles Essbare. Dies natürlich besonders dann, wenn es knapp ist. Aber auch dann, wenn wir reichlich zu essen haben, vermeiden wir es doch, Essbares einfach zu vergeuden oder wegzuwerfen. Wir verwerten zuhause Reste, statt sie wegzuwerfen, auch wenn wir es uns leisten können, Frisches zu kaufen, einfach aus Ehrfurcht vor dem, was uns Leben gibt. Dass die Europäische Union Gemüse und Obst tonnenweise vernichtet, um die Preise zu halten, geht jedem gerade Empfindenden gegen den Strich. Das darf man mit Lebens-Mitteln nicht tun; sie sind tabu, heilig.

Auch in einer zweiten Hinsicht rührt das Essen an ein Tabu: Wir müssen töten, um unser Leben zu erhalten. Wir können nicht, wie die Pflanzen, nur von Licht, Luft und Mineralien leben; wir müssen lebende Substanzen verzehren. Und wir begnügen uns im Allgemeinen nicht damit, nur die Früchte oder auch die Wurzeln und Blätter der Pflanzen zu verzehren, sondern essen auch das Fleisch von Tieren, die dazu erst getötet werden müssen. Darf sich der Mensch dieses Recht zu töten wie ganz selbstverständlich zusprechen? Keine der alten Kulturen war dieser Auffassung. Alle nahmen sie an, dass dieses Recht erst von der Gottheit gegeben werden musste, die Herr über das Leben der Pflanzen und besonders der Tiere ist. Auch in der Bibel findet man das: Erst nach der Sintflut, als Gott sich mit der Schwäche der Menschen abzufinden beginnt, wird der Genuss von Tierfleisch erlaubt; vorher, bei der Einrichtung der Schöpfung, war nur vom Essen der Pflanzen die Rede. Die Heiligkeit des Lebens ist gewiss beim Menschenleben am schärfsten ausgeprägt. Aber sie beginnt nicht erst da. Töten um zu essen, rührt an etwas Heiliges: an das Leben des Tieres und an den heiligen Herrn allen Lebens.

Noch in einer dritten Hinsicht hat das Essen mit dem Heilen und Heiligen zu tun: Essen ist meistens ein Akt der Gemeinsamkeit. Das Sprichwort ist deutlich: wenn Gemeinschaft massiv abgebrochen wird, sagen wir: Das Tischtuch ist zerschnitten; und eine zerbrochene Ehe drückt sich in der „Trennung von Tisch und Bett" aus. Positiv: wenn wir Gemeinschaft suchen, laden wir einander zum Essen ein, um einander kennenzulernen, sich zu versöhnen oder einfach um sich aneinander zu freuen. Auch wer allein sein Brot isst, fällt nicht aus dem Bezug zur Gemeinschaft heraus, denn andere haben es ihm bereitet, und andere können das, das was er isst, nicht bekommen. Den Tisch teilen, heißt: das Brot teilen, und das heißt: dass einer den anderen an sich teilnehmen lässt. Wer aus der Gemeinschaft ausgeschlossen ist, dem ist das Leben zur Hälfte genommen. Nicht nur vom Brot lebt der Mensch, sondern auch von der Verbindung mit denen, mit denen er das Brot teilt. Essen rührt an etwas Heiliges: an die Gemeinschaft und an den heiligen Ursprung und Gesetzgeber aller Gemeinschaft.

II. Unseren Vorfahren war all das sehr vertraut. Heute, in unserer Überflussgesellschaft, tun wir uns schwerer, ein Gefühl für diese Zusammenhänge zu haben. Aber langsam setzt doch vielleicht ein Umdenken ein. Sicher scheint: nur wenn wir die Sprache von Brot und Wein im Alltag verstehen, können wir ahnen, was Jesus uns im Sonntagsgottesdienst, von seinem Abschiedsmahl her, sagen will. Gehen wir so die drei Gesichtspunkte, vom letzten angefangen, durch!

Wenn wir miteinander das Brot Christi teilen, bekennen wir uns dazu, dass wir zueinander gehören: in dieser Gottesdienstgemeinschaft, aber auch darüber hinaus in der Gemeinschaft aller Menschen. Wir machen nicht die Augen zu gegenüber unserer Verantwortung angesichts des Hungers in vielen Gegenden der Welt. Gewiss ist es nicht leicht zu sehen, wie man am besten hilft, einmal abgesehen davon, dass man die Hilfswerke unterstützt. Oft fühlen wir uns vielleicht überfordert. Aber eines dürfen wir trotzdem nicht: nur noch an *unseren* Hunger denken!

Das neue Gemeinschaftsgefühl und die Kraft zu einem veränderten Leben, woher haben wir das? Dafür hat einer sein Leben eingesetzt ohne Rest. "Das Brot, das ich geben werde, ist mein Fleisch; ich gebe es hin für das Leben der Welt". Auch hier gilt: wir beziehen das Leben aus dem Tod. Nur ist es in diesem Falle nicht die biologische Lebenskraft, für die Tiere ihr Leben lassen müssen, sondern die Kraft, menschlich zu leben, die daraus kommt, dass Gottes Sohn freiwillig sein Leben geopfert hat.

Die Nahrung, die wir im Alltag zu uns nehmen, muss immer wieder ersetzt werden; denn jede erhält das Leben immer nur eine kleine Zeit lang. Gegen den Tod aber ist kein Kraut gewachsen. Im Evangelium wird von einer viel kräftigeren Speise geredet: "Wer von diesem Brot isst, wird in Ewigkeit leben". Das heißt: Wer das Wort und den Geist Jesu in sich aufnimmt, der wird die Erfahrung eines Lebens machen können, das frei macht gegenüber dem Gesetz des Todes, so wie Jesus selbst in seinem Vertrauen auf dieses Leben nicht enttäuscht worden ist. Wer das Brot vom Tisch Jesu empfängt, bekennt damit, dass er hier eine Quelle von Leben gefunden hat und, weil er gefunden hat, noch weiter sucht.

Von da aus geht der Weg wieder zurück in den Alltag: zur Achtung vor all dem, woraus wir leben, - zur Nutzung, aber nicht Vernutzung der Natur, - zur Suche nach einer echten menschlichen Zusammengehörigkeit

Entweder - Oder

21. Sonntag (Joh 6,60-69)

„Ich bin das Brot des Lebens", hatte Jesus gesagt, und er meinte natürlich: des göttlichen Lebens. Und er hatte hinzugefügt: „Nur wer mein Fleisch isst und mein Blut trinkt, hat das Leben." Damit fordert er seine Jünger natürlich nicht auf, zu Menschenfressern zu werden, ihn zu schlachten und sein Fleisch zu essen und sein Blut zu trinken im wörtlichen Sinn. Die Worte beziehen sich vielmehr schon vorgreifend auf die Eucharistie und damit auf seine Hingabe am Kreuz, die Hingabe dessen, der das Gottes-Leben in sich trägt und es weiterschenken kann.

I. Dennoch wundert es einen nicht, dass diese Worte auf Skepsis und Ablehnung gestoßen sind. Jesus aber nimmt nichts zurück. Er schwächt nichts ab. Er macht seine Worte durch keine Erklärung akzeptabler. Er reizt sogar seinen engsten Kreis, seine zwölf Apostel, ob sie nicht die Gelegenheit nützen wollen, ihn auch, zusammen mit den anderen, zu verlassen. Er will keinen Glauben, der auf einem Irrtum oder auf bloßer menschlicher Anhänglichkeit beruht.

Was wäre geschehen, wenn auch sie *gegangen* wären, wenn sie Jesus hätten *allein* stehen lassen? Es vergeht eine endlose Minute, bis Petrus endlich das Schweigen bricht und antwortet: „Herr, zu wem sollen wir gehen? Du hast Worte ewigen Lebens. Du bist der Heilige Gottes."

II. Ist die Lage heute anders als sie damals war? Ich glaube: nein. *Entweder* lehnt man Jesus wegen seines enormen Anspruchs ab und wendet sich anderswohin oder verläuft sich irgendwo. *Oder* man glaubt ihm, wie Petrus und mit ihm und den anderen Aposteln. Aber heute gibt es noch eine neue, eine dritte Möglichkeit: Man bleibt, aber etwas ist zerbrochen. Man bleibt unter Vorbehalt. Man glaubt, aber nur das Annehmbare, nur auswahlweise. Man öffnet die Ohren für die leicht verständlichen Seiten der Lehre Jesu, verschließt sie aber, wenn es um seinen eigentlichen Anspruch geht, Gottes Sohn mitten unter uns zu sein.

Wir hier, an diesem Sonntag in dieser Kirche, gehören nun ja sicher nicht zu denen der ersten Gruppe, die weggegangen ist. Sonst wären wir kaum hier. Aber vielleicht ist es doch nicht sinnlos, dass sich jeder fragt: Gehöre ich zur zweiten Gruppe, die entschieden und ganz das Ja ihres Glaubens spricht, oder doch eher zur dritten Gruppe?

Die Meinung, die der dritten Gruppe eigen ist, ihr „Ja – aber", ist ja nicht etwas Böses. Vielmehr liegt sie heute gewissermaßen in der Luft. Man will schon Christ sein, aber doch nicht fanatisch. Ist es denn nicht intolerant, arrogant und töricht, *unseren* Mann, Jesus, so viel höher zu stellen als die anderen Weisen, Propheten und Religionsstifter? Ist es für einen Menschen mit einem demokratischen Grundgefühl nicht naheliegend, allen Kulturen und Religionen die Wahrheit im Prinzip gleichermaßen zuzugestehen?

Nun ist es zweifellos wichtig, dass man das Wahre, wo immer man es findet, achtet und ehrt, ob das nun bei uns ist oder anderswo. Aber einfach vorauszusetzen, es finde sich nach dem Gieskannenprinzip überall gleich, dass im Grunde alle Religionen dasselbe sagen würden oder denselben Wert hätten, das ist töricht. Denn so denken wir ja in Wissenschaft, Technik und Kunst keineswegs. Hier macht man ganz klare Unterschiede. Wenn Einstein gesagt hätte: Meine Relativitätstheorie ist auch nicht besser als z.B. die uralten Auffassungen der Ägypter vom Kosmos, dann wäre er nicht bescheiden und tolerant gewesen, sondern ein Betrüger. Und wenn einer sagt, der Brauch, kleine Kinder zu opfern (wie es unsere keltischen Vorfahren an den Toren ihrer Stadt bei Manching/Ingolstadt getan haben), ist ebenso respektabel wie das Verbot von solchen Bräuchen, dann ist er nicht tolerant, sondern gefährlich. Kurz: Man kann es sich nicht ersparen, im Einzelnen genauer hinzuschauen. Wer aber das Evangelium ohne Vorurteile liest und es mit den Lehren anderer Religionen vergleicht, der müsste blind sein, nicht zu sehen, dass es sich hier im Wesentlichen um etwas Einzigartiges handelt, wobei anfangs noch offen bleiben kann, ob dieses Einzigartige Wahrheit oder Wahnsinn ist. Dass an vielen Orten Ähnliches zu finden sei, ist wahr. Aber dass überall das Gleiche zu finden sei, das ist einfach falsch.

Im Übrigen ist der christliche Glaube nicht die heimische Religion *unserer* europäischen Kultur. Er ist nicht in Europa entstanden, sondern dorthin gebracht worden. Er ist nicht nur Europa, sondern auf der ganzen Erde verbreitet. Und er kann auch in Europa verschwinden, ohne aufzuhören zu existieren. Wenn wir ihn als eine religiöse Meinung unter anderen relativieren, dann verfügen wir über ein Gut, das uns gar nicht gehört. Er ist überhaupt nicht *unser* Glaube: wir haben ihn empfangen und nicht erfunden. Und selbst Jesus kann nichts anderes von sich sagen als das, was er von sich weiß. Er muss es einfach bekennen, ob das nun den Leuten skandalös vorkommt oder göttlich.

III. Jesus hat sogar Verständnis dafür, dass man seine Worte nicht annimmt. Denn, bloß menschlich gesehen, sind sie ja unglaublich. Wenn es aber um Gott geht, um Gott selbst, nicht nur um eine gewisse Vorstellung vom Höchsten und Letzten, dann hören alle menschlichen Selbstverständlichkeiten auf zu gelten, bis dahin reicht ihr Anwendungsbereich nicht. Wenn es darum geht, Gott selbst zu erkennen und d.h., in eine Beziehung zu ihm zu treten, dann können wir das nur in dem Licht, das Gott selbst schenkt und das sein eigenes Licht, sein eigener heiliger Geist ist.

Im Matthäus-Evangelium gibt es eine Stelle, die ganz parallel ist zu der, die wir heute aus Johannes gehört haben. Als Petrus sagt „Du bist der Messias," antwortet Jesus: „Wirklich, Petrus, das hast du nicht aus ‚Fleisch und Blut', sondern das hat Dir mein Vater im Himmel offenbart." M.a.W.: Das hast du nicht aus deiner eigenen menschlichen Erkenntniskraft, und das hat dir auch kein anderer Mensch beigebracht. ‚Fleisch und Blut', das sind und bleiben wir, auch in unseren höchsten Gedanken und in unseren edelsten Gefühlen. Wir können mit unseren Kräften die Leiter zu Gott nicht hinaufsteigen. Er muss uns entgegenkommen.

Und dass er uns nun *so* entgegenkommt, dass er selbst unser Fleisch und Blut annimmt, jenes Fleisch und Blut, in dem wir leben, ob es uns mit seiner Kraft freut oder ob wir unter seiner Erbärmlichkeit leiden, das ist es, was den Jubel des Evangeliums ausmacht. Es ist die Botschaft, dass Gott zu uns, so wie wir sind, ohne weitere Bedingungen sein volles Ja sagt. Und das Verrückte ist nun, dass eben dieses Fleisch und Blut, d.h. unser menschliches Denken, mit dieser Botschaft konfrontiert, sagt: Nein, nein; das ist ganz unglaublich, das gibt es nicht.

IV. So haben wir „Fleisch und Blut" auf zwei Seiten. Einerseits auf unserer Seite: Fleisch und Blut, das nach Erlösung ruft, aber dann doch lieber auf seinen eigenen Wegen bleibt, die ins Ungefähre führen. Und auf der anderen Seite: Gott in unserem eigenen Fleisch und Blut, der ruft: Ich bin da, hier bei dir und in dir bin ich; du Fleisch und Blut musst nicht erst Geist werden, um mich zu finden. Wir aber, wenn wir davon hören, antworten: Hm, *das* soll *wahr* sein?

Das ist die Entscheidung. Wer diesem Ruf in der Kraft der Gnade mit seinem „Hier!" antworten kann, findet das selige Ja der Erlösung. Aber für den, der seine Maßstäbe, die Maßstäbe von Fleisch und Blut nicht relativieren kann oder will, indem er sein Herz auf die andere Seite hinüberwirft, für den bleiben die einladenden Worte Jesu ein Skandal, ein Ärgernis. So *muss* der Glaube auch zuerst erscheinen. Wer ihn nie als skandalös sondern immer als leicht eingängig empfunden hat, der hat ihn noch nie wahrgenommen; der hat vor sich nicht das Blut Christi, sondern Brausepulver-Wasser gehabt. Christi Worte sind entweder purer Wahnsinn, oder sie sind die Wahrheit. Eines sind sie nicht: eine mittlere, temperierte, jedermann eingängige Wahrscheinlichkeit.

Rein und unrein

22. Sonntag (Mk 7,1-8.14-15.21-23)

Ich kann mir vorstellen, dass manche Eltern, die es gern sehen, dass ihre Kinder in den Gottesdienst gehen, es heute lieber vorzögen, dass ein anderes Evangelium vorgelesen würde. Erst bringen sie ihren Kindern mühsam bei, vor dem Essen und beim Zurückkommen von Schule und Spielplatz sich die Finger zu waschen, und nun geben die Apostel selber ein schlechtes Beispiel und Jesus findet das in Ordnung; ja er attackiert regelrecht die Pharisäer, die ihm deswegen Vorwürfe machen. So sieht es aus. Es handelt sich aber nicht um die richtige Sauberkeit der Gesundheit wegen, sondern um religiös verstandene Reinheit.

I. Die alten Juden kannten eine Menge von Dingen, Personen, Orten, die man meiden musste, wenn man nicht die Fähigkeit verlieren wollte, am Gottesdienst teilzunehmen. Kam man z.B. in Berührung mit Blut, berührte man einen Toten, betrat man das Haus eines Nicht-Juden, aß man das Fleisch bestimmter Tiere, wurde man „unrein". Nach dem Geschlechtsverkehr, nach der Geburt war man zunächst unrein. Die Gründe für diese Auffassungen, die ihren Niederschlag auch in vielen Vorschriften des Alten Testaments gefunden haben, sind kompliziert und teilweise nur vermutungsweise zu erschließen. Gesagt sei hier nur Zweierlei: Erstens, dass man unrein werden konnte nicht, wenn man sich mit beschmutzt hatte, sondern vor allem dann, wenn man in Kontakt mit einer sehr mächtigen Realität wie dem Tod oder der lebenszeugenden Sexualität oder der heiligen Tora-Rolle nahegekommen war. Zweitens, dass die Verunreinigung nichts mit einer schlechten Absicht zu tun hat; im Gegenteil, man wurde meist unabsichtlich unrein, teils weil man nicht genügend aufpasste, teils weil es unvermeidlich war. So brauchte es auch keine Reue, um die Unreinheit loszuwerden. Es genügte, dass man sich wusch: je nach dem Grad der Verunreinigung, die Hände oder den ganzen Körper, durch Untertauchen ins rituelle Tauchbad.

Soviel wir wissen, hat sich Jesus an einige dieser Gesetze auch selbst gehalten; andere aber lehnte er ab. Vor allem bewegt er sich ganz entgegengesetzt zu den Pharisäern. Warum? Die Pharisäer waren Menschen, die in der Frömmigkeit auf Nummer Sicher gehen wollten. Sie kamen auf die Idee, die viel strengeren Reinheitsvorschriften, die für die Priester während des Tempeldienstes galten, auch auf die Laien im gewöhnlichen Leben auszudehnen. Sie wollten einen Schutzzaun von neuen Geboten um die altbekannten errichten. Der Gedanke dabei war: solange sich die fromme Anstrengung um diesen äußeren Ring von Vorschriften bemüht und dabei vielleicht auch einige übertritt, bleiben die Gebote der inneren Ringe von aller Übertretung bewahrt.

Jesus wendet sich scharf gegen diese Tendenz. Denn er hat den Eindruck, dass dabei die innersten Gebote, nämlich die zehn Gebote Gottes, in den Hintergrund treten zugunsten von immer neuen, von den Menschen erfundenen Pflichten. Vor lauter Eifer, sich nicht zu verunreinigen und sich wieder zu reinigen, übersieht man, dass die Gebote Gottes ihren Sinn nicht darin haben, dass man rein bleibt, sondern dass man sein Herz für den Vater im Himmel und für den Nächsten öffnet. Herz: das ist das zentrale Wort. Aus ihm, nicht von außen, kommt die wahre Unreinheit, die wahre Menschheitsverschmutzung. Die Sorge muss also dem gelten, dass das

Herz nicht verdirbt und so den ganzen Menschen schlecht macht. Herz: d.h. die innere Einstellung, die innersten Gedanken eines Menschen. M.a.W.: Es kommt Gott gegenüber nur auf die Reinheit der guten Absicht an, nicht auf die Beachtung von religiösen Spezialpflichten. Diese Lektion haben die Jünger gern gelernt. Denn nun waren sie von vielen Lasten befreit. Und dass es auf das Herz, die gute Absicht ankommt, das kann jeder einsehen.

II. Freilich: der Versucher, der die absicherungsorientierten Pharisäer in die Irre führte, blieb auch nachher am Werk. Diejenigen, die es ernst meinen, können nun dazu kommen, sich mit neuen Schwierigkeiten zu quälen: habe ich denn eine gute Absicht? Und was ist, wenn ich mit Schrecken feststellen muss, dass manch einer von den bösen Gedanken, die Jesus aufzählt, auch in mir zuhause ist? Bin ich also schlecht, durch und durch voll Sünde, wenn mir klar wird, dass auch in mir Neid, Hass, Geilheit, Habgier, Unehrlichkeit usw. zu Hause sind? Machen mich diese Regungen unrein? Dieser Gedanken ist kaum auszuhalten. Wenn es so ist, ist es dann nicht am besten zu verdrängen, dass ich solche Regungen in mir spüre? Aber das Wegdrängen und Nicht-wahrhaben-wollen nützt nichts; die schlechten Regungen sind trotzdem da. Oder soll ich einfach alles ausleben, was in mir ist? „Böse Regungen“, so sagen manche, das ist doch nur ein Wort, das ganz natürliche Tendenzen verteufelt. So lässt uns Jesus, mit seinem anscheinend ganz klaren Wort, doch voller Fragen zurück. Wie kann man auf sie antworten?

Erstens: Was ist Sünde? Sünde ist eine bewusste Entscheidung für das Böse und gegen das Gute. Gewöhnlich werden wir nicht sündigen, wenn wir dazu nicht versucht werden. Die Versuchung besteht hauptsächlich darin, dass Gefühle und Phantasien in uns aufsteigen, dass es doch sehr befriedigend wäre, etwas zu tun, von dem wir wissen, dass wir es nicht tun sollen: eben z.B. die Phantasie, dem ungeliebten Hund des Nachbarn Gift zu geben oder dessen attraktive Frau selbst in Armen zu haben, eines von den vielen Dingen im Kaufhaus mitgehen zu lassen oder die Karriere eines Konkurrenten durch gezielte Gerüchte abzukürzen. Diese Phantasien steigen in uns auf, ob wir wollen oder nicht. Sie sind zwar eine Verführung zur Sünde, aber ebenso eine Gelegenheit, seine Anständigkeit dadurch zu üben und zu stärken, dass man ihnen bewusst widersteht, d.h. sie nicht in die Tat umsetzt. Sie selbst sind noch keine Sünde.

Zweitens: Einen Handlungsimpuls nicht in die Tat umzusetzen, ist freie Entscheidung, keine Verdrängung. Verdrängung wäre, dass man sich die Tatsache dieses Wunsches nicht zugesteht: ich kann doch solche Gedanken nicht haben! Das aber ist Selbsttäuschung. Selbsttäuschung im Allgemeinen ist schon keine sehr moralische Sache. Und hier doppelt nicht. Denn ich vermute, dass ein Motiv für dieses Nicht-sehen-wollen ist, dass man sich die klare Auseinandersetzung und Entscheidung seinen Wünschen gegenüber sparen möchte, und das heißt, ihnen schon ein Stück Chance mehr einzuräumen. Der Christ muss sich nicht schämen, dass er Tendenzen in sich trägt, die, wenn er ihnen nachgeben würde, Sünde sein könnten.

Drittens: Das gilt nun umso mehr, wenn es sich gar nicht um Tendenzen zum Bösen handelt, sondern um Tendenzen, die auch zum Bösen führen können, aber an sich gut sind: wie z.B. erotische Regungen, Lust zum Kämpfen, Ehrgeiz, Erwerbstrieb usw. Ähnlich wie die Pharisäer mit ihren Zäunen um die Zäune hat auch manche christliche Seele einen Horror nicht nur vor der Sünde, sondern schon vor allem, was möglicherweise zur Sünde führt, wenn man sich nicht von vornherein nähere Kontakte mit dieser gefährlichen Wirklichkeit verbietet. Diese ängstliche Seele meint: alles was mit Sexualität, mit Aggression, mit Haben-, Sein- und Gelten-Wollen zu tun hat, sei von vornherein schlecht. Aber das ist ein großer Irrtum, der leicht in sein Gegenteil umschlägt. Er wird dem Menschen nicht gerecht und auch Gott, dem Schöpfer, nicht.

Wir müssen also damit leben, dass manche unsere grundlegenden Triebe uns ebenso zum Guten wie zum Bösen treiben können. Wir müssen damit leben, dass darüber hinaus auch schlechte Gedanken uns heimsuchen. Aber deswegen werden wir nicht unrein. Unrein werden wir nur dann, wenn wir die schlechten Tendenzen in uns freiwillig nähren, bis sie vielleicht so stark werden, dass sie unsere moralischen Widerstandskräfte niederreißen. Wir brauchen aber auch vor den schlechten Tendenzen in uns nicht Angst haben. Mit Gottes Hilfe wird unser Wille stärker sein können als sie. Und wenn uns unser Herz sagen muss, dass wir doch gesündigt haben, dann wissen wir aus dem Evangelium: Gott, der Barmherzige, ist größer als unser Herz.

„Wenn dich deine Hand zum Bösen verführt…"

26. Sonntag (Mk 18,8-9)

Der Text gehört zu denen, die uns befremden. Doch ist seine Aussage sicher nicht wörtlich zu nehmen. Es ist eine Bildrede, die nach orientalischer Manier stark aufträgt. Aber so viel ist klar: Er fordert eine sehr große Entschiedenheit, sich den Gelegenheiten und Tendenzen zum Bösen zu verweigern, auch wenn es große Opfer kostet.

I. Hand, Fuß, Auge sind Organe, deren gesundes Funktionieren für uns von der allergrößten Bedeutung ist. Sie vermitteln zwischen der Umwelt und uns selbst. Die Füße sind die Organe, kraft deren wir uns von einem Ort zum anderen frei bewegen können. Die Hand ist jenes Organ (d.h. wörtlich Werkzeug), das den Gebrauch aller möglichen Werkzeuge vom Faustkeil bis zum Computer gestattet, jenes Organ, das für uns als handelnde Wesen unentbehrlich ist. Das Auge, das hier auch die anderen Sinnesorgane mit vertritt, erschließt uns die Informationen, die wir brauchen, damit unsere Bewegungen und Handlungen das Ziel erreichen, das wir erreichen wollen; zugleich öffnet es uns den Reichtum der Schönheit.

Hand, Fuß und Auge sind paarige Organe. Sie sind so angelegt, dass der eine Fuß nur zusammen mit dem anderen funktioniert, die eine Hand zusammen mit der anderen, das rechte Auge kombiniert mit dem linken. Notfalls geht es freilich auch nur mit einer Hand, mit einem Auge, mit einem Fuß (dem dann allerdings eine Krücke oder eine Prothese am Stumpf des anderen beigesellt sein muss). Es gibt Situationen, wo man auf ein Organ verzichten muss, um das Leben zu retten, man denke an die Amputation eines brandigen Fußes. Hand, Fuß und Auge sind Organe, d.h. gewissermaßen Werkzeuge des lebendigen Leibes für seine Kommunikation mit der äußeren Welt. Das Leben selber hängt nicht an ihnen - im Unterschied zu den inneren Organen, wie Herz, Lunge, Leber und Nieren (vor Erfindung der Dialysetechnik).

II. Wie können Organe wie Hände und Augen zum Bösen verführen? Wie heute noch manchmal die Kinder, die ihre Hand schlagen, weil "diese" etwas Böses getan hat, so dachten sich die Alten die Organe mit einem gewissen Eigenleben und Eigenwillen ausgestattet, die dem Willen des Individuums nicht von vornherein untergeordnet sind. "Ich wollte eigentlich nicht stehlen; aber meine Hand gehorchte mir nicht und griff zu; ich wollte standhalten, aber meine Füße trugen mich einfach weg; ich wollte nicht hinsehen, aber die Gier meiner Augen war schließlich stärker." So kann auch ein Mensch heute noch sich als Opfer der Triebe fühlen, die sich der ihnen zugeordneten Organe bedienen, vielleicht am deutlichsten im Zusammenhang mit Trieb und Organ seiner Geschlechtlichkeit. Aber, streng genommen, tun weder die Organe Böses noch verführen die Triebe. "Verführung" ist Lockung mit Handlungs- und Erlebnismöglichkeiten, die sich in der Phantasie sehr gut ausnehmen, die in der Tat aber - was man auch irgendwie weiß - schlecht sind. Die Quellen jener Verführung liegen in uns selbst: tiefer als die Organe, tiefer als die Triebe: in der schweifenden, ungebundenen Eigenart unseres Willens selbst.

Wenn man dies eingesehen hat, entsteht ein Problem: Von Hand und Auge wollen wir uns zwar nicht trennen, aber wir könnten es; von unseren Trieben wollen wir zwar vielleicht, aber können wir uns nicht trennen; von unserem Willen sich trennen zu wollen, scheint innerlich absolut unmöglich zu sein: ist doch der Wille zur Trennung vom Willen selbst ein Wollen. Was also meint Jesus? Vom Willen können wir uns nicht trennen. Wohl aber können wir uns der berauschenden Macht aussetzen oder entziehen, die von den Möglichkeiten des Willens ausgeht.

III. Was sind, von unserer heutigen Erfahrung aus geurteilt, diese Möglichkeiten? Es sind Exzesse der Fähigkeiten, die in Fuß, Hand, Auge ihre „Werkzeuge" haben. Der Fuß steht für die Fähigkeit, sich zu bewegen: für Mobilität, Veränderung, Fortschritt. Die Hand steht für die Fähigkeit zu handeln: mein Leben selbst in die 'Hand zu nehmen' und meine Welt umzugestalten. Das Auge steht für die Fähigkeit des Sehens: für die Kultur des Erkennens, des Durchschauens, des Genießens. All diese Fähigkeiten sind faszinierend; ihre Ausübung und Steigerung enthält mächtige Motive. Und das ist gut so.

Aber das Leben selbst geht nicht darin auf. Es scheint weniger zu sein, aber es ist in seiner Schlichtheit doch mehr. Obwohl die Fähigkeiten zu ihm gehören, kann es dazu kommen, dass die Faszination durch deren Möglichkeiten so groß wird, dass die Priorität des schlichten Lebens verdunkelt wird. So kann die Mobilität so weit gesteigert werden, dass man nirgendwo mehr hingehört; so können die Verkehrswege so ausgebaut werden, dass man immer schneller und bequemer dorthin kommt, wo man doch nicht bleiben möchte; so können der Steigerung des Konsums, der Perfektion der Organisation, der Absicherung gegen Risiken Werte des Miteinander und der Persönlichkeit in einem Maß geopfert werden, dass dies "ans Lebendige selbst geht." - So kann das Zupacken, Greifen und Machen gefühllos für die Grenzen werden, die Zartheit der natürlichen Prozesse und das verletzliche Dasein des Anderen übersehend. So kann der Trieb zur Arbeit zur

Arbeitssucht (workaholism) werden. So kann beim Streben nach Erkenntnis der Sinn für Ehrfurcht, Scheu und Staunen verlorengehen. So kann die Freude am Schauen zum bloßen Abhaken von Sehenswürdigkeiten, zur genießerischen Herabwürdigung des Erhabenen degenerieren.

Es ist gut, seine Möglichkeiten zu entfalten und zu steigern. Denn in ihnen entfaltet sich das Leben. Wenn die Entfaltung dieser Möglichkeiten aber das Leben selbst bedroht, dann ist es immer noch besser, auf einige Möglichkeiten zu verzichten als den Sinn des Lebens selbst zu verspielen.

Die Heilung der Augen des Herzens

30. Sonntag (Mk 10,46-52)

Der Blinde, der in Jericho bettelnd am Weg hockte, hatte sicher viele Wünsche: dass die Passanten großzügig spenden mögen, dass sich nicht in seiner Nähe ein anderer Bettler als Konkurrenz niederlasse, dass zu seiner Blindheit nicht noch Taubheit oder eine andere Krankheit dazukämen, dass ihn die Hunde in Ruhe lassen usw. Diese vielen Wünsche überdeckten fast den einen großen Wunsch, den er sich schon gar nicht mehr zu wünschen traute: wieder das Licht des Himmels und die Farben der Erde sehen zu dürfen. Als er aber hört, Jesus komme vorbei, Jesus, von dem mancherlei Wunderbares erzählt wurde, da bricht dieser große Wunsch auf und aus ihm heraus, und er denkt sich: Um seine Aufmerksamkeit zu erhalten, damit er mir hilft, muss ich ihn mit dem größtmöglichen Titel ansprechen, mit dem des Messias. Und so schreit er: Jesus, Sohn Davids (denn das heißt soviel wie Messias), erbarme dich meiner. Und wahrhaftig: Jesus ruft ihn zu sich und, o Wunder, er heilt ihn sogar von seiner Blindheit. Der Blinde ist natürlich überglücklich. Aber es ist außerdem noch etwas anderes geschehen. Er ist von Jesus offenbar noch tiefer getroffen worden. Denn er geht nicht heim, sondern er reiht sich in die Schar der Jünger ein und folgt Jesus auf seinem Weg.

I. Die meisten von uns hier sind vom Schicksal der Blindheit nicht getroffen worden. Wir können sehen. Wir brauchen also nicht auf eine wunderbare Heilung zu hoffen. Damit geht uns freilich auch eine Chance der Begegnung mit Gott verloren. Oder ist uns diese Begegnung schon geschenkt worden, weil es uns einmal aufgegangen ist, dass die Sehkraft ein Wunder der Schöpfung ist, die ganz unselbstverständlich ist und uns nur deshalb nicht täglich in Entzücken versetzt weil sie eben täglich geschenkt wird? Muss man erst eine Zeitlang halb blind sein, um aufzuwachen und für seine Augen dankbar zu werden? Ich kann mich noch an die Zeit erinnern, als die Operationen am Grauen Star aufkamen. Sie waren damals eine Seltenheit und man musste dazu in eine Klinik nach Bonn fahren. Einer meiner älteren Freunde, der von dort geheilt zurückgekommen war, sagte mir auf einer Wanderung auf einem Höhenweg im Gebirge: „Ich kann mich an den Farben nicht satt sehen. Ich habe gar nicht mehr gewusst, wie schön die Welt ist.“ Heute ist die Star-Operation in den meisten Fällen eine Routine geworden, nicht nur für die Ärzte, sondern oft auch für die betroffenen Patienten, so dass das Wunder schon fast nicht mehr wahrgenommen wird, sondern von der hingenommenen Routine überdeckt wird. So geht eine Chance der Begegnung mit Gott verloren. Es muss aber nicht so sein. Man kann sie auch entdecken. Der Hauptfeind des Glaubens ist ja vielleicht gar nicht der Unglaube, sondern die Gedankenlosigkeit, die Abstumpfung und Blindheit der Augen des Herzens.

II. Ein weiser Mensch hat einmal gesagt: In allen Dingen, in allen Umständen deines Lebens, will Gott mit dir Begegnung feiern. Das gilt für das Wunder der Gesundheit, die wir meist allzu sehr wie selbstverständlich hinnehmen. Es gilt aber auch für die Krankheit, die wir gar nicht übersehen können. War nicht die Erblindung des Bartimäus von Jericho ein Unglück, das den Weg vorbereitete zum größten Glück seines Lebens? In seinem

Unglück hat er sich vielleicht manchmal gedacht: Das ist doch kein Leben mehr; wenn ich nur stürbe! Später aber kam ihm dann wohl ein anderer Gedanke: Wenn ich damals gestorben wäre, dann wäre ich auch Jesus nicht mehr begegnet und hätte das Wunder meiner wieder geschenkten Sehkraft nicht mehr erleben dürfen. Nein, das war es doch wert, all die Jahre der Blindheit und Demütigung zudurchleben. Ohne sie hätte mir die Heilung nicht viel bedeuten können, wie die vielen Menschen, die problemlos sehen können, ihre Augen nie als Wunder erleben. Und die bittere Strecke der blinden Jahre war wohl der Weg, auf dem ich dorthin geführt wurde, wo ich Jesus traf.

III. Ein Mensch, der mir nahe steht, hatte als kleines Kind ein Krebsleiden, an dem er fast gestorben wäre. Eine massive Bestrahlung zerstörte den Krebs und rettete ihm das Leben. Was das bedeutete, konnte das Kind gar nicht ermessen, sondern nur seine Eltern. Fast 50 Jahre später trat der Krebs wieder auf. Man sagte, es handle sich wahrscheinlich um eine Spätfolge der Bestrahlung, die ihm als Kind das Leben gerettet hatte. Sollte er nun sagen: Wenn ich nur damals gestorben wäre, dann wäre mir all das erspart geblieben? Das wäre doch recht undankbar und dumm gewesen. Der Krebs wurde erfolgreich operiert. Man sagte ihm: das sei nicht einfach gewesen; jetzt komme es darauf an, dass, was leicht geschehen könne, keine Metastasen wiederkämen, denn dann sähen die Aussichten sehr schlecht aus und ein schlimmer Tod drohe. Der Krebs kam in der Tat nicht wieder. Dass das eine Art Wunder war, übersah mein Freund jedoch, denn inzwischen belasteten ihn andere schwer erträgliche Dinge. Da beschlich diesen Menschen wieder der Gedanke: Wenn ich nur damals gleich gestorben wäre, dann wäre mir all das erspart geblieben! Mit dieser Anwandlung wurde er nicht sofort fertig. Erst nach einigem Hin und Her dämmerte ihm, wie viel Undankbarkeit und auch Feigheit in der Flucht in diese Todesphantasie lag. Er musste erst anerkennen, dass das Leben noch einige Aufgaben für ihn bereithielt. Vor allem war es für ihn wichtig zu erkennen, dass Gott auch jetzt, unter seinen Belastungen, in neuen Formen Begegnung mit ihm feiern wollte, und sich so erst recht als ‚sein' Gott, sein persönlicher Gott offenbaren wollte.

Denn solange wir Gott nur so im Allgemeinen denken, haben wir ihn noch nicht wirklich erkannt. Wirklich erkennen wir ihn nur, wenn wir ihn als unseren ganz persönlichen Gott empfinden, der jeden von uns ganz persönlich ausgedacht hat und mit seinem Interesse begleitet.

V. PREDIGTEN FÜR SONNTAGE IM JAHRESKREIS, LESEJAHR C (LUKAS)

Jesu Première

3. Sonntag Lk 4,14-21

I. So hat es angefangen, mit dieser Szene. Es war Jesu Première als Prediger, sein erstes Heimspiel. Lukas schildert es so lebendig wie ein Filmregisseur. Nicht umsonst gilt er als der Maler unter den Evangelisten.

Die Szene ist die Synagoge von Nazaret. Es sind dieselben Mauern und Säulen, die der junge und herangewachsene Jesus oft betrachtet hat, wenn ihn eine Predigt langweilte. Es ist dasselbe Vorlesepult, auf das er andächtig geschaut hat. Die Lesung aus dem Gesetz, der Tora, ist vorüber. Jetzt bestimmt die Ordnung, dass etwas aus den Prophetenbüchern vorgelesen wird. Nach dem Brauch der Juden kann sich jeder Teilnehmer des Gottesdienstes melden, um vorzulesen und um zu erklären. Da steht Jesus auf. Alle sind gespannt. Jesus ist erst seit kurzem wieder in Nazaret. Er war ja länger weg, beim Täufer Johannes am Jordan und in der Wüste. Man ist neugierig: Wie hat er sich verändert? Man reicht ihm die Rolle mit den Reden des Propheten Jesaja. Und er liest eine Stelle vor, ob sie gerade der Ordnung entsprach oder ob er sie selbst ausgewählt hat, wissen wir nicht. Es ist eine bekannte Stelle aus dem Propheten Jesaja. Man hat sie vielleicht schon öfter gehört, so dass man, wie uns das ja auch passiert, nach den ersten Worten abschlaffen und seinen Geist anderswohin wandern lassen kann.

Dann kommt die Pause, die überbrückt wird durch einige überflüssige, die Spannung steigernde Gesten: Er schließt das Buch, er gibt es dem Diener, er setzt sich. Diese Pause ist wie eine Ruhe vor dem Sturm, der mit dem

Satz losbricht: „Heute hat sich das Schriftwort, das ihr eben gehört habt, erfüllt.“ Aufgeschreckt fragten sich wohl manche: Was? Welches Schriftwort hatte er vorgelesen? Also hören wir es auch noch einmal:

> Der Geist des Herrn ruht auf mir; / denn der Herr hat mich gesalbt.
> Er hat mich gesandt, / damit ich den Armen eine gute Nachricht bringe;
> damit ich den Gefangenen die Entlassung verkünde / und den Blinden das Augenlicht;
> damit ich die Zerschlagenen in Freiheit setze und ein Gnadenjahr des Herrn ausrufe. (Lk 4,18-19)

II. Es ist ein Text aus dem Propheten Jesaja. In der Wüste, nachdem während seiner Taufe sein Bewusstsein durchgebrochen war, dass er der Sohn Gottes ist, hatte Jesus ausführlich Zeit, sich mit dieser neuen Erkenntnis vertraut zu machen. Menschlich gesehen, musste er eine neue Identität finden. Diese Identität konnte er nicht allein aus eigenem Nachdenken gewinnen. Er musste sie sich aus dem überlieferten „Wort Gottes“ gewinnen, d.h. den Urkunden, die die Initiativen Gottes gegenüber seinem Volk ebenso enthielten wie dessen Antworten auf diese Offenbarungen. Und hier wiederum waren die im Alten Testament enthaltenen Verheißungen besonders wichtig: sie griffen ja auf die Zukunft vor, die Zukunft von damals aus gesehen, - wäre sie jetzt Gegenwart geworden? In der Tat, so ist es. Jesus wagt es, sich mit dem Sohn oder Knecht Gottes zu identifizieren, den Jesaja (61, 1-2) ahnungsvoll geschaut hatte. Jesus greift also auf die Verheißung zurück, um sich zu verstehen und um anderen begreiflich zu machen, wer er ist. Es fällt überhaupt auf, wie oft Jesus und die Urkirche auf den Propheten Jesaja zurückgreifen, um ihre Erfahrung und ihren Glauben auszudrücken. Die vielen Bücher des Alten Testaments sind für sie nicht alle gleichrangig. Betrachtet man das Neue Testament daraufhin, welche Bücher aus dem Alten zitiert werden, so ist es nach den fünf Büchern Moses und dem Psalmenbuch weit vor allen anderen der Prophet Jesaja.

Was also sagt Jesus von sich? „Der Geist des Herrn ruht auf mir“; er ist der Impuls seines Befreiungsauftrags. Es ist derselbe Geist, der Jesus nach seiner Taufe in die Wüste „getrieben“ hat. Es ist derselbe Geist, den er am Kreuz ausgeatmet und auf uns verteilt hat.

III. Denn so hörten wir es von Paulus in der Lesung: „Durch den einen Geist wurden wir alle in einen einzigen Leib aufgenommen, Juden und Griechen, Sklaven und Freie, und alle wurden wir mit demselben Geist durchtränkt.“ Es ist der Geist, von dem Christus erfüllt und getrieben war. Durch die Taufe und den Glauben gehören wir in den Leib Christi.

Die Frage ist, ob wir lebendige Glieder an diesem Leib sind oder schon halb abgestorbene, ob die Arterien den Lebensgeist Christi in sich tragen oder, weil sie verfettet oder verkalkt sind, kaum etwas davon durchlassen. Es gibt einen ganz einfachen Test, um die Durchlässigkeit unserer Adern für den Geist zu prüfen: ein Glied, das sich nicht für wichtiger hält als die anderen, ist gesund; eines, das sich selbst ins Zentrum rückt, ist krank. Das Bild vom Leib ist hier ganz klar. Nur im wechselseitigen Zusammenwirken haben die Glieder und Funktionen eines Körpers ihren Sinn. So gilt es auch für die Glieder des Leibes Christi, die Glieder der Menschheit. Ein Organ, ein Menschenwesen, das sich nicht als Teil eines Ganzen versteht und verstehen will, das hat vom Geist Christi wenig empfangen; an dem ist er vorbeigeweht.

Über die Liebe

4. Sonntag (Lk 4,21-30; 1 Kor 13)

I. Situationen: Die Reaktionen der Dorfbewohner von Nazaret gegenüber der Predigt ihres ehemaligen Genossen sind gemischt. Zuerst Bewunderung, dann Befremden: „Was nimmt er sich heraus? Das ist doch der Sohn des Josef, einer von uns. Woher hat er das?“ – und freche Forderung: „Man hört ja, du hättest in Kafarnaum Wundertaten getan; warum also nicht auch bei uns? Sind wir nicht genauso gut wie die Leute in Kafarnaum? Sind wir nicht deine Verwandten und Schulkameraden?" Die Botschaft des Herrn kommt nicht durch durch das Gestrüpp der menschlichen, der allzu menschlichen Gefühle, Vorurteile, Kleinlichkeiten, Ressentiments.

Lassen wir nun unseren Blick aus diesem galiläischen Dorf hinüberschweifen nach Korinth, etwa fünfzehn Jahre später. Korinth war damals die größte Stadt Griechenlands, eine Art Amsterdam, eine quirlige Hafen- und Handelsstadt, mit all den Vorzügen und dunklen Seiten einer solchen Stadt, einer umfangreichen Prostitution, einem riesigen Schieber- und Betrügermarkt. Inmitten dieser Umgebung lebt eine junge, von Paulus gegründete Christengemeinde im vollen Bewusstsein, dass sie etwas Besonderes ist, dass sie herausgehoben ist aus diesem Menschlichen, allzu Menschlichen, in die Sphäre des Göttlichen: Zungenreden, das Sprechen in unbekannten Sprachen, die ekstatische Begeisterung, der Jubel Gottes, der einfach so losbricht, ist unter ihnen an der Tagesordnung. Propheten stehen auf, die sagen, was kommen wird und die in das Herz der Gemeindemitglieder schauen können und es ihnen offenbaren. Die Korinther sind ganz besoffen von dem neuen Glauben. Sie fühlen sich schon unter die Engel versetzt.

II. Was Paulus ihnen schreibt, ist in diese Situation hineingeschrieben: Er schätzt all dieses hoch, aber er kennt Höheres, Besseres, Göttlicheres. Es ist die Schlichtheit der Liebe. Wenn einer noch so gescheit ist, wenn einer noch so erfüllt ist, ja mit übermenschlichem Wissen, außergewöhnlichem Wissen, dass er plötzlich fremde Sprachen sprechen kann, dass er, obwohl er diese nie gelernt hat, sie verstehen kann, dass einer begeistert das Lob Gottes singt, dass einer Erkenntnisse gewinnt, die man durch langes Studium nicht haben kann, sondern die plötzlich in einem aufspringen wie ein Blitz, dann ist das wunderbar, aber nur leere Fassade, bloßes Geflitter, wenn dahinter nicht die Substanz der Liebe steht. Ja wenn einer einen religiösen Glauben hat, eine Glaubenskraft, dass er Wunder tun kann, dann ist das nichts, wenn dahinter nicht die Liebe steht. Und wenn einer sich vornimmt, Großes zu tun für die anderen, sein ganzes Leben opfert, ja sein Leben unter Umständen hingibt, und er tut es nicht aus Liebe, dann ist das nichts.

Liebe muss etwas Ungeheures sein, wenn so etwas gesagt werden darf. Worin besteht sie denn? Schon der erste Satz, mit dem der Apostel sie beschreibt, holt uns in die Sphäre der Nüchternheit herunter: „Die Liebe ist langmütig.“ Sie hält viel aus. Sie hält lange durch. Sie steckt vieles ein. Sie lässt sich nicht ins Bockshorn jagen oder vergilt Enttäuschung mit Enttäuschung, Schlag mit Schlag, sondern kann warten. Es ist eine Kraft des Tragens, des Ertragens, des Aushaltens. „Die Liebe ereifert sich nicht.“ Nicht sie ist das Motiv, das dahintersteckt, wenn Leute sich permanent empören, dauernd aufregen über die Zustände, Gift spritzen vor Enttäuschung über die Welt. Das ist irregeleiteter Idealismus, aber nicht Liebe. Liebe ereifert sich nicht. „Die Liebe prahlt nicht, sie bläht sich nicht auf.“ Ja, wie oft haben wir das Prahlen nötig, haben wir es nötig, uns aufzublähen, weil wir sonst den Eindruck haben, dass man uns übersieht. Wir müssen uns größer machen, scheint uns, dass man uns überhaupt wahrnimmt, dass wir auch zählen. So klein fühlen wir uns und so schwach, aber die Liebe fühlt sich stark. Sie braucht das Prahlen nicht, sie braucht nicht das Aufblähen. „Die Liebe freut sich nicht über das Unrecht, sondern über die Wahrheit.“ Begierig lesen wir doch täglich in den Zeitungen die Schlagzeilen, dass wieder einmal ein neuer Skandal passiert ist, besonders wenn es bei denen passiert ist, die wir sowieso nicht mögen. Eine gewisse Presse nährt sich davon, weil wir das so mögen, dass wir uns richtig mitfreuen an Unrecht. Natürlich regen wir uns darüber auf, aber wie langweilig wäre es, wenn es die anderen nicht täten. „Sondern sie freut sich an der Wahrheit“, wenn es gelungen ist, etwas Gutes durchzusetzen; wenn Menschen sich Gedanken gemacht haben, um irgendwo etwas zu verbessern, irgendwo in Not geratenen Menschen zu helfen – da freut sie sich mit, wer immer das tut, und sogar wenn es die sind, die man normalerweise nicht so mag. Und Paulus schließt seine Beschreibung mit den Worten: „Sie erträgt alles, sie glaubt alles, sie hofft alles, sie hält allem stand."

Wenn wir uns noch einmal vor Augen führen, was diese Liebe eigentlich ausmacht, dann finden wir relativ wenig Enthusiasmus, relativ wenig Schwung zum Außergewöhnlichen, sondern mehr diese Trage- und Standhaltekraft, die Kraft durchzuhalten. Und wenn wir das vergleichen mit unserem Alltag, dann sehen wir: Der Enthusiasmus ist sehr willkommen, aber er sucht uns relativ selten heim. Darauf können wir unser Leben nicht bauen. Und wenn wir auf die andere Seite schauen, dann fällt uns doch auf: All das, was gut gehen kann in unseren Beziehungen, in den Gruppierungen und Familien, zu denen wir gehören, kann nicht gut gehen, wenn da nicht genügend Kraft des Ertragens, der Langmut, des Einsteckens, des Trotzdem ist. Die Liebe ist, verglichen mit einer Blume, nicht der Glanz ihrer Blütenblätter, sondern die Kraft, mit der sich die kleine Wurzel durch das harte Erdreich schiebt.

III. Die Liebe – warum sagt denn Paulus eigentlich immer „die *Liebe* ist langmütig", „die *Liebe* ist gütig" und nicht „ein Mensch, der liebt, ist langmütig", „ein Mensch, der liebt, ist gütig"? So entspräche es doch mehr unserer Grammatik und auch der damaligen Grammatik. Hier ist ein Wink versteckt. Wäre die Liebe vielleicht ihrerseits eine Kraft in denen, die lieben, die nicht in der Hand der Betreffenden liegt, die stärker ist als sie? Anderswo im Neuen Testament (1 Joh 4,8) steht der Satz: Gott ist die Liebe. So wäre vielleicht die Liebe trotz ihrer schlichten menschlichen Gestalt als Geduld, als Ertragens und als Aufeinanderzugehen, eine Weise wie Gott unter uns ist. So ist es. Die Liebe, sagt Paulus, hört nie auf. Alle religiöse Begeisterung, alle außergewöhnlichen Gnadengaben hören auf. Sie hören spätestens dann auf, wenn sie überflüssig gemacht werden durch das Kommen des Vollkommenen in der Beseligung am Ende. Dann zeigen sie sich als das, was sie sind: menschliche Stückwerke, Bruchstücke einer Erkenntnis, die nichts ist, verglichen mit dem Schauen Angesicht zu Angesicht. Oh, wie dumm waren wir doch, kann man sich im Nachhinein sagen, uns auf dieses Stückwerk Erkennen, auf dieses Stückwerk Heilen-Können soviel gut zu tun, uns deswegen aufzublähen, das für wichtig zu halten, was doch letzten Endes wesenlos ist. Wie blind waren wir, das schlichte Tun der Liebe auf Erden nicht so hoch zu schätzen, wie es das verdient! Warum haben wir auf Titel und Grade und Öffentlichkeitskoeffizienten geschaut, auf Leistungen, wie wenn das das Wichtigste wäre. Wären wir Christen auch in unserem Verstand Heiden geblieben? Deswegen ist es so wunderbar, dass dieser Brief, der ja nicht an uns gerichtet ist, sondern an die Korinther damals vor ungefähr 1960 Jahren, auch uns erhalten ist. Was für ein wunderschöner Text! Was für ein nahrhafter Text, den Sie immer wieder kauen müssen, an dem Sie ihr Leben immer wieder neu ausrichten müssen – *dürfen*.

„Die Liebe hört nie auf." Alles andere hört auf. Die Liebe ist die Kraft, die uns hinüberträgt in die Ewigkeit. Die Liebe ist die Kraft, die uns jetzt schon teilhaben lässt an dieser Ewigkeit in der schlichten Gestalt der Langmut, der Güte, des Verzichts auf Ereiferung, Prahlen usw. „Für jetzt bleiben Glaube, Hoffnung, Liebe, diese drei. Doch am größten unter ihnen ist die Liebe."

Berufung

5. Sonntag (Lk 5,1-11)

I. Legenden sind oft leicht zu widerlegen, wenn man sie in einem engen Sinn historisch nimmt. Doch enthalten sie manchmal einen tieferen Sinn. Nach der Legende war der Evangelist Lukas Arzt und Maler. Daran ist sicher richtig, dass uns kein anderes Evangelium mit so wohltuender Heilkraft berührt, dass kein anderes so schön malerisch geschrieben ist wie das des Lukas. Und da macht das Stück, das wir heute näher ansehen wollen, keine Ausnahme; im Gegenteil! Es versetzt uns ganz anschaulich an den See von Galiläa, nahe Kafarnaum. Es ist ein frischer Morgen, noch weit vor der Mittagshitze. Schon drängen sich die Leute um Jesus, den neu zugezogenen Lehrer, der so faszinierend zu sprechen weiß. Es sind so viele, dass die hinten Stehenden nicht mehr recht hören, nach vorne drängen, Jesus immer mehr dem Ufer zu schieben. Dort waschen zwei Fischer-Teams, die vom nächtlichen Fischen zurückgekehrt sind, ihre Netze um so intensiver, als sie sich um die Versorgung des Fangs nicht zu kümmern brauchen; denn was sie in der letzten Nacht gefangen haben, war nicht der Rede wert. Jesus erweist sich als Praktiker. Er bittet den Eigentümer des einen Boots, einen gewissen Simon Barjona, ihn ins Boot zu nehmen und ein wenig hinauszurudern. Die Akustik ist vom Wasser aus für alle am Ufer gut, und so kann er bequem sitzen und in Ruhe sprechen.

Als er endet, kommt die Überraschung. Jesus sagt nicht: „Rudere mich bitte wieder an Land!“, sondern: „Fahr hinaus auf den See und wirf deine Netze zum Fang aus!“ Petrus wird sich gedacht haben: „Was mischt er sich in mein Handwerk ein? Er ist doch Zimmermann; was versteht er vom Fischen? Was soll das: im hellen Sonnenlicht fischen, bei dem die Fische tief nach unten tauchen? Und das, wo die Fische nicht einmal nachts ins Netz gehen wollten?“ Aber Gott weiß warum, er weiß es wohl selbst nicht warum: Petrus springt über seinen Schatten, ein enormer Vertrauensvorschuss gelingt ihm: „Weil du es sagst, werde ich die Netze noch einmal auslegen.“

Man legt die Netze aus, und siehe da: Große Fischschwärme gleiten heran! Jetzt heißt es handeln. Das andere Boot wird „herangewinkt“ (nicht: „gerufen“, damit die Fische nicht gewarnt werden), man zieht die Netze zu, wuchtet die gewaltige Last in die beiden Boote. Man arbeitet wie verrückt, man hat keine Zeit zu denken. Erst als die wimmelnde, silbrige Menge das Boot fast zum Absaufen bringt, kommen die Fischer zum Bewusstsein: es überläuft sie, es ist ein Schock, sie erschrecken über das, was mit ihnen da geschieht. Unheimlich wird ihnen ihr Gast; wer mag er sein? Da ist es Petrus, der nicht mit Worten, vielmehr mit der Geste seines ganzen Leibes die Antwort gibt. Er wirft sich nieder und bittet: „Geh weg von mir!“ Er fürchtet sich vor dem Einbruch der heiligen, der göttlichen Wirklichkeit in seine kleine menschliche Welt. Da ergreift Jesus ein drittes Mal und nun vielleicht am unerwartetsten, souveränsten die Initiative: „Fürchte dich nicht! Von nun an sollst du für mich Menschen fangen!“

II. Viele fragen heute: Wo ist Gott? Wie kann ich ihn finden, so dass ich nicht nur anderen glauben muss, sondern etwas von seiner Wirklichkeit selbst erfahre? - Was also kann uns heutigen Menschen Lukas mit seiner so farbig gemalten Geschichte auf diese Fragen antworten? Ich denke, es könnten vier Punkte sein.

1. Bei jeder echten Begegnung des Menschen mit Gott hat nicht der Mensch, sondern Gott die Initiative. Er findet die Menschen, wo er will; keine Ausnahmemenschen, sondern gewöhnliche Menschen, mit ihren gewöhnlichen Sünden. Er trifft sie und beginnt eine Verwandlung mit ihnen.

2. Die so Getroffenen schwanken zunächst lange zwischen Glück und Schrecken, Gewissheit und Zweifel, Bereitschaft und Zögern, Mut und Angst. Manche tun dann den Schritt aufs Wasser: „Weil du es sagst“. Sie erfahren allmählich: Ich bin Sünder nach wie vor, aber Einer hat die Hand auf mich gelegt.

3. Einen solchen Ruf hört nicht jeder, und von denen, die so etwas spüren, spürt es der eine so, der andere anders, der eine ganz stark, der andere leise, der eine mehr geistlich, der andere mehr weltlich, der eine in besonderer Intensität, der andere eher nüchtern.

4. Viele werden von sich sagen, dass sie keinen solchen Ruf gehört haben. Sie werden, wenn sie Verstand haben, nicht pseudodemokratisch fordern, dass Gott sich allen gleichermaßen offenbaren müsse. Sie wissen, dass, je

unmittelbarer Gott einem Menschen nahekommt, die Sache sehr ungemütlich, ja gefährlich werden kann, innerlich und manchmal auch äußerlich. Sie werden zufrieden sein, immerhin so viel heiligen Geist zu haben, dass sie selbst für sich entscheiden können, wer ein vertrauenswürdiger Zeuge des Göttlichen ist, und wer mehr sich als Christus predigt.

III. Was dem Petrus damals geschah, geschah seitdem immer wieder, natürlich in immer anderen Weisen. Auch heute hören Menschen erstaunt, beglückt und erschreckt diese „Stimme“. Immer wieder treffe ich solche Menschen. Oder man liest, wie es ihnen ging, zum Beispiel so: Während der Zeit, als Frankreich im 2. Weltkrieg von Deutschen besetzt war, betrat ein völlig glaubensfremd erzogener jüdischer Junge von vierzehn Jahren, der, getrennt von seinen Eltern untertauchen musste, aus Langeweile zum ersten Mal eine Kirche, d.h. einen ihm ganz fremden Raum, und wusste plötzlich: Es gibt Gott; hier ist er zu finden. Der Junge lies sich unterrichten, taufen; die Gewissheit hielt durch. Er wurde später Priester und schließlich Erzbischof von Paris. Sein Name war Jean-Marie Lustiger. (Nachzulesen in seinem Buch "Die Gotteswahl").

Junge Leute! Vielleicht hat die eine oder der andere von euch auch schon diese Stimme gehört, diese Stimme – ganz innen und ohne Worte – die Jesaja so hörte: "Wer ist bereit, für mich zu gehen?" Man kann sich täuschen und etwas für diese Stimme halten, was nichts als der eigene Wunsch ist. Und wenn die Stimme echt ist, gibt es doch viele Stimmen drinnen wie draußen, die sie ersticken wollen. Dennoch: wenn ihr sie hört, prüft euch und stellt euch zur Verfügung. Es gibt viele Berufe und Berufungen in der Kirche des Petrus, was sage ich: in der Kirche des Christus. Sie bleibt seine Kirche, auch wenn man das manchmal nicht so leicht sehen kann, und wenn viele drinnen und draußen heute dazu beitragen, dass ihr Image schlecht ist. Denn das ist doch das Erstaunliche: dass Gott selbst auf Menschen angewiesen ist, die sich auf sein Wort hin ihm zur Verfügung stellen.

In der Ludgeri-Kirche in Münster hängt ein großes Kreuz, dessen beide Arme im Krieg verbrannt sind. An deren Stelle kann man jetzt auf dem Querbalken die Worte lesen: Ich habe keine andere Hände als die euren! Ja so ist es; wollen wir Ihm unsere Hände zur Verfügung stellen? Gibt es ein wichtigeres, ein schöneres Hand-Werk?

Über die Feindesliebe

7. Sonntag (Lk 6, 27-38)

Es gibt eine indische Legende von einem Asketen, der im Wald lebte. Er hatte mit allen Wesen Mitleid. Er schadete niemandem. Er aß kein Fleisch von Tieren. Er half den Menschen, die zu ihm kamen, und als er eines Nachts einen Tiger erbärmlich vor Hunger schreien hörte, ging er hinaus und ließ sich von ihm aus Mitleid auffressen.

I. An diese Geschichte wurde ich erinnert beim Lesen der Worte Jesu über die Feindesliebe. Ist das etwas Ähnliches – oder ist es etwas Anderes? Ist das nur etwas zum Erschrecken und Bewundern oder ist das auch etwas zum Ernstnehmen? Denn es ist eine eigenartige Sache mit dem Bewundern. Sie kann einem auch helfen, sich etwas vom Leib zu halten. Und wenn *Jesus* etwas sagt, werden wir uns natürlich hüten, daran Kritik zu üben, stattdessen sind wir gewohnt, es nicht ernst zu nehmen.

Was meint Jesus mit seiner Aufforderung, wir sollten lernen, unsere Feinde zu „lieben"? Der hl. Ignatius macht einmal die überaus wichtig zu nehmende Bemerkung, die Heilige Schrift setze voraus, dass wir Verstand haben, wenn wir sie lesen. Da ist die Rede von Feinden und Freunden und dazwischen gibt es offenbar nichts. Da ist die Rede vom Lieben und vom Hassen und dazwischen gibt es offenbar nichts. Da spricht der alte Orient mit seinen extremen Worten und seinen extremen Einstellungen. Da spricht aber auch unser Gefühl, das oft genauso gegensätzlich und schwarz/weiß strukturiert ist. Wir mögen jemanden oder wir hassen ihn. Schon wenn mir jemand zuvorkommt beim Besetzen des Platzes in der U-Bahn, kann Hassgefühl in mir aufsteigen: völlig irrational, wenn auch dann nachher gedämpft, zurückgedrängt. Unsere ersten Gefühlsreaktionen sind eben so primitiv strukturiert: Freund – Feind, Liebe – Hass. Das muss man im Sinn haben, wenn man Jesu verstehen will. Man muss sie entsprechend differenzieren, wenn es auf die Praxis ankommt.

II. Wenn man betrachtet, wie die Worte Jesu in unserem Evangelientext der Reihe nach kommen, hat man den Eindruck, dass sie gegen Ende immer akzeptabler werden. Am Anfang steht das extremste: „Liebet eure Feinde!". Das tönt unerträglich. Das zweite klingt schon etwas gemäßigter: „Gib dem, der dich bittet!" Und schließlich am gemäßigsten, am vernünftigsten, das dritte: „Tu den anderen das, was du selbst möchtest, dass sie dir tun."

Aber es beginnt eben mit diesem ungeheuer extremen Wort. Es ist ein Donnerschlag in der Weltgeschichte, so etwas ist nicht gesagt worden vorher. Was ist damit gemeint? Dass wir Sympathie haben sollen mit denen, die uns ans Leder gehen? Dass wir alle Menschen in Liebe und Vereinigung umarmen sollen, weil doch alle irgendwie so gut sind? Und das vielleicht deswegen, weil wir uns nicht trauen, uns zu verteidigen? *Das* ist sicher nicht gemeint. Freund bleibt Freund und Feind bleibt Feind, und vor dem Feind verteidigt man sich, so gut man kann. Man hütet sich in jedem Falle. Was ist also gemeint?

Da fällt mir ein Wort ein, das Pater Franz Tattenbach einmal aus Guatemala mitgebracht hat von einem dieser geschundenen Indios, der ihm sagte: „Ja freilich fahren sie mit uns Schlitten, aber so weit werden sie uns nicht unterkriegen, dass wir sie auch noch hassen; *das* soll ihnen nicht gelingen."

Das ist gemeint. Dass man die Feinde sympathisch findet, dass man es wunderbar findet, dass sie einen hassen, das ist natürlich unmöglich oder krank. Aber dass man sich von ihnen nicht dazu pressen lässt, zu werden wie sie, nämlich auch zu hassen, auch zu schikanieren, darum geht es, das meint Jesus. Er will sagen: Wenn ihr seufzt unter ihnen, dann betet für sie. Dann verflucht sie nicht, sondern zeigt eure eigentliche Stärke in diesem Kampf, euere Unabhängigkeit von diesem Kampf und segnet sie. Dann, wenn einer in der Not zu dir kommt und braucht dich, dann sage nicht, ha, Freundchen, jetzt habe ich dich, sondern dann hilf ihm. Wer hat dann den Kampf gewonnen? Du.

III. Jesu Worte sind natürlich gesprochen vor allen Dingen in eine Zeit der Verfolgung seiner Jünger hinein. Deswegen heißt es auch: Liebet *eure* Feinde. Was er verlangt, ist eine Zumutung, eine ungeheure Zumutung. Aber es geht. Stephanus, der Märtyrer der ersten Zeit, hat es gekonnt, als man ihn mit Steinen zugeschüttet hat. Er dachte an das Beispiel Jesu und betete und fluchte nicht. Er betete: Vater, vergib ihnen – sie wissen nicht, was sie tun. Und seitdem haben das auch andere getan. Es ist möglich. Es ist möglich, den Kreislauf von Hass und Hass, von Gewaltsamkeit und ganz berechtigter, wie es scheint, Gegengewaltsamkeit, von Krieg und Rache ein Ende zu setzen, den Schub der Gewalt sich amortisieren, auslaufen zu lassen. Es ist möglich. Und wer das kann, der hat die eigentliche Macht. Das ist die Macht Gottes in dieser Welt. Wer sich zu so etwas durchringt, der heißt dann Sohn Gottes oder Tochter Gottes. Denn da wird die göttliche Macht, die keine Panzermacht ist zum Drüberrollen, sondern die Macht der Liebe, die sich durch nichts irre machen lässt in dieser Welt, offenbar.

Eine menschliche Gesellschaft beruht auf dem Ausgleich von Interessen: Gibst du mir, geb‘ ich dir. Und zwar so: Bekomme ich auf die Dauer nichts zurück, gebe ich auch nichts mehr. Wird das Schlechte nicht bestraft, nimmt es überhand. Wird das Gute nicht belohnt, stirbt es ab. – Nach diesem Muster hangeln sich die menschlichen Gesellschaften durch die Zeit, schlecht und recht. Schlecht, weil es genug Leute gibt, die bei all diesen raffinierten Maßnahmen eines Staates mit seinen Gesetzen und Sanktionen doch durch die Lücken schlüpfen und profitieren und Gewalt ausüben, ohne bestraft zu werden. Da braucht es auf der andern Seite die, die freiwillig mehr tun. Der Mensch mag sagen: „Das kann man doch mir nicht zumuten, dass ich für meine Feinde auch noch bete!“ Nein, das kann *man* Ihnen nicht zumuten. Aber *Sie* können es vielleicht *sich* zumuten; Sie muten sich doch auch den Namen Christi zu. Wenn Sie hinschauen, wie es er gemacht hat, und wenn Sie daran denken, dass das die Art Gottes ist, durch die allein wir Hoffnung haben können, durch die allein wir mitsamt unserer Schlechtigkeit und Halbherzigkeit Hoffnung haben können, weil Er so ist wie Er ist, – und wie wir, wenn wir wollen – schlecht und recht, aber doch ein Stück – *auch* sein können, sein *dürfen.* – Wollen *Sie* dazugehören?

Die Frucht der Lippen

8. Sonntag (Lk 6,39-45)

I. "Wovon das Herz voll ist, davon läuft der Mund über." So lautet ein schönes altes Sprichwort, das wohl jeder kennt. Es geht auf ein Wort Jesu zurück. Das Herz: das ist das Innere eines Menschen. Es wird hier mit einem Brunnenbecken verglichen, in dem eine Quelle sprudelt. Das Becken fasst die immer nachströmende Fülle des Wassers nicht; es fließt über und durch den Brunnenmund nach außen, ins Freie.

So steigen in uns Gedanken und Worte auf, die mitgeteilt werden wollen und, wenn ein Zuhörer da ist, oft wie von selbst nach außen gelangen. Wir können uns zwar auch vornehmen, den Mund halten und nicht nach außen dringen lassen, was uns innen beschäftigt. Aber meistens wollen wir das gar nicht. Es sprudelt aus uns heraus. Und selbst dann, wenn wir unser

Herz nicht auf der Zunge tragen und darauf acht haben, was nach draußen dringen darf und was nicht, so können wir uns doch nicht so in der Gewalt haben, dass nicht manches von dem, was drinnen ist, nach außen dringt.

Wovon kann das Herz eines Menschen voll sein? Es kann voll sein von Erlebnissen, von guten und schlechten, von Freuden oder von Sorgen, von Plänen und Absichten. Es kann erfüllt sein mit Dankbarkeit oder mit Ressentiment, von klugen oder dummen Gedanken. Im Herzen tragen wir Achtung oder Verachtung für bestimmte Menschen, im Herzen wohnt Selbstvertrauen oder Niedergeschlagenheit. All das kommt so oder so heraus, wenn wir uns mitteilen; nicht nur in dem, was wir reden, sondern oft ebenso in der Art und Weise, wie wir reden. Man achte darauf bei Anderen und auch bei sich selbst. Man wird es bestätigt finden.

II. Wenn Jesus Christus das Herz mit einer inneren Quelle und den Mund mit dem Überlauf eines Brunnens vergleicht, so will er auf eine Erfahrungstatsache hinweisen, die zugleich ein Lebensgesetz zum Ausdruck bringt, mit dem man nicht spielen kann. Ebenso steht es mit dem zweiten Wort Jesu, das uns der heutige Evangelientext überliefert, wo von einem Baum und seinen Früchten gesprochen wurde. Der Sachverhalt, um den es geht, ist dabei derselbe wie beim Bild vom Brunnen. Nun wird das Herz verglichen mit dem Stamm eines Baumes, und die Äußerungen des Herzens mit den Früchten des Baums. Jedermann hat Interesse an guten Früchten. Ein Baum, der gute Früchte bringt, wird deshalb höher geschätzt als einer, der nur minderwertige bringt oder unfruchtbar ist. Es ist nicht zufällig, dass der eine Baum duftendes Obst hervorbringt, der andere aber nicht. Es liegt an der Qualität des Lebenssafts, von dem der Stamm erfüllt ist. Wer meint, ein abgestorbener Stamm, ein ausgedörrter Zweig könnte noch Früchte bringen, täuscht sich. Ebenso ist es nicht zufällig, wenn der Brunnen überfließt. Das nachdrängende Wasser aus der Quelle lässt keine andere Lösung zu. Also: Die Fülle, die innen ist, drängt nach außen; wo innen nichts ist, kann es außen zu keinem Ergebnis kommen. Ist das Innere gut und lebendig, werden es auf die Dauer auch die Äußerungen sein. Ist das Innere schlecht oder leblos, werden auch die Früchte unweigerlich fehlen oder minderwertig sein; nur vorübergehend kann der Schein guter Früchte vorgespiegelt werden.

Welche "Früchte" hat Jesus in diesem Wort vor allem vor Augen? Allgemein gesprochen, sind es die menschlichen Handlungen, die ihren Wurzel-Grund und ihre Quelle im Herzen haben. In besonderer Weise aber geht es um Äußerungen, die die Bibel mit einem schönen Wort die "Frucht der Lippen" nennt (Hebr 13,15). Es geht also um das rechte Reden. Wann ist ein Reden recht? Nicht nur, wenn es den Regeln der Sprache entspricht, - wenn es klar ausgesprochen und schön formuliert ist. All das kann jemand vielleicht für sich beanspruchen, dessen Sprechen doch unecht und falsch ist, weil die Person, die dahinter steht, nicht echt ist. Deswegen kann ein Mensch, in dessen Herz gute Gedanken gereift sind, die dann auf seine Lippen kommen, verglichen werden mit einem Baum, der gute Früchte trägt. Worauf Jesus also aufmerksam machen will, ist die Verwurzelung des Redens im Herzen des Menschen. Genauer gesagt, geht es ihm, wie der Zusammenhang des Textes zeigt, um das rechte Lehren und vor allem Belehren.

III. Wen drängt es, wer drängt sich zum Lehren und Belehren? Der, dessen Herz mit Weisheit und Nächstenliebe übervoll ist, aber auch der, der über andere Macht ausüben will. Es gibt ein untrügliches Zeichen, an dem der eine vom anderen unterschieden werden kann: Wer die Maßstäbe, die er an andere anlegt, selber ernsthaft zu beachten sucht, ist glaubwürdig. Wer aber nur kritisiert, ohne sich selbst zu bemühen, ist unglaubwürdig. Es gibt eine Weise zu lehren, die viel Wahres sagt, aber doch nicht aus einem Herzen kommt, das selbst erst durch die Schule Gottes gegangen ist: diese Früchte haben einen faden Geschmack und sind nicht nahrhaft. Ein Blinder will hier Blinde führen; Augenkranke wollen anderen die Augen öffnen. Hinzu kommt ein zweites Kennzeichen rechten Belehrens: Es geht ihm nicht um

Beschämung und Demütigung, sondern um Hilfestellung für das eigene Suchen des Mitmenschen. Dazu muss man diesen zunächst einmal verstehen, bevor man ihn verbessern will. Und jemanden verstehen kann man nur, wenn man ihm mit Sympathie begegnet.

IV. Für den, der gerne lehrt und belehrt, ergeben sich daraus diese Folgerungen: Lasse dich erst selbst von der Wahrheit durchdringen, die du anderen beibringen willst; ergreife erst selbst die Mittel, die du anderen zur Besserung empfiehlst, damit nicht du selbst, der du anderen gepredigt hast, selbst ins Gericht kommst! Wenn du gerne kritisierst und weißt, wie man es hätte besser machen können, mache du in deinem Bereich es besser! Und zeige anderen gegenüber etwas von jener Barmherzigkeit, die auch du, angesichts deiner eigenen Inkonsequenzen, so dringend brauchst!

Aber auch für den, der sich belehren lassen will und vor der Frage steht, wem er sein Vertrauen schenken soll, ergeben sich Folgerungen. Vertraue dich nur dem an, bei dem du Lehre und Leben einigermaßen im Einklang siehst! Vertraue dem mehr, der dir dabei hilft, selber zu erkennen, was recht ist, als dem, der dir fertige Lösungen für alle Fragen verspricht und dich so abhängig macht von seinen jeweils neuen Weisheitslieferungen! Für den aber, der sich nicht gern belehren lässt, gilt: Betrachte es nicht als Schande, dich von anderen korrigieren zu lassen. Niemand ist vollkommen und niemand muss vollkommen sein. Wer nicht mehr lernen kann, ist verholzt. Aber auch ein alter Mensch, der noch lernen kann, ist innerlich jung und frisch wie ein grüner Baum, neben dem eine Quelle sprudelt.

Die „Sünderin" als Gesetzeslehrerin

11. Sonntag (Lk 7,36 – 50)

Immer wieder werden im Evangelium die Pharisäer hart angefasst und die Sünder verteidigt. Warum eigentlich? Wie soll man das begreifen? Sicher machen wir es uns zu einfach, wenn wir behaupten, alle Pharisäer seien Heuchler gewesen. Viele von ihnen waren vielmehr sehr ernsthafte und fromme Menschen. Warum werden sie dennoch von Jesus immer wieder angegriffen? Will Jesus denn alle Werte umkehren: die Sünder zum Vorbild hinstellen, und diejenigen, die sich um ein anständiges und frommes Leben bemühen, diskreditieren?

I. Die Frau im Evangelium *weiß* sehr gut, dass sie unvollkommen ist, vielleicht hoffnungslos unvollkommen. Alle ihre Versuche, sich zu bessern, *auch* ein anständiges Leben zu führen, sind schief gegangen. Sie ist immer wieder ausgerutscht, und nun ist sie eben die Sünderin der Stadt. Sie hat gehört, dass Jesus bei Simon zu Gast ist. Sie kommt und man lässt sie herein. Vielleicht ist sie nicht zum ersten Mal in diesem Haus. Wir wissen nicht, was vorher zwischen ihr und Jesus war: ob sie sich bei ihm ausgesprochen hat oder ob sie nur von anderen, von Freundinnen, von ihm hat erzählen hören. Wir können nur aus ihrer Reaktion schließen, dass Jesus heilend eine sehr tiefe Wunde in ihrem Herzen berührt haben muss. Er hat ihr nicht, wie die anderen Gottesmänner, nur wieder das Gesetz vorgehalten, das sie ja kannte. Sondern er hatte ihr das Gefühl vermittelt: Auch du bist für Gott wertvoll. Deswegen verschwendet sie an diesen Mann alles, was sie hat – ihr teures Parfüm, ihre Tränen, ihre Liebe.

Simon, der streng gesetzestreue Gastgeber hingegen bleibt unberührt. Er hatte Jesus eingeladen, um zu sehen, ob es stimmte, was man von ihm erzählte. Er wollte wissen: Ist das einer von uns oder nicht? Wie hält er's mit der Religion? Hat er wirklich etwas Prophetisches an sich? Nun ist ihm eines schon klar geworden: Ein Prophet, ein Seher, ist Jesus nicht, sonst hätte er instinktiv erfasst, was für eine sich da an ihn heranmacht, und er hätte sich gewehrt. Da holt ihn Jesus aus seiner Rolle als Beobachter und Richter. Gewiss hat Simon seinen Gast nicht gehasst, sonst hätte er ihn kaum zum Essen eingeladen und Jesus wäre wohl auch nicht hingegangen. Er wollte sich einfach ein eigenes Urteil machen. Gewiss hatte er vor, die Regeln der gastgeberischen Höflichkeit zu beachten. Aber eben dabei passieren ihm einige Fehlleistungen. Er „vergisst" etwas. Er war wahrscheinlich so beschäftigt damit, selbst eine tadellose Figur zu machen und Jesus auf seine Rechtgläubigkeit zu testen, dass er ganz einfach nicht daran dachte, das Wasser für die Fußwaschung herbeischaffen zu lassen, dass er „vergaß", Jesus den üblichen Begrüßungskuss zu geben und auf sein Haar wohlriechende Essenzen zu gießen. Darauf weist ihn nun Jesus hin, nicht um ihn fertig zu machen, sondern um Verständnis für die Frau – und etwas mehr – zu wecken. Jesus sagt ihm: Simon, schau mal, du bemühst Dich so. Aber übersiehst du nicht manchmal den Menschen vor dir? Du hast etwas Wesentliches übersehen, dass ich nicht nur ein Lehrer bin, gleich ob Kollege oder Konkurrent, sondern auch ein Mensch, der müde Füße hat, ein Mensch, der Zuneigung erhofft und deswegen mit einer gewissen Herzlichkeit begrüßt werden möchte. Hat diese Frau nicht vielleicht von der Religion, in deren Mitte die Liebe steht, mehr kapiert als du? Ist sie nicht die bessere Lehrerin des Gesetzes als du?

Wir wissen nicht, wie Simon reagiert hat: ob es ihn umgedreht hat, ob er den Augenblick der Chance ergriffen hat, oder ob er sich dachte: Jetzt reicht's; solchen Lehrern gehört der Mund verschlossen. Wir können nur *selber* nachdenklich werden.

II. Ich denke, oft sind es mehr die Stunden, in denen wir uns als schwach erleben, als die anderen, in denen wir vor Kraft strotzen, in denen wir etwas Wesentliches lernen können. Wenn wir z.B. krank sind und merken, dass die Rezepte zur Reparatur nicht „greifen"; dass wir ausgeliefert sind einem

Organismus, der aus seinen Geleisen geraten ist, dann kann das sein. Dann lernen wir vielleicht, dass die vorherige Gesundheit keine Selbstverständlichkeit, kein Recht, sondern ein Geschenk war. Und wir lernen vielleicht auch, wenn wir den Augenblick ergreifen, dass das selbst für die Restgesundheit gilt, die uns noch immer, trotz der Krankheit, geblieben ist. Ganz ähnlich ist es mit den moralischen Tiefs und Hochs. Wenn wir uns selbst stark und vorbildlich empfinden, voll mit Tugendkraft, und wenn uns das die anderen auch noch bewundernd sagen, dann ist das ja ein tolles Gefühl. Aber wenn wir wieder merken, dass wir es nicht schaffen, wenn vielmehr unsere Ideale in immer größere Ferne rücken, wenn uns unsere Sünden schmerzhaft vor Augen führen, dass wir nicht Herr im eigenen moralischen Haus sind, dann ist alles anders. Denn dann kann uns aufgehen, vielleicht, dass auch moralische Gesundheit nur ein Geschenk war. Und dass es besser ist, wenn man die Barmherzigkeit Gottes braucht, als wenn man sie nicht braucht. Denn dann entsteht eine Beziehung, von Person zu Person.

III. Und das ist weit mehr als die Bemühung, das Gesetz, so heilig es auch ist, zu beachten. Paulus drückt das (in der heutigen Lesung: Gal 2,16) so aus: Der *Glaube* ist es, der „gerecht macht“, der geradebiegt, der in die rechte Beziehung bringt, der überhaupt erst Gott ins Spiel bringt. Es ist nicht das Gesetz, es ist nicht die Leistung, es sind nicht die Werke, so ernst diese auch für gewöhnlich zu nehmen sind.

Gott ist nie Objekt, er ist immer Subjekt. Er ist immer derjenige, der uns findet und der uns berührt. Was *wir* finden, dasjenige, dem *wir* uns annähern, sind Bilder Gottes, Ideale, Vorstellungen, aber nicht die Wirklichkeit selbst. Wenn wir scheitern und dennoch durchbrechen, können wir die Erfahrung machen: Jeder von uns ist mehr als was er leistet. Auf der Ebene der Leistungen, der gelingenden oder der misslingenden, bleiben wir im Menschlichen, da kommt Gott nicht vor. Er ist zugleich weiter weg und näher da. Deshalb sagt Jesus zur Frau: Dein Glaube war es, der Dir geholfen hat. Und deswegen sagt Paulus: Nicht mehr ich lebe, es ist nicht so wichtig, ob ich es schaffe oder nicht, entscheidend ist: Christus lebt in mir.

Spüren Sie ein bisschen von dem Wärmenden, dem Weitmachenden, Frohmachenden des Evangeliums, das etwas ganz anderes ist als Moralpredigt? Verstehen Sie jetzt, warum Jesus so zäh versucht hat, die pharisäischen Gutmenschen auf seine Seite zu ziehen, indem er sie hart schüttelte, um sie aufzuwecken?

Wer ist Jesus?

12. Sonntag (Lk 9,18-24)

„Ihr aber, für wen haltet ihr mich?" Diese Frage richtete Jesus nicht nur an seine Jünger; er richtet sie auch an uns heute. Mehr als in früheren Zeiten stellen sich viele Menschen diese Frage auch von sich aus neu. Die Zeit- und Volksgenossen Jesu hatten eine bestimmte Erwartung, aus der heraus sie sich zurechtlegten, wer Jesus war: Vielleicht war er der „Prophet", der nach einer Verheißung des Mose kommen sollte, - oder Elija, von dem die Legende sagte, er sei seinerzeit nicht gestorben, sondern in den Himmel entrückt worden, um am Ende der Zeiten wiederzukommen, - oder gar der lang ersehnte Idealkönig, der Messias.

I. Heute stellt sich die Frage, wer Jesus eigentlich war, in ganz anderer Weise. Neue Horizonte des Denkens haben sich aufgetan, vor allem eine bessere Kenntnis anderer Religionen und auch eine zum Positiven veränderte Einstellung zu ihnen. Man interessiert sich für die großen Weisen des Ostens und ihre Lehren, für den großen Chinesen Lao-Tse z.B. oder für die erhabene indische Gestalt des Buddha. Man nähert sich mit Respekt der Frömmigkeit des Islam, vor allem der Mystik des Sufismus. Man entdeckt den Reichtum der jüdischen Glaubenstradition. Und all dies in einer Weise, die - wenn die Abwehrhaltungen einmal aufgegeben worden sind – möglicherweise von wachsender Hochachtung und Faszination bestimmt ist. Keineswegs nur Menschen, die sonst noch keinen Glauben haben, interessieren sich für diese (zunächst) fremden Religionen, sondern auch Christen. So werden bald Fragen wach, die das bisherige Verständnis des Christentums und zentral darin, das Verständnis Jesu Christi, erschüttern können. Man fragt sich: Erstens: Wird nicht in allen Religionen Gott gesucht und gefunden, auf je andere, historisch und geographisch relative Weise? Dürfen wir Christen uns einbilden, die absolute Wahrheit zu haben? Zweitens: Dürfen wir daran festhalten, dass Jesus Christus nicht nur einer unter vielen Weisen und Heiligen ist, sondern der Unvergleichliche und Einzige, das menschgewordene Gotteswort selbst? Ich will versuchen, in aller nötigen Kürze auf diese beiden Fragen einzugehen, zunächst auf die erste, dann etwas ausführlicher auf die zweite.

II. Zur ersten Frage: Das Christentum ist nicht "unsere" Wahrheit: sie ist nicht von uns erfunden oder auch nur bei uns aufgekommen. Es ist eine Offenbarung, die zunächst in Palästina und nicht in Mitteleuropa erging; und es wird auch dann, wenn man es angenommen hat, nicht einfach unser Besitz. Die Gleichheit der Menschen als Rechtspersonen und die gleiche Achtung, die den Menschen der verschiedensten Kulturen geschuldet ist, schließt nicht ein, dass alle Anschauungen gleich wahr sind. Wer entdeckt hat, wie sich eine Sache verhält, während andere noch am Suchen sind, muss deswegen nicht aufhören zu lernen; aber es wäre grotesk, wenn er nicht zu seiner Einsicht stünde und wenn die anderen ihm seine Einsicht als arroganten Anspruch auf das Wahrheitsmonopol vorwerfen würden. Die Religionen sind also nicht von vornherein alle gleich und gleich gültig. Es muss erst geprüft werden, was sie im Einzelnen sagen und worin ihre Wahrheit besteht.

III. Nun zur zweiten Frage: Was macht das Besondere Jesu aus, so dass er nicht einfach einer der vielen weisen und heiligen Menschen ist, sondern einen einzigartigen Rang hat? Zunächst muss man betonen, dass wir Christen es nicht nötig haben, die großen Gestalten anderer Religionen klein zu machen, damit „unser" Jesus gut herauskommt. Wir können ihre Weisheit, ihre Begeisterung, ihre Tiefe ohne weiteres anerkennen; denn die Zentralgestalt unseres Glaubens gehört einer Ordnung an, die außer jeder Konkurrenz ist. Oft wird uns Christen ja vorgeworfen, wir seien intolerant, weil wir neben dem Namen Jesu keinen anderen Namen gelten lassen, in dem Heil ist, während in mehreren anderen Religionen Jesus durchaus einen Platz hat. So kann ein Hindu in Jesus eine der vielen Avatare (Erscheinungen) des Göttlichen anerkennen; ein Moslem findet im Koran ehrfürchtige Worte für den Propheten Jesus; manche Juden schätzen Jesus als eine der leuchtendsten Personen ihrer religiösen Geschichte. Aber *diese* Toleranz sieht Jesus, den Herrn natürlich gerade nicht so, wie ihn der Glaube der Kirche seit Anfang an verstanden hat. Sie ist also nur eine sehr beschränkte Toleranz. Und eine solche - ja vielleicht sogar eine größere - können wir Christen auch gegenüber den großen Namen der anderen Religionen aufbringen, vielleicht morgen noch mehr als heute.

Wie aber nimmt sich das Phänomen „Jesus" im Vergleich mit den Gründergestalten anderer Religionen aus? Im Zentrum des Islam z.B. steht gar nicht der Prophet Mohammed, so sehr dieser von den Moslems auch als letzter Gesandter Gottes verehrt wird. Im Zentrum des Islam steht vielmehr ein Buch, der Koran, der als die Offenbarung des göttlichen Gesetzes und Gerichts betrachtet wird. Von diesem Buch wird angenommen, dass es Gott selbst durch den Engel Gabriel seinem Diener Mohammed diktiert hat. Wie steht es z.B. mit dem Buddhismus? Im Zentrum dieser religiösen Familie steht nicht der historische Siddharta, der damals in Indien die Erleuchtung über die Nichtigkeit der Welt und die Erlösung von der Diktatur des Lebensdurstes erfuhr. Dieser Buddha ist nur einer von unzähligen Wesen, die die Welt seit Urzeiten bevölkern und von denen viele die Buddhaschaft, d.h. die Erleuchtung und Erlösung aus dem Netz der Begierde ebenso erreicht haben wie Siddharta Gautama. Keine der beiden genannten Religionen hat eine menschliche Person so im Mittelpunkt, wie unser Glaube. Für uns Christen ist die Weise, wie Gott für uns da sein will, nicht eine Lehre, sondern ein menschliches Leben in Fleisch und Blut. Christus ist, anders gesagt, nicht nur derjenige, der den Weg zu Gott zeigt, sondern er ist selbst dieser Weg, selbst die göttliche Wahrheit in „Knechtsgestalt". In ihr wird ein demütiger, liebender Gott erkennbar, der sich um den Einzelnen kümmert, so wie Jesus selbst ein Einzelner war. So, wie sich Jesus in der unnachahmlichen Mischung von Bescheidenheit und Anspruch bezüglich seiner eigenen Person den Menschen präsentiert hat, hat sich weder Mohammed noch der Buddha noch sonst ein religiöser Lehrer jemals präsentiert. Kreuzigung aus Liebe und Auferstehung, so etwas wird von keinem Religionsgründer berichtet. Wenn etwas Ähnliches irgendwo gesagt wird, wird es von einer mythischen Gottheit gesagt. Überhaupt ist Jesus nicht als Stifter einer neuen Religion aufgetreten; wenn er etwas stiften wollte, dann nicht eine Religion, sondern einen neuen Bund zwischen Himmel und Erde, angefangen mit seiner eigenen Person. Es ist also unmöglich, ihn in eine Reihe mit den Gründern und Reformatoren von anderen Religionen zu stellen. Man kann ihn nur entweder als Wahnsinnigen ablehnen oder als Gottes tiefstes Wort annehmen. Eine dritte Möglichkeit besteht nicht. Wer ihn als Wahnsinnigen ablehnt, nimmt ihn jedenfalls ernster als jemand, der ihn ästhetisierend für eines der „großen religiösen Genies" hält. Er ist Eckstein oder Stolperstein, keine dekorative Säule im Supermarkt der Religionen.

IV. Menschlich gesehen, ist die Auffassung der anderen Religionen leichter verständlich: Was ein Gesetzgeber und Prophet oder ein von tiefen Einsichten erfüllter Weiser und Heiliger ist, das liegt irgendwie noch im Gesichtskreis jedes religiös ansprechbaren Verstandes. Man könnte vielleicht zu sagen wagen, dass der wesentliche Inhalt des Koran (die Unterwerfung unter den Willen des Allmächtigen) oder der wesentliche Inhalt des achtfachen Pfades des Buddhismus (niemandem zu schaden und alle Begierden in sich zum Schweigen zu bringen) sich dem philosophischen Bemühen eines reinen Menschen auch ohne besondere Erleuchtung oder Offenbarung erschließen könnte. Manche der sittlichen Vorschriften und der schönen Gebete, die man im Koran findet, sprechen ein religiöses Gemüt ebenso unmittelbar an wie der gütige und wissende Blick des tief in Meditation versunkenen Buddha. Was uns dagegen unsere Religion zumutet, dass Gottes Liebe gekreuzigt ist und darin ihre tiefste Herrlichkeit hat - das ist so ganz anders als alles, was sich religiöses Dichten und Denken ausdenken kann. Diese Verrücktheit ist entweder einfach Verrücktheit oder Offenbarung der absoluten, alles menschliche Denken übersteigenden Wahrheit. Deshalb heißt es, dass „Fleisch und Blut", d.h. menschliche Denkanstrengung allein, das Geheimnis der Persönlichkeit Jesu nicht lüften können. Gottes Gegenwart kann nur in dem Licht erfasst werden, das Gott selbst schenkt und das „Licht vom Lichte" ist. Von ihm bekennen wir - nun erst recht - dass wir es auf dem Antlitz Jesu Christi haben aufleuchten sehen.

Maria und Marta. Das Eine Notwendige

16. Sonntag (Lk 10, 38-42)

I. Ein gespanntes Verhältnis herrscht offenbar zwischen diesen Schwestern, der älteren, Marta, und der jüngeren, Maria. Eingeladen wurde Jesus von Marta, die offenbar, wie vielleicht öfter, für ihre Schwester Maria mitentschied. Marta will den verehrten Gast verwöhnen. Sie hat vor, etwas Besonderes zu kochen, offenbar etwas so Gutes, dass es über ihre Kräfte geht. Während sie verzweifelt nach dem Saucenlöffel sucht, kocht die Suppe über – und außerdem ist der Tisch noch nicht gedeckt und der Wein ist noch nicht aus dem Keller geholt. Marta kommt ins Schwitzen. Und nicht nur das: Während ihr die Arbeit über den Kopf wächst, sitzt Maria in aller Seelenruhe da und hört Jesus zu. Sie *denkt* nicht daran, sich an der Vorbereitung des Essens zu beteiligen. Sie findet es lohnender, die seltene Gelegenheit auszunützen und dem Lehrer und Freund zuzuhören. Vielleicht hat sie sich auch mit der Zeit eine dicke Haut zugelegt gegen die Versuche ihrer Schwester, sie immer für ihre Zwecke einzuspannen. Kurz, sie hört gar nicht zu, als Marta nach ihr ruft. Nun sieht sich die überforderte Hausfrau gezwungen, den Gast selbst zu bitten, einzugreifen und Maria aufzufordern, in die Küche zu gehen und ihrer Schwester zu helfen.

So ungefähr können wir uns wohl die Stimmung ausmalen, die da geherrscht hat. Eigenartig ist, dass in dem Text, den Lukas formuliert hat, zwar drei Personen vorkommen, aber nur zwei reden, nämlich Jesus und Marta. Maria ist gewissermaßen das schweigende Objekt, um das der Streit geht. Das Verhältnis zwischen Marta und Maria ist gespannt - aber offenbar auch das zwischen Marta und Jesus. Hätte Jesus, denkt sich Marta wohl, nicht längst merken können, dass Maria in der Küche gebraucht wird, aufhören können mit seinem Vortrag, für den ja nachher auch noch Zeit ist? Zumal, *für wen* macht man sich denn die ganze Arbeit? Jesus spürt den Ärger, die versteckten Vorwürfe und greift sie auf, um Marta eine Lehre zu erteilen.

II. Diese Lehre ist offenbar auch für uns gedacht, denn sonst würde diese Geschichte nicht heute noch vorgelesen. Was soll sie sagen? "Marta, Marta, du machst dir viele Sorgen und Mühen, aber nur Eines ist notwendig." Jesus ist kein weltfremder Mensch. Er kennt aus eigener Erfahrung die Realität, die man ihm entgegenhalten wird: „Das Leben ist voller Aufgaben; es gibt so viele Arbeiten zu bewältigen - und da sagst du, man solle sich nicht zu viele Sorgen machen!“ Er meint nicht, man könne oder solle diesen Aufgaben entkommen. Er will vielmehr auf etwas anderes hinweisen, nämlich dies, dass wir über die Sorgen und Aufgaben hinaus, die wir ohnehin haben, die Tendenz haben, uns noch weitere Sorgen zu *machen* um das, was zu besorgen ist: ob es wohl gut geht, ob es langen wird, ob es gut ankommt, ob wir es schaffen, usw. Das sind selbstgemachte Sorgen - die *müssten* nicht sein.

Wie *sehr* diese Sorgen oft selbstgemacht sind, das merkt man daran, wenn man einmal, objektiv gesehen, keine Sorgen hat, keine Aufgaben, die uns beschäftigen und in Trab halten. Dann *machen* wir uns Sorgen - manchmal um bloße Kleinigkeiten. Bestimmte Typen von Menschen tun das besonders gern; Marta gehört offenbar zu ihnen. Für sie ist das Wichtigste, dass alles klappt, dass sie sich keine Vorwürfe machen muss und keine anhören muss, dass alles so ist, wie es sich gehört. "Das ist einfach notwendig!", so lautet jedes dritte Wort, das sie im Munde führt. Das greift Jesus offenbar auf, wenn er sagt: Ist das Vielerlei wirklich notwendig, das dich so außer Atem bringt? Gibt es nicht vielleicht Wichtigeres, das dieses Vielerlei relativiert? Das „Nichtstun“ der Maria ist im Augenblick offenbar besser, richtiger, als ihre nervöse Aktivität. Es ehrt den Gast mehr, wenn ihm jemand zuhört, als wenn man ihn mit einem exzellenten Essen bewirtet.

Negativ formuliert, treffen wir hier auf eine Erfahrung, die heute das Leben vieler Menschen bestimmt. Es ist die Erfahrung, dass sie zu selten jemanden finden, der ihnen zuhört, der Zeit für sie hat. Die Kinder kommen von der Schule nach Hause, sind voll von dem, was sie erlebt haben, wollen erzählen. Die Eltern aber sind müde, haben anderes vor, sagen "Geh', kauf dir ein Eis." Ehepaare – so behauptete einmal eine Boulevardzeitung – sprechen in Deutschland im Durchschnitt pro Tag sieben Minuten miteinander. Ist das nicht eine traurige Realität? Wenn ich einen Menschen ehren, ihn ernst nehmen und ihm etwas Gutes tun will, der werde ich doch in erster Linie darauf bedacht sein, zu spüren, ob er jetzt möchte, dass ich für ihn da bin, dass ich ihm zuhöre.

Und wenn dieser Mensch erfüllt ist von etwas, das er loswerden will, von etwas, das, wie er weiß, der andere braucht, und wenn er darüber sprechen will - und man hört nicht zu und ist anderswo: Wie wird ihn das enttäuschen! Wie wird ihm das wehtun! So aber war es mit Jesus.

III. Hinzukommt aber in diesem Fall noch etwas: In Jesus äußerte sich Gott selber. Es ist im Text nicht nur von „Jesus" die Rede, sondern er wird auch genannt "Der Herr": Das ist die Gottesbezeichnung. Auch Gott also wartet auf unser offenes Ohr, dass wir das Viele, was uns beschäftigt, auch einmal relativieren und hören, was Er uns zu sagen hat.

Wie aber spricht er zu uns? Nicht so wie damals, dass uns ein Mensch, in dem Gott selbst da ist, entgegentritt, sondern auf zwei andere, mehr indirekte Weisen. In welcher Weise, bei welcher Gelegenheit können wir manchmal etwas von ihm gesagt bekommen? Erstens dann, wenn wir uns immer wieder orientieren an dem, was das Evangelium uns sagen will, indem wir nicht nur vordergründig das lesen, was da steht, sondern zwischen den Zeilen zu lesen suchen, was *uns* da etwas sagen will. Und zweitens dann, wenn wir uns manchmal etwas Zeit nehmen, das anzuschauen, was wir erlebt haben in den letzten Tagen oder Wochen, und also im Buch unseres Lebens lesen. Wichtig ist es, die beiden Weisen des Hinhörens miteinander zu verzahnen. Wir werden oft zwar nichts Bestimmtes herausbekommen. Aber mit der Zeit wird sich doch das eine oder andere ergeben, was uns weiterbringt.

IV. „Ja, Herr Pfarrer", wird da mancher sagen, „das ist wunderschön, das können Sie sich leisten, Sie haben ohnehin nichts zu tun, aber ich bin voll beschäftigt." Sie können mir glauben, dass ich das auch bin, und dass es mir auch nicht leicht fällt, diese Zeit für diese Dinge zu finden. Man muss sie sich einfach nehmen. Die meisten Menschen *können* sich diese Zeit auch nehmen, vielleicht nicht jeden Tag, aber doch ab und zu. So beschäftigt ist kaum einer, dass er nicht noch Zeit dafür hätte - wenn er nur wollte.

Seien wir ehrlich: Jenseits der Zeit, die verbraucht ist für das Notwendige des täglichen Arbeitens und Sorgens, haben wir alle Zeit für dies und das, z.B. für das Fernsehen. Und ist das immer so wichtig? Wenn wir ehrlich sind, werden wir zugeben: Nein, es ist nicht immer so wichtig.

Wichtiger wäre es, immer wieder Zeit aufzuwenden, um in unser Leben und die Heilige Schrift hineinzuhören, um dort das leise Wort Gottes an uns zu vernehmen. Damit ehren wir nicht nur seine stille, diskrete und feine Gegenwart. Dadurch tun auch wir uns etwas Gutes, so wie es Maria getan hat. Wir werden langsam erfüllt von einer Zufriedenheit, von einem Frieden, den uns die Befriedigung über die getane Arbeit nicht geben kann (die ist geringer) und den uns die Befriedigung über so manchen Freizeitkonsum auch nicht geben kann, obwohl das alles gut ist und sein Recht hat. Es ist etwas Tieferes. Es ist der Friede, den die Welt nicht geben kann. Wer sich Zeit nimmt, auf diese stille Ansprache Gottes zu hören, sein Gehör auf diese Einzustellung zu trainieren, der wird die Erfahrung machen, dass diese "verschwendete", oft nutzlos erscheinende Zeit sinnvoll ist. Weil er mehr auf Gott hört, gehört er auch mehr sich selber - weniger dem Betrieb, den Sorgen und dem Allerlei. Man kann sagen: Wer sich die Zeit nimmt, auf Gottes Wort zu hören, der hat schließlich auch mehr Zeit, weil er mehr von der Zeit hat.

Feuer auf die Erde!

20. Sonntag (Lk 12,49-50)

Wenige Stellen im Evangelium geben Einblick in das Innere Jesu, in seine persönliche Befindlichkeit. Diese ist eine davon. Es ist offenbar eine vertraute Mitteilung im kleinen Kreis seiner Freunde, und darüber hinaus eigentlich mehr ein Selbstgespräch als eine Mitteilung. Beachten wir also diesen kostbaren Spruch etwas genauer!

I. Der Spruch hat zwei symmetrisch gebaute Teile. Um recht zu verstehen, was Jesus meint, müssen wir auf die Gegensätze achten, um die herum der Doppelspruch aufgebaut ist. Da ist der Gegensatz zwischen den Elementen von Feuer und Wasser. Mit ihm kommt zugleich der räumliche Gegensatz von oben (Himmel) und unten (Tiefe) ins Spiel; dazwischen steht die Erde, auf der wir Menschen leben.

Das *Feuer* kommt, ursprünglich in der Gestalt des Blitzes von oben, aus dem Himmel, an dem das große Feuer der Sonne brennt und der den Bereich des lebendigen Gottes ausdrückt. Das *Wasser* sammelt sich unten. Unter der Wasseroberfläche können wir es nicht lange aushalten; somit ist das tiefe Wasser für uns ein Bereich des Todes. Weitere Gegensätze sind der Stimmungsgegensatz zwischen „froh“ und „bedrückt“, der Zeitgegensatz zwischen „jetzt“ und „dann“ und schließlich der Gegensatz zwischen Aktivität und Passivität, zwischen „ich bin gekommen“ (d.h.: ich habe etwas vor, will etwas) und „ich muss“ (was ich nicht will). – Am besten lesen wir jetzt den Spruch noch einmal im Licht dieser Unterscheidungen.

II. Was ist dieses Feuer, das Jesus auf die Erde werfen will? Das wird uns vielleicht deutlicher, wenn wir es mit dem Feuer des Prometheus aus der alten griechischen Sage vergleichen! Prometheus hat das Feuer vom Himmel gestohlen und es aus Mitleid den Menschen gebracht; aus Strafe für diesen Raub wurde er von Zeus, dem obersten Gott, schrecklich bestraft. Mit dem Feuer brachte Prometheus nicht nur die wärmende Glut des Herdes, sondern auch die Macht, die Metalle – die kostbarsten Schätze der Erde – zu schmelzen und zu schmieden. Prometheus ist der Held der Technik.

Die Entwicklung der Technik war bis vor kurzem hauptsächlich und ist noch heute großenteils auf der Beziehung von Metall und Feuer aufgebaut. Denken Sie an die Dampfmaschine, die Stahlindustrie, die Auto- und

Schiffsindustrie. Heute treten dazu zwar ganz neue Formen der Technik, nämlich die Informations- und die Bio-Technik. Aber wenn man auch noch die Elektrizität und das Licht zum Bereich des Feuers rechnen darf, dann gehört auch die Technik der Elektronik und des Laser noch zu den Formen der Beherrschung des Feuers.

Durch die Technik hat ein gewaltiger Wandel des menschlichen Lebens, der Formen des Arbeitens und des Erholens, des Denkens und des Miteinander stattgefunden. Die wilde, freie Natur wurde mehr und mehr beherrscht und zur Umwelt umgebaut. Es waren und sind gewaltige Leistungen, die wir spontan und zu Recht bewundern; es sind Leistungen, von denen wir alle profitieren und deren Früchte wir nicht missen möchten. Insofern bleibt Prometheus immer noch der Held unserer Lebensweise.

Was ist nun das Feuer, das Christus gebracht hat? Es ist das Feuer der Liebe. Liebe und Technik müssen sich nicht ausschließen. Entscheidend ist aber, welche von beiden Kräften die Führung hat. Wenn nicht das Feuer der Liebe das Feuer der Technik kanalisiert und bändigt, dann treten die Techniken der Zerstörung und des Krieges in den Vordergrund. Dann werden Techniken für das Gegeneinander eingesetzt statt für das Miteinander, oder dann dringen technische Denkweisen so tief in das Herz der Menschen ein, dass die Menschen das ganz anders gelagerte Gesetz des mitmenschlichen Zueinander mehr und mehr verlernen, bis es so weit kommt, dass sich eine Härte und Kälte breit macht. Diese Härte und Kälte zeigt an, dass das wärmende und schmelzende Feuer der Liebe fehlt, von dem Jesus wünscht, dass es die Erde ergreife und verwandle.

III. Wenn wir das Wort Jesu noch einmal hören, so fällt der Zusammenhang zwischen dem ersten und dem zweiten Teil ins Auge. Was will dieser uns sagen? Offenbar kann das Feuer erst kommen, wenn derjenige, der es von oben her auf die Erde werfen will, zuerst in die Tiefe des Todes getaucht worden ist.

So sehr aber Jesus das Feuer brennen sehen will, so sehr hat er auch Angst davor „untergetaucht“ zu werden. Er ist kein gefühlloser Superman, sondern ein verletzlicher Mensch. Aber er sieht ein, dass der Gehorsam gegenüber dem Vater, ein Gehorsam bis zum Tod, die Bedingung dafür ist, dass das Feuer der Liebe vom Himmel fällt. Das ist etwas, was man nicht machen kann. Es ist etwas, was mit Geduld, ja mit Leiden zu tun hat.

Zu seinen Lebzeiten hat Jesus die Ausbreitung dieses Feuers nicht mehr sehen können, wie auch viele andere Menschen, die für die Wahrheit in den Tod geschickt worden sind, die Früchte dieser Wahrheit nicht selbst haben reifen sehen. Aber er hat standgehalten im Glauben, er hat die Prüfung des Untergetauchtwerdens in den Tod am Kreuz bestanden. Erhöht zur Rechten Gottes hat er uns das Feuer des Geistes gesandt, des Geistes der Liebe. Ersticken wir dieses Feuer nicht, sondern lassen wir uns von ihm Verstand und Herz erhellen und wärmen!

„Bemüht euch mit allen Kräften!“

21. Sonntag (Lukas 11,22-30)

Wenn man das gerade Vorgelesene zusammenfasst, kann man sagen, dass Jesus seinen Volks- und Zeitgenossen offenbar eine falsche Sicherheit nehmen wollte.

I. Sie meinten, dass sie als Nachkommen Abrahams und damit als Mitglieder des auserwählten Volkes einen garantierten Platz im Reich Gottes haben. Und sie meinten, dass sie als alte Bekannte ihres galiläischen Landsmanns Jesus dort ganz gewiss die Türkontrolle überwinden werden. Er aber sagt ihnen: Es zählt nur eines: Hast du in deinem Leben den Willen Gottes getan oder nicht. Alte Bekanntschaften zählen nicht, um an der Kontrolle vorbei in den Festsaal zu kommen. Auch mit „Herr-Herr"-Rufen in letzter Minute kommt man nicht weiter. Umgekehrt: Diejenigen, die versucht haben, den Willen Gottes ernst zu nehmen, erkennt der Herr sofort und ruft sie zu sich; denn sie tragen das Zeichen seiner eigenen Einstellung.

II. Genau dasselbe ist es auch, was der Herr uns Heutigen sagen will. Dabei sind vor allem zwei Aussagen wichtig. Erstens dass das Gottesreich bevölkert wird von Menschen aller Zeiten und Erdteile, nicht nur von unseren Volks- und Religionsgenossen. Überall hat Gott Seelen, die ihm treu ergeben sind. Denn er hat sich bei keinem Volk ganz unbezeugt gelassen. Im Herzen trägt jeder Mensch ein Wissen um den Kernbestand der göttlichen Gebote und kann sein Gewissen danach ausrichten. Wenn dann noch die Verkündigung der klaren Lehre Christi durch die Glaubensboten hinzukommt, dann entstehen in allen Kulturen Gemeinden, in denen die Wahrheit und die Liebe ebenso rein und kräftig zuhause sind wie in den ersten Gemeinden. Das Christentum ist eine weltweite Religion, die weder an den Nahen Orient noch gar an Europa gebunden ist. Wenn wir im Glaubensbekenntnis bekennen „Ich glaube an die heilige katholische Kirche", dann ist genau das gemeint. Denn „katholisch" heißt „allumfassend". Wir müssen uns fragen, ob unser Bewusstsein davon hinreichend klar und entschieden ist, oder wir kurzsichtig nur unser Dorf kennen. Glücklicherweise ist ja bei immer mehr Menschen das Wissen davon gewachsen, dass die Menschheit als ganze eine Schicksalsgemeinschaft ist und dass Gottes Reich überall am Wachsen ist.

Nun kommen wir zur zweiten Aussage des Herrn. Sie ist für uns noch wichtiger. Sie lautet „Bemüht euch mit allen Kräften, in das Reich Gottes zu kommen, denn die Tür dorthinein ist eng!" Auf die Frage des Mannes, ob es wohl wenige (oder viele) sein werden, die in den Himmel eingehen werden, geht er gar nicht ein. Denn er erfasst sofort, welche Hintergedanken hinter dieser Frage stehen können. Der Fragende denkt sich nämlich: Wenn es nur wenige sind, dann bin ich wahrscheinlich nicht mit dabei; was soll also alle Anstrengung? Darf ich aber davon ausgehen, dass es viele sind, dann bin ich wahrscheinlich ohnehin dabei; wozu also die Anstrengung? Vielleicht ist es doch so, wie es der alte Faschingsschlager nahe legt „Wir kommen alle, alle in den Himmel!“ Jesus jedoch hat überhaupt kein Interesse, die Ungewissheit des Fragenden zu mildern und die damit gegebene heilsame Mischung von Furcht und Hoffnung aufzulösen. Seine Antwort ist vielmehr „Strenge dich an!“, dann wirst du vielleicht zu denen gehören, für die ein Platz im Himmel vorbereitet ist, dann und nur dann.

III. Wir Menschen strengen uns an, um die verschiedensten Ziele zu erreichen: Erfolg im Beruf und in der Liebe, Achtung durch die anderen, einen gut gefüllten Geldbeutel usw. Das ist alles in Ordnung. Das Christentum unterstützt keineswegs die Tendenz einiger seiner scheinbaren Anhänger, alle irdischen Werte herunterzureden und den Menschen die Freude daran zu vermiesen. Das hat es nicht nötig.

Es zeigt uns vielmehr etwas, was noch viel größer und schöner ist als alle irdischen Dinge. So sagt der Herr einmal: „Sorgt euch nicht bloß darum, was ihr essen und was ihr anziehen werdet. Sorgt euch doch um das Reich Gottes. Dann wird euch das andere dazugegeben werden.“ Und er sagt auch; „Was nützt es, wenn einer die ganze Welt gewinnt, aber dabei seine Seele verliert“, d.h. wenn er innerlich leer bleibt oder leer wird, weil er den Sinn seines Lebens nicht findet, Gott, die edle Perle, deren milder Glanz alles andere überstrahlt, das einzige, was seiner Seele wirklich Genüge geben kann?

Von Gott strahlen Licht und Wärme in die einzelne Seele aus. Deshalb stehen, in der Ordnung des „Reiches Gottes“ die personalen Werte der Personen weit höher als alle Sachwerte. In dieser Ordnung stehen die Qualitäten des Charakters höher als alle Lebensqualität, so sehr diese auch zu schätzen ist. Um welche seelischen Eigenschaften geht es dabei? Das wissen Sie selber. Ich will hier nur einige nennen. Es geht um Ehrlichkeit, um die Reinheit des Herzens, um die Wahrung der Gerechtigkeit, um Friedensliebe. In diesen Einstellungen drückt sich aus, dass ein Mensch sich dem Reich Gottes geöffnet und angeschlossen hat. Wie es vom Reich Gottes in einem der Gleichnisse Jesu heißt, dass es einer überaus kostbaren Perle vergleichbar ist, so sind auch diese Menschen Goldkörner oder Perlen im Gefüge einer Gesellschaft. Jeder von uns ist dazu berufen, so ein Goldkorn zu sein.

Groß und klein

22. Sonntag (Sir 3,17 ff ; Lk 14,7-11)

Wer kennt sie nicht, die Fabel vom Frosch, der daran litt, dass er so klein war? Er blies sich auf, schon war er größer, aber noch nicht genug, er wuchs noch ein Stück und dann noch ein Stück .., bis er platzte.– Es ist nicht leicht, ein kleines Tier zu sein und zuzusehen, wie die großen Tiere herumstolzieren, und sich auszumalen, wie sie, die Großen, auf die kleinen Tiere selbstgefällig herabschauen. Wenn man schon nicht größer sein kann als man ist, dann muss man mindestens etwas dafür tun, dass man größer *erscheint* als man ist.

I. Da ist jemand zu einem Festmahl eingeladen; wie gerne würde er am Kopf der Tafel, bei den Prominenten und den VIPs sitzen und so vor aller Welt sichtbar machen, wo er seinen Platz hat, zu welchen Kreisen er gehört. Aber er scheut das Risiko, von dort wegverwiesen zu werden. Also setzt er sich ganz unten hin, ganz auffällig weit unten; so kann der Gastgeber gar nicht anders, als ihn dort zu sehen und nach oben zu bitten. Ein kluger Mann; hoffen wir, dass seine Rechnung aufgeht und er nicht sitzengelassen wird. Er hat ja, so scheint es, nichts anderes getan, als dass er die Aufforderung Jesu befolgt hat, von der wir gerade im Evangelium gehört haben. Oder hätte Jesus etwas anderes gemeint und wir hätten, indem wir ihn allzu wörtlich nahmen, wieder einmal seinen Humor und seine Aufforderung zum Selbstdenken überhört?

Ich denke, dass es so ist. Es ist sehr unwahrscheinlich, dass es Jesus als seine Aufgabe ansieht, den Menschen Methoden beizubringen, wie sie ihre Wünsche nach Ehre und Ansehen am besten erfüllen können. Es geht um etwas anderes. Das Gastmahl ist natürlich wie auch sonst in seinen Gleichnissen ein Bild für das Reich Gottes. Was ist das Reich Gottes? Es ist ein Zustand der Beziehungen der Menschen untereinander und ein Zustand der einzelnen Menschen selber, der geprägt ist davon, dass Gott dort herrscht. Und die Zeichen dieser nicht bedrückenden, sondern befreienden Herrschaft sind „Gerechtigkeit, Friede und Freude". In diesem Reich, sagt Jesus an einer anderen Stelle, gilt eine andere Rangordnung als sonst in der Gesellschaft. Dort ist ganz oben nicht der, den alle bedienen, sondern der, der am besten dienen kann. „Wer dort der Größte sein will, soll der Kleinste sein".

II. Warum aber, so kann man fragen, soll ich denn der Kleinste sein? Reicht es denn nicht, wenn ich so bin, wie ich nun einmal bin? Warum nicht, würde Jesus antworten, aber vor fünf Minuten wolltest du noch der Größte sein, der Dominierende unter deinen Arbeitskollegen, je nachdem, der Gescheiteste, der Stärkste, der am wenigsten auf den Mund Gefallene, der, der sich nie ein X für ein U hat vormachen lassen, und jetzt auf einmal willst du nur einer unter anderen sein? Merkst du nicht, dass dein Verhalten und deine mit Worten vorgetragene Selbsteinschätzung nicht zusammenpassen? In deinem Verhalten bist du ein Angeber; macht man dich aber darauf aufmerksam, dass du mehr sein willst als die anderen, ziehst du dich feige zurück und behauptest, das stimme nicht. – Ja, aber, so frage ich zurück, was mache ich denn falsch? – Falsch ist, würde Jesus wohl antworten, dass du größer sein willst als die anderen; aber dass du größer werden willst als du jetzt bist, das ist schon richtig. – Wie größer? Meinst du, dass ich meinen Körper mehr trainieren soll, um fitter zu werden, oder dass ich mehr studieren soll, um klüger zu werden, oder dass ich mehr arbeiten soll, um mehr Erfolg zu haben, nicht um die anderen auszustechen, sondern um mich selbst zu verwirklichen und dadurch auch mehr Freude am Leben zu haben? Dagegen habe ich nichts, würde Jesus wohl sagen, das ist schon etwas Gutes. Aber es nicht das, was ich meine. Ja, was meinst du denn dann? Welche Größe hast du im Auge? Was ist für dich „groß", great?

Jesu Antwort haben wir schon gehört: Groß im Gottesreich ist der Kleinste. Aber was heißt das? Ist der „Kleinste" der, der ganz demütig tut und schlecht von sich spricht, damit ihn die anderen loben, also der, der sich unten hinsetzt, damit er von den anderen Leuten hinaufgebeten wird? Nein; denn das ist nichts Großes, sondern raffinierte Taktik und Heuchelei. So jemand will demütig erscheinen, nicht sein.

Ist dann vielleicht der der Kleinste, der mutlos und verzagt sich selbst nicht mehr achtet und alles mit sich machen lässt? Es gibt Worte Jesu, die in diese Richtung zu deuten scheinen: „Wer nicht Vater und Mutter, ja sich selbst hasst, kann nicht mein Jünger sein." Aber dürfen wir wirklich Jesus als einen Kämpfer gegen das vierte Gebot Gottes verstehen, und als einen Heiland, der die krankhaften Tendenzen mancher Menschen zum Selbsthass heiligspricht? Ganz sicher nicht! Eher schon wollen wir glauben, dass uns hier die buchstabengläubigen Bibelübersetzer einen Streich gespielt haben, denn das Wort, das da mit dem deutschen Ausdruck „Hassen" wiedergegeben wird, meint nicht das, was unser deutsches Wort „hassen" heute nun einmal heißt. Es meint vielmehr: im Konfliktfall (nämlich mit dem Gesetz und Ruf Gottes) die Anhänglichkeit an die Eltern und an mich selbst nachzusetzen, nicht vorzuziehen; und ich sage „Anhänglichkeit", nicht einfach „Liebe", um klar zu machen, dass es nicht darum geht, die Pflichten gegenüber den Eltern oder auch gegen sich selbst zu missachten.

III. Also – das ist das Resultat – christliche Demut ist etwas ganz anderes als nicht gelingende Selbstachtung und Selbstliebe; sie ist vielmehr nur möglich auf der Basis einer gesunden Selbstachtung und Selbstliebe. Denn nur dann muss man nicht dauernd fürchten, man verliere sich selbst, wenn man nicht immer die erste Geige spielt, sondern bloß den Triangel oder wenn man gar bloß die Notenblätter umwendet, damit andere gut spielen können.

Die Rede war aber von einer gesunden Selbstachtung und Selbstliebe, nicht von einer übertriebenen, d.h. im Grunde unfreien und wahnhaften. Die unfreie und wahnhafte Selbstliebe bezieht sich auf ein erfundenes Bild von mir, an das ich mich klammere und von dem ich will, dass es auch die anderen ernstnehmen, und beides um so mehr, je mehr ich im Grunde weiß, dass dieses Bild und ich selbst zwei verschiedene Sachen sind. Die gesunde Selbstachtung und -liebe bezieht sich auf das, was ich in Wirklichkeit bin, auf nicht mehr und nicht weniger. Es ist nicht leicht, zum Gleichgewicht jenes gesunden Selbstverhältnisses zu gelangen; oft schwanken wir hin und her zwischen Selbstüberschätzung und Selbstunterschätzung, zwischen Übermut und Mutlosigkeit.

So wenden wir uns wieder Jesus zu und fragen ihn: Herr, wie ist es möglich, zu jener gesunden Mitte zu kommen, aus der heraus wir nützliche, dienende Menschen werden können, also Menschen, die sich weder knechtisch anbiedern noch die anderen um sich kreisen lassen? Wie können wir freier werden gegenüber dem Urteil der Mitwelt, das wir zugleich fürchten und ersehnen? Seine Antwort tönt klar und deutlich aus vielen Stellen seiner Reden: „Indem ihr ernst nehmt, dass jeder von euch von seinem Schöpfer mit unendlicher Zärtlichkeit und mit großem Ernst gewollt ist: jeder für sich, so wie er ist, nicht als Zentrum der Welt, sondern als einer unter vielen, die füreinander da sein sollen.“ Freuen wir uns dieser Antwort, vertiefen wir uns in sie, lassen wir sie zum Zentrum unserer Selbsteinschätzung werden! Dann werden wie von selbst in uns Mut und Demut wachsen, in beidem zugleich, denn beide gehören zusammen.

Habsucht

25. Sonntag (Amos 8, 4-7; Lk 16,10-13)

„Ihr könnte nicht beiden dienen, Gott und dem Geldgott Mammon“, so sagt Jesus, und er fügt an: „Hütet euch vor der Habsucht!“ Das ist zunächst den Reichen gesagt, die, obwohl sie doch genug hätten, nicht genug bekommen können und deshalb das, was sie haben, nicht zufrieden genießen können. Das ist aber auch zu den Armen gesagt, die in der Versuchung stehen, sich im Verlangen nach dem zu verzehren, was sie nicht haben und dabei das, was sie doch haben, nicht dankbar genießen. Die Habsucht ist eine Sucht, die jeden Menschen heimsuchen kann, ob er nun viel hat oder wenig. Beim Armen ist sie ja verständlich, und dem, der wirklich an Hunger leidet, sieht man sogar das Stehlen nach, besonders wenn es nicht für ihn, sondern für seine Kinder geschieht.

I. Aber das Erstaunliche ist, dass auch Reiche krumme Dinge drehen, nur um sich noch mehr zu beschaffen: Dass gut bezahlte Politiker unerlaubte Geschenke annehmen, über die sie dann stürzen; das Vielverdiener oft auch viele Steuern hinterziehen; dass glänzend honorierte Chirurgen schmutzige Geschäfte mit den Herstellern von künstlichen Hüftgelenken und Herzklappen betreiben. Kaum glaublich aber wahr ist auch, dass die sicher nicht am Hungertuch nagende Kundschaft teurer Hotels dort manchmal klaut wie die Raben. Sieht man da nicht, dass die Habsucht eine Sucht, eine Krankheit ist; dass sie eine Macht ist, die Menschen im Griff hat, die sich andererseits ganz frei und selbständig vorkommen? Die Habsucht ist eine trügerische Macht, vor der man warnen muss. Denn kaum hat man, wonach man sich gesehnt hat, verliert dieses seinen Reiz, und die unersättliche Habsucht regt sich von neuem.

Das hat nichts zu tun mit einer allgemeinen Verurteilung des Reichtums. Eine wohlhabende Dame aus meinem Freundeskreis, die regelmäßig den

Gottesdienst besucht und dort z.B. Evangelien wie das heutige hört, äußert sich dann gern so: ‚Heute geht es wieder gegen uns; immer geht es gegen die Reichen!' So mag es in der Tat manchmal klingen, aber so ist es nicht. Allerdings muss Reichtum mit ehrlichen Mitteln erworben sein, und er soll im Geist der mitmenschlichen Verantwortung eingesetzt werden. Freilich ist weder das eine noch gar das andere immer der Fall, und insbesondere war es in der Antike fast immer so, dass großer Reichtum durch Ausbeutung erworben wurde. Heute muss, was damals nie der Fall war, privates Vermögen und Firmenvermögen unterschieden werden. So sind die Reichen oder Wohlhabenden nicht einfach gleichzusetzen mit den rücksichtslosen Raffern und Ausbeutern, genauso wenig wie mit den schamlosen Verschwendern, die ihr Geld verprassen. Denn es gibt auch noch eine andere Art reich zu sein: nämlich mit dem, was man hat, Gutes zu tun: Investitionen in Arbeitsplätze, in Schulen und Hochschulen, in Forschung zugunsten der Benachteiligten und in die zahllosen Formen der Nächstenliebe, seien es strukturelle oder individuelle. Dafür *braucht* es Reiche.

Was schlecht ist, ist also nicht der Reichtum, sondern die Habsucht. Nicht dass einer etwas – oder auch etwas mehr – *hat*, ist das Schlechte, sondern dass einer immer *mehr* haben will, in der Meinung, dadurch würde er *selbst* wirklich *mehr*.

II. Denn woher kommt die Habsucht? Es gibt ein Sprichwort, das die Antwort gibt: „Hast du was, so bist du was". Ja, einem selber mag das manchmal so vorkommen, und vor allem die Leute meinen das, wenn sie bewundernd und neidisch sagen: ‚Was der sich alles leisten kann, was der alles hat!' Umgekehrt: Wer nichts hat, der erfährt bitter, dass er auch wenig zählt, und dass sich viele Türen nur dem öffnen, der viel hat. Wer hat, dem wird gegeben, sagt die Erfahrung. Aber das ist eben der Schein, vor dem man sich hüten muss, der eigentlich gefährliche Irrtum in der Habsucht: als sei man dadurch, dass man viel hat, wirklich schon jemand, ich meine: jemand nicht im Sinn des Geredes und der lifestyle-Presse, sondern *wirklich* jemand, eine Persönlichkeit, die bestehen kann vor einem Blick, der den Schein durchdringt. Denn da entpuppt sich manche „very important person“ (VIP), die im Blitzlichtgewitter einem tollen Schlitten entsteigt, um in einem Luxushotel zu verschwinden, als ein seelischer Zwerg, und mancher schlichte Arbeiter als ein Mensch, der einfach *echt* ist, der wirklich jemand *ist*.

III. Wie wird man so ein Mensch, der echt ist? Indem man nicht mehr scheinen will, als man ist. Indem man ehrlich ist sich selbst gegenüber und im Umgang mit den Mitmenschen. Indem man die mitmenschlichen Werte höher schätzt als die materiellen, deren Überschätzung schon zahlreiche menschliche Beziehungen zerstört hat. Und schließlich: Indem man sich von Gott immer wieder beschenkt weiß und sich unter Gottes Ordnungen stellt.

Einer der Weisen des alten Orients hat einmal das folgende Gebet formuliert: „Gib mir weder Armut noch Reichtum, nähre mich (nur) mit dem Brot, das mir nötig ist, damit ich nicht, satt geworden, dich verleugne und sage: Wer ist der Herr?, damit ich nicht als Armer zum Dieb werde und mich am Namen meines Gottes vergreife“ (Spr 30,8-9). Der das gesagt hat, war wirklich ein weiser, ein freier, ein gereifter Mensch. Wäre das nicht auch ein Leitspruch für uns?

Unnütze Sklaven?

27. Sonntag (Lk 17,7-10)

Ein verbreitetes Vorurteil sagt: Wer glaubt, kann sich das eigene Nachdenken sparen: wer nicht denken will oder kann, flüchtet sich in das Glauben. Das ist ein grobes Missverständnis; das Gegenteil ist der Fall, jedenfalls dann, wenn es sich um den Glauben an Gott handelt und um den Glauben, den man Jesus Christus schenkt. Jesus trägt nicht Anschauungen vor, die man einfach übernehmen kann. Mit so einem passiven Übernehmen wäre noch wenig getan. Er redet vielmehr so, dass er anregt, aufregt, Anstöße zum eigenen Nachdenken gibt. Das ist der Grund, warum er in Rätseln und Vergleichen spricht. Diese versteht man nur, wenn man seinen eigenen Kopf anstrengt und wenn man sein eigenes Herz ins Spiel bringt.

I. Ein Beispiel dafür ist in der Gleichnisrede zu finden, die das heutige Evangelium ausmacht. Ihre Botschaft ist im letzten Satz enthalten: „Wenn ihr alles getan habt, was euch aufgetragen wurde, sollt ihr sagen: Wir sind unnütze Sklaven; wir haben nur unsere Schuldigkeit getan." „Was euch aufgetragen wurde": nämlich von Gott, durch die Vermittlung von Moses und Jesus selbst. Selbst wenn ihr alles getan habt, nicht nur die Hälfte oder noch weniger, sogar dann ist euch Gott dafür keinen Dank schuldig. Diese Botschaft schmeichelt nicht. Sie wird noch verstärkt durch den Vergleich mit den Pflichten eines Sklaven, dessen Dienste sein Herr bis an die Grenze des Menschenmöglichen in Anspruch nehmen kann.

Die Sklaverei ist bei uns heute längst abgeschafft. Und wo ähnliche Verhältnisse immer noch widerrechtlich herrschen, dann im Geheimen. Keiner kann es mehr wagen, sich auf das Verhältnis zwischen einem Sklavenbesitzer und einem Sklaven zu berufen, um Forderungen durchzusetzen. Und wir empören uns und wollen nichts mehr hören, wenn einer Gottes Verhältnis zu uns so beschreiben würde – und wenn das Jesus selbst tut. Oder sind wir schon so abgestumpft, dass wir uns nicht einmal empören, sondern alles, was Jesus gesagt hat, einfach kommentarlos hinten hinunterfallen lassen, weil es, wie so vieles in der Frömmigkeit, doch sowieso nicht ernst zu nehmen ist? Das wäre freilich kein Glaube, sondern höchste Verachtung. Wenn wir aber gegen seine Worte vom Sklaven rebellieren, nehmen wir ihn schon ernster, vorausgesetzt, dass wir uns nicht in der Stimmung des empörten Rechthabens einsperren, sondern uns öffnen, indem wir uns an seinen Worten reiben und daraus etwas lernen wollen, d.h. nachzudenken beginnen, was sie sagen wollen – was vielleicht nicht am Tage liegt.

Ziehen wir zur Erläuterung noch ein anderes Wort Jesu heran, das wir ebenfalls bei Lukas finden. Es lautet so:

> „Seid wie Menschen, die auf die Rückkehr ihres Herrn warten, der auf einer Hochzeit ist, und die ihm öffnen, sobald er kommt und anklopft. Selig sind die Knechte, die der Herr wach findet, wenn er kommt. Amen, ich sage euch: Er wird sich gürten, sie am Tisch Platz nehmen lassen und sie der Reihe nach bedienen." (Lk 12, 36-37)

Diese Aussage scheint im Widerspruch zu unserem Evangeliumstext zu stehen. Aber vielleicht ist es anders. Stutzig muss schon machen, dass sich der „Herr" hier ganz anders verhält als es gewöhnliche Herren damals taten und auch heute tun: „Er wird sich gürten, sie am Tisch Platz nehmen lassen und sie der Reihe nach bedienen." Das gibt ein ganz anderes Bild Gottes.

II. Man kann also auch das Wort Jesu, das heute als Evangelium vorgelesen wird, in zwei sehr verschiedenen Tönen hören. Der *erste* lautet so: Ihr sollt alles tun, was befohlen ist, ob euch das passt oder nicht, ob es euch gerecht scheint oder nicht; denn als Sklaven habt ihr gar keine andere Wahl. Der Herr kann mit euch machen, was er will, weil er alle Macht hat und weil ihr keine Chance gegen ihn habt; also unterwerft euch lieber. Und auch maulen dürft ihr nicht. Ihr müsst euch sogar noch weiter entwürdigen, indem ihr auch noch sagt: das, was uns abgepresst worden ist, war recht; wir haben kein Recht, etwas anderes zu verlangen. Wenn es mit dem Verhältnis zwischen Gott und uns so stünde, so wäre es wohl unausweichlich, sich ihm zu unterwerfen. Aber gern könnten wir das nicht tun. Wir würden gehorchen, aber nur aus Angst, und wir würden ihn dafür hassen.

Versuchen wir also, Jesu Wort in einem *anderen* Ton zu hören. Das klingt dann ungefähr so: Ihr sollt alles tun, was ihr im Gewissen als von Gott aufgetragen erkennt; denn was Gott aufträgt, das tut er aus Liebe. Es hat keinen Sinn, sich vorzustellen, dass Gott eine fremde Macht ist, die willkürlich Anweisungen erteilt, die unsere Schwäche ausnützt. Denn das wäre dann gerade nicht Gott. Gott braucht so etwas nicht. Vielmehr, was Gott uns aufträgt, das ist meistens zu unserem eigenen Nutzen und in jedem Falle eine Einladung zu einer hohen Berufung, nämlich unseren Anteil an seinem Schöpfungswerk zu übernehmen. Und deshalb wird derjenige, der seinen Willen mit dem Willen Gottes, soweit es geht, in Einklang gebracht hat, sagen: Ich habe nur meine Schuldigkeit getan. Gott schuldet mir nichts. Er hat mir schon viel geschenkt. Er wird es nicht sagen *müssen*, sondern sagen können und dürfen.

III. Was ist wohl der echte Ton, der „O-Ton" Jesu? Es ist sicher nicht der erste, sondern der zweite! Es bleibt wahr, dass wir mit Gott, der ewigen Wahrheit und Güte, nicht auf du und du stehen wie mit einem Menschen, mit dem wir verhandeln können, um unsere Interessen mit seinen Interessen abzugleichen. Er ist der Herr, und Er ist es, der uns im Sein trägt und in ein Verhältnis zu Ihm setzt. Dennoch ist er Herr nicht nach irdischen Maßstäben, und unser Dienst für ihn ist nicht Herabsetzung, sondern Beförderung und Erhebung.

Und so ist es kein Widerspruch, sondern der tiefere Sinn unseres zunächst so fremd klingenden Evangeliums, wenn Jesus beim letzten Abendmahl zu seinen Jüngern sagt: „Ich nenne ich nicht mehr Knechte; denn ein Knecht weiß nicht, was sein Herr tut. Vielmehr habe ich euch Freunde genannt; denn in alles, was ich von meinem Vater gehört habe, habe ich euch eingeweiht." (Joh 15,15) Ergreifen wir dieses Angebot! Ziehen wir uns nicht länger in die Position von Knechten zurück, denen ihr Herr fremd ist, - von Knechten, die immer in Gefahr sind, sich durch Angst oder Berechnung bestimmen zu lassen! Ergreifen wir das Angebot, Gottes *Freunde* zu sein!

Das Gebet des Zöllners und des Pharisäers

30. Sonntag (Lk 18,9-14)

Jesus hat sich für seine Zuhörer wieder einmal eine rätselhafte Erzählung ausgedacht. Es ist an sich eine einfache Szene aus dem damaligen jüdischen Leben. Zwei Männer gehen hinauf zum Tempelberg in Jerusalem, um dort im Heiligtum zu beten. Es sind sehr unterschiedliche Charaktere.

I. Der eine ist ein Zöllner. Um zu verstehen, wer damals die Zöllner waren, muss man wissen, dass die römische Besatzungsmacht, unter der das Land Israel stand, die Posten, an denen Wege- und Brückenzölle gezahlt werden mussten, an Einheimische verpachteten. Diese hatten dann pro Passant eine gewisse Summe abzuführen, durften aber auch für sich einiges draufschlagen. Das taten sie meistens recht üppig. So wurden viele Zöllner sehr reich. Entsprechend waren sie bei der Bevölkerung als Ausbeuter und Kollaborateure verhasst.

Der andere ist ein Pharisäer. Die Pharisäer waren eine vom Volk angesehene fromme Laienbewegung, die sich dafür einsetzte, dass die Gesetze, wie sie in den Büchern der hebräischen Bibel stehen und von den Schriftgelehrten weiter präzisiert worden waren, genau eingehalten wurden. Sie verteidigten die jüdische Lebensweise gegen die drohende Überfremdung durch die griechische Kultur. Es waren meistens sehr ernsthafte Menschen. Keineswegs waren alle von ihnen „Heuchler“. In den Evangelien wird zwar immer wieder von Auseinandersetzungen berichtet, die zwischen Jesus und einigen Pharisäern stattfanden, in denen dann auch das Wort von den „Heuchlern“ fällt. Aber einmal abgesehen davon, ob dieses deutsche Wort eine wirklich passende Übersetzung für das zugrunde liegende Original ist – was ich bezweifle. Für das Verständnis der Geschichte, die Jesus im heutigen Evangelium erzählt, ist es wichtig, den Pharisäer mit den Augen der damaligen Öffentlichkeit zu sehen, nicht mit den Augen der späteren christlichen Polemik.

Heute gibt es beide Gruppierungen nicht mehr. Die Zollbeamten unseres Staates sind ganz andere Leute als die damaligen Zöllner. Und das Judentum, das sich nach der Zerstörung seines Staates und Tempels im Jahr 70 n. Chr. neu formierte, ist zwar von der Schule der Pharisäer geprägt. Aber eben deswegen treten die Pharisäer ab da nicht mehr als eigene Gruppe in Erscheinung. – Wollte man es riskieren, die Beispielgeschichte, die Jesus vortrug, ebenso provokant wie er es tat, in heutige Verhältnisse zu übertragen, so könnte man etwa sagen: Zwei Männer betraten eine Wallfahrtskirche, um dort zu beten. Der eine war ein ehrbarer Bürger, der außerdem Mitglied der „Legio Mariae“ war, – der andere betrieb einen Spielsalon im Rotlichtmilieu.

II. Wie das Gebet der beiden lautete, haben wir gehört. Ich nehme an, dass Jesus, bevor er seine eigene Einschätzung davon preisgab, zuerst seinen Zuhörern die Frage vorgelegt hat, was *sie* von diesen beiden Gestalten und ihren Gebeten denken. Er predigte ja nicht dogmatisch, sondern immer dialogisch. Er wollte ja immer, dass die Menschen selber zum Nachdenken kommen und so die Wahrheit finden.

Ich vermute nun, dass viele, wenn nicht die meisten Zuhörer am Gebet des Pharisäers nichts auszusetzen gehabt hatten. Wenn das stimmt, was er sagt, wenn er das wirklich tut und wenn er außerdem noch weiß und dafür dankt, dass dies alles ein Geschenk Gottes ist, ist das nicht ein gutes Gebet? Und, auf der anderen Seite: Macht es sich der Zöllner nicht allzu leicht? Die Woche über nimmt er die Leute aus und am Sabbat jammert er Gott etwas vor! Wo bleiben seine guten Vorsätze? – Wenn Sie ehrlich sind und zu ihrer eigenen Meinung stehen, denken Sie nicht vielleicht ganz ähnlich? Oder meinen Sie etwa, dass Sie sich nicht trauen dürfen, so zu denken, weil Jesus eine andere Beurteilung nahe zu legen scheint? Das wäre feige.

Seine Reaktion ist in der Tat anders, provokativ anders. Er sagt „Anders als der Pharisäer ging der Zöllner gerechtfertigt in sein Haus hinunter". Aber warum? Wie soll man das verstehen? Was heißt „gerechtfertigt"?

Fragen über Fragen! Genau da will uns der Herr haben. Nur durch Fragen kommen wir zum Erkennen, zum eigenen Erkennen. Das kann uns niemand abnehmen. Doch den unersetzlichen Anstoß dazu geben uns seine Provokationen. Pro-vozieren heißt Herausrufen. Er versucht, uns durch seine Worten und Taten herauszurufen aus unserem Schneckenhaus, aus unserer dumpfen Frag- und Hoffnungslosigkeit.

III. Soll *ich* Ihnen jetzt einfach die Antwort auf diese Fragen geben, vielleicht noch bevor sie Ihnen zu Fragen geworden sind? Das wäre widersinnig. Ich kann Ihnen nur, auf eigene Rechnung, ein paar Hinweise fürs eigene Nachdenken geben.

Zunächst: Der Pharisäer hat gebetet, wie ihm zu Mute war, fast in einer Art von Selbstgespräch. Er lebte zufrieden in seiner religiösen Praxis. Und er war dankbar, dass ihm dies möglich war. Er betete nicht um Rechtfertigung, d.h. um Vergebung, und so ist es wohl zu verstehen, wenn gesagt wird, dass sie ihm nicht zuteil wurde. Dann ist da freilich noch sein Seitenblick auf den Zöllner. Diesem Blick fehlte freilich jegliches Mitleid. Aber darüber darf sich nur der erhaben fühlen, wer noch nie so auf Mitmenschen geschaut hat. Zweitens: Die Erzählung Jesu gipfelt nicht in der Kritik des Gebetes des Pharisäers (anders als es die Einheitsübersetzung nahe legt). Dieses wird eher übergangen. Was Jesus hingegen wirklich unterstreichen will, ist das demütige Bitten des Zöllners: „Gott, sei mir Sünder gnädig"! Warum? Der Zöllner weiß, dass er voller Sünden ist und dass er sich daraus nicht mehr befreien kann. Wenn er nur noch den Zolltarif verlangt, der knapp über dem liegt, was er selbst abliefern muss, wovon soll er dann leben? Er kann den Lebensstil, an den er sich gewöhnt hat, nicht auf das Budget einer Kirchenmaus herunterschrauben. Er kann aus der Genossenschaft mit den anderen Zöllnern nicht aussteigen, ohne sich zu ruinieren. Und doch weiß er, dass er so nicht weitermachen darf. Er sitzt in der Falle. Er selbst weiß nicht mehr ein noch aus. Da fällt ihm vielleicht der Psalmvers ein: „Ein zerbrochenes und zerschlagenes Herz wirst du, Gott, nicht verschmähen“ (Ps 50, 19). So wendet er sich in seiner Verzweiflung an Gott, den Israel immer wieder als Befreier erfahren hat, an den Gott, der doch vielleicht auch noch sein Gott sein will. Und aufgrund dieses reuevollen Vertrauens empfängt er die Vergebung. Gott will auch für ihn Gott sein. Dessen ist sich Jesus jedenfalls sicher. Zu diesem Vertrauen will er auch all jene ermuntern, die glauben, dass sie sich nicht mehr an Gott wenden dürfen. Denn gerade auf diese Herzen wartet Gott.

Der Glaube an das ewige Leben

32. Sonntag (Lk 20,27-38)

I. Zu Jesu Lebzeiten gab es im Judentum in Palästina vier Gruppen, die hervorragten und die Einfluss auf das Volk zu gewinnen suchten: die Leute von Qúmran (die sogenannten Esséner mit ihren Siedlungen unten am Toten Meer), die Pharisäer, die Zeloten und die Sadduzäer. Die Zeloten waren so eine Art Freiheitskämpfer, Widerstandskämpfer, Märtyrerbrigaden – wie Sie wollen – die sich mit der Herrschaft der Römer nicht abfinden wollten. Die Esséner führten eine Art Klosterleben nach strengen Regeln. Die Pharisäer versuchten im Alltag, durch möglichst genaue und sorgfältige Beachtung des Gesetzes, Gottes Wohlgefallen auf sich zu ziehen. Und die Sadduzäer? Wer waren sie? Sie hießen nach Sadok, der einige Zeit vorher Hoherpriester gewesen war. Sie waren also die Mitglieder der Priesterklasse. Wir dürfen nicht vergessen, dass im alten Israel das Priestertum erblich war. Es war nicht so, dass die Priester je neu berufen wurden und zölibatär lebten, nein, das Priestertum war eine erbliche Sache. Wenn nun Sadduzäer die Auseinandersetzung mit Jesus suchen, dann ist insbesondere die obere Schicht dieser erblichen Priesterschaft gemeint, jene, die die leitenden Funktionen am Tempel innehatte. Die Sadduzäer hielten sich für die Hüter der Tradition. Sie erkannten, anders als die meisten anderen Juden, die jüngeren Schriften der Überlieferung – nämlich die Schriften der Propheten – nicht als offenbarte Grundlage des Lebens an, sondern nur die fünf Bücher Mose, die sogenannte Tora. Und in dieser Tora, meinen sie, steht doch kein Wort von jenem künftigen Leben, an das die Pharisäer und auch Jesus glaubten.

Die komplizierte kasuistische Geschichte, die sie nun Jesus vortragen, hat den Zweck, den Glauben an die Auferstehung lächerlich zu machen: Sie wollen sagen: Er ist voller Widersprüche, purer Unsinn! Nun, was antwortet Jesus? Er sagt erstens: „Ihr habt eine völlig falsche Vorstellung vom Leben nach der Auferstehung", und zweitens: „Wenn ihr nicht an die Auferstehung glaubt, steht ihr im Widerspruch zur Tora. Denn sie spricht davon."

II. Der erste Irrtum, in dem die Sadduzäer befangen sind, wenn sie von der Auferstehung reden hören, besteht darin, dass sie meinen, es gehe im anderen Leben genauso weiter wie in diesem, mit Heiraten und Essen und Trinken und Organisieren und Planen. Dieser ihr Irrtum ist freilich einigermaßen verzeihlich. Verwendet doch Jesus, wie schon der Prophet Jesaja, selber entsprechende Bilder: Er spricht vom himmlischen Gastmahl, bei dem geschmaust und getrunken wird. Aber das sind Bilder und Gleichnisse, keine Informationen. Man darf diese Dinge also nicht vordergründig verstehen. Aber wie *sind* sie zu verstehen?

Jesus setzt an bei der Tatsache, dass es im jenseitigen Leben keinen Tod mehr geben wird; dieses Leben ist ein Leben, das bleibt, ein ewiges Leben. Weil es bleibt, müssen ihm nicht immer Lebens-Mittel nachgeschoben werden durch Essen und Trinken, wie das für das irdische Leben notwendig ist, damit es nicht aufhört. Und weil es bleibt, muss es auch nicht durch Zeugen und Gebären immer neu am Leben erhalten werden, damit die Menschheit nicht ausstirbt. All' das braucht es nicht mehr. Sämtliche körperlichen Lebens-Funktionen sind überflüssig geworden. „Sie werden sein", sagt er, „wie die Engel". Die Engel sind geistige Wesen. Sie schauen Gottes Angesicht und finden Begeisterung, nie endende Begeisterung darin. So werden auch wir Gott schauen, von Angesicht zu Angesicht. Wir werden Ihn schauen, wie Er uns jetzt kennt und schaut, und alle Rätsel des Lebens werden sich lösen. Paulus sagt einmal, ganz im Sinne Jesu: „Das Reich Gottes ist nicht Essen und Trinken, sondern es ist Gerechtigkeit, Friede und Freude im Heiligen Geist" (Röm 14,17). Das ist es, was mit dem Leben nach der Auferstehung gemeint ist. Sie sehen, dass dadurch auch das Bild von der „Auferstehung" ein bisschen relativiert wird. Denn das Bild von der Auferstehung ist doch, dass einer daliegt und tot ist und dann wieder aufsteht, wieder mit diesem seinem Körper beseelt wird – aber eben so ist es nicht. Es ist etwas ganz anderes.

III. „Aber dass es ein ewiges Leben für Menschen überhaupt gibt, das wirst du uns nicht beibringen", sagen die Sadduzäer, „denn es ist nicht in der Tora, den fünf Büchern des Mose, bezeugt." „Doch", antwortet Jesus, „schaut nur genau hin. Betrachtet, was zu lesen ist an jener zentralen Stelle (Ex 3,6-14), wo Gott aus dem brennenden Dornbusch heraus zu Mose spricht. Dort offenbart er seinen Namen und sendet er ihn zu seinen Leuten, die unter der ägyptischen Sklaverei leiden. Mose aber fragt: „Und wenn ich dann zu meinen Leuten gehe, was soll ich sagen, wenn sie mich fragen, was das für ein Gott sei, der mich geschickt hat?" Auf diese Frage vernimmt er folgende Antwort: „Sag' ihnen, ich bin der Ich-bin, ich bin der Gott Abrahams, Isaaks und Jakobs." Nun, wir würden wohl etwas anderes erwarten, nämlich „Ich bin der Gott, der damals, als Abraham, Isaak und Jakob lebten, ihr Gott *war*." Dann würden wir aber nicht recht von Gott denken. Für Gott gibt es kein „war“ und kein „er wird sein“, sondern nur ein „Ist“. Und wenn Gott sich als der Gott der Patriarchen Abraham, Isaak und Jakob vorstellt und wenn Er andererseits, wie es die alte jüdische Überzeugung sagt, ein Gott von Lebenden ist und nicht von Toten, dann leben ihm diese drei immer noch, in einer verwandelten Weise freilich. Vor Gott sind diese drei nicht weggewischt, sondern heimgeholt. Der Name Gottes „Ich bin der ich bin“ (JHVH), bedeutet in Bezug auf uns: „Ich stehe in Treue zu euch, unverbrüchlich, ohne Ende. Ihr braucht also keine Angst haben vor diesem dunklen Tor des Todes. Ich sage euch nicht, wie es auf der anderen Seite genau aussieht. Aber eines sage ich euch: Da bin ich – derselbe, den ihr hier auf Erden gefunden und verehrt habt, derselbe erwartet euch dort.“

IV. Das ist der Glaube an die Auferstehung, der Sieg, der die Welt überwindet (1 Joh 5,4). In der erschütternden Lesung dieses Sonntags (2. Makkabäer 7,1-14) haben wir gehört, wie weit das gehen kann: Die jungen Leute, die der syrische König Antíochus von ihrem jüdischen Glauben und ihren Bräuchen mit Gewalt abbringen will, damit alle seine Untertanen sich einer hellenistischen Einheitskultur unterwerfen, sie sagen Nein und halten dieses Nein treu durch. Die Älteren unter uns kennen dies hinreichend aus unserer eigenen Lebenszeit, diese Unmöglichkeit für die Gewaltherrscher, etwas anderes zu akzeptieren als das, was sie diktieren. Und was nun diesen jungen Leuten die Kraft gibt, zu ihrem Glauben zu stehen und durchzuhalten, das ist der Glaube an den Namen Gottes: Dass Er der Treue ist, der sie selbst dann nicht im Stich lässt, wenn alles am Ende zu sein scheint. Es ist eine siegreiche Einstellung, eine ungeheure Kraft, die wir nur bewundern können. Wir sollen sie aber nicht nur bewundern, sondern in uns Wurzeln schlagen lassen.

Die Selbstmordattentäter, die einer aggressiven Form des Islamismus angehören und die aus einer tiefen Frustration heraus die jetzige Ordnung der Welt umstürzen wollen, tragen diese Kraft in sich. Dass sie über Leichen gehen, das ist abscheulich und wahrhaftig nicht nachahmungswürdig. Aber dass sie sich für ihre Ideale einsetzen und dabei das eigene Leben für gering achten, ist bewundernswert. Weil sie in ihrer Weise auch an eine Auferstehung glauben, kann man sie nicht mit dem Tod schrecken. Das gibt ihnen eine Kraft weit über dem durchschnittlichen Kleben am Genießen und Leben, wie es in der westlichen Kultur unserer Zeit dominiert. Und sie wissen es und sind stolz darauf und glauben, dass sie diese marode westliche Kultur über den Haufen werfen können. Und wir? Noch sind wir wirtschaftlich, politisch, militärisch so stark, dass dies in der nächsten Zeit nicht passieren kann. Aber was haben wir der Kraft einer solchen Überzeugung entgegenzusetzen, die keine Angst vor dem Tod hat?

Heute ist es höchste Zeit, dass wir uns erinnern an die Wurzeln unseres eigenen, von Jesus überkommenen Glaubens an die auferweckende Macht Gottes, der Krankheit und Tod und Drohungen mit allen möglichen Übeln kleiner werden lässt und unsere innere Persönlichkeit größer, freilich nicht in der Aggression, sondern in der geduldigen Nüchternheit.

VI. Feste übers Jahr

Selbstloses Schenken und Empfangen

Dreifaltigkeitssonntag *Predigt 1*

Das Fest der göttlichen Dreifaltigkeit, das wir heute begehen, schließt den Kreis der österlichen Feste ab. Es zieht gewissermaßen die Summe aus all dem, was uns das Geschehen des Karfreitags, des Ostertags und des Pfingstfestes über Gott sagt. Denn daraus hat sich eine neue Erkenntnis Gottes ergeben. „Gott“ - das meint nicht eine Sphäre zahlreicher Mächte, sondern den Einen und Einzigen. „Gott“ - das ist aber auch nicht der mächtige Eine in einsamer Ferne und beängstigender Dunkelheit. Die Gottheit Gottes besteht vielmehr aus einem freien Spiel von Schenken und Sich-beschenken-Lassen, von höchster Lebendigkeit in einem Strömen von Licht und Liebe. Gott, – das ist der Schwung, in dem sich der Vater, der unvordenkliche Ursprung, ganz schenkt und so den Sohn entstehen lässt, der in der Kraft des Heiligen Geistes sich selbst der Welt gibt und sich so dem Vater zurückschenkt.

I. Wie soll man von diesem Geheimnis sprechen? In Bildern und Gleichnissen. Eines der schönsten Bilder finde ich in dem Gedicht von Conrad Ferdinand Meyer, das den Titel trägt „Der römische Brunnen“

Aufsteigt der Strahl und fallend gießt
Er voll der Marmorschale Rund,
Die, sich verschleiernd, überfließt,
In einer zweiten Schale Grund;
Die zweite gibt, sie wird zu reich,
Der dritten wallend ihre Flut,
Und jede nimmt und gibt zugleich
Und strömt und ruht.

So ist wohl auch Gott: ein Strömen im Geben und Nehmen, ein Strömen, das in sich ruht. Dieser Strom des Lebens läuft nicht fern von uns ab, sondern ist der Quell unseres eigenen Lebens, das Leben unseres Lebens.

Wir können das etwas besser verstehen, wenn wir über die Frage nachdenken: Können wir Menschen Gott etwas schenken? Auf den ersten Blick scheint das ausgeschlossen zu sein, und zwar aus zwei Gründen: Erstens: Wir können Gott nichts geben, weil alles, was wir ihm geben könnten, ihm ohnehin schon gehört. Zweitens: Gott hat alles; so kann er nichts mehr empfangen. Aber das Gottesbild, das hinter diesen Aussagen steht, ist zur Hälfte, und zwar zur entscheidenden Hälfte, falsch.

II. Es ist erstens falsch zu sagen: „Wir können ihm nichts geben; denn alles was wir haben, gehört ihm ohnehin schon". Denn wer richtig schenkt, gibt ohne Hintergedanken her, so, dass das Geschenk dem Beschenkten ganz gehört. Das sehen wir am negativen Beispiel wie am positiven. Das negative Beispiel: Bekannte, die uns eine Vase geschenkt haben, kontrollieren bei jedem Besuch, ob sie noch auf unserer Kommode steht. Wir dürfen mit der Vase nicht machen, was wir wollen, sie z.B. weiterschenken oder in den Keller stellen. Man sieht: Sie ist uns nicht richtig überlassen worden. Dagegen nun ein positives Beispiel: Wenn ein Kind von seinem Taschengeld seiner Mutter ein Geschenk macht, wird diese, wenn sie Herz und Verstand hat, ihrem Kind nicht entgegenhalten: „Was du mir schenkst, hättest du nicht, wenn ich es dir nicht gegeben hätte." Vielmehr wäre es für die Mutter schmerzlich, wenn ihr das Kind etwa sagen würde: „Ich habe nichts Eigenes, was ich dir schenken könnte, denn du hast mir ja alles erst gegeben." Wir müssen aber doch glauben, dass Gott mindestens so von Herzen gibt wie eine liebende Mutter. Denn sein Reichtum besteht in der Selbstlosigkeit und im Seinlassen. Was er uns gibt, gehört uns wirklich zu unserer freien Verfügung. Also können wir ihm auch etwas schenken.

Aber jetzt kommt das zweite (Schein-)Problem: „Weil Gott schon alles hat, kann man ihm nichts geben". Sie alle wissen, wie schwer es ist, Kindern oder Freunden, die schon alles haben, noch etwas zu schenken. Welche Bedürfnisse aber hätte Gott, so dass wir ihm etwas geben können, was er noch nicht hat? Wir müssen doch denken, dass Gott reine Fülle ohne allen

Mangel ist. Wäre das Gegenteil wahr, könnten wir ja meinen, ihn erpressen zu können, wie unsere unerleuchteten Vorfahren, die zum Himmel riefen: „Wenn du es nicht bald auf die trockene Erde regnen lässt, bringen wir dir keine Opfer mehr dar!“ Und doch: wie schrecklich, von Gott so wenig ernst genommen zu werden, dass wir ihm nichts geben können! Wer sich beschenkt weiß, will doch auch selbst etwas schenken dürfen! Was aber können wir ihm geben? Was „braucht“ Gott? Gott ist Liebe; Liebe respektiert die Freiheit des Anderen. Soll seine Liebe bei uns ankommen, dann nur so, dass wir diese Liebe im Glauben annehmen und einander weitergeben. Dafür braucht uns Gott. Wenn wir uns von ihm brauchen lassen, dann wird auch das Leben unseres Herzens so eine Art römischer Brunnen: ein lebendiges Wasser, das seine Ruhe im Glauben hat und sein Strömen im Schenken und im Sich-beschenken-Lassen untereinander.

III. Schenken und sich beschenken lassen: in beidem nehmen wir teil am Leben Gottes. So sagt Jesus: „Was ihr dem Geringsten meiner Brüder geschenkt habt, das habt ihr mir geschenkt“. Diesen Satz dürfen wir auch so abwandeln: Was ihr euch schlichten Herzens vom geringsten meiner Brüder habt schenken lassen, das habt ihr von mir als Geschenk angenommen. Wie Jesus dürfen wir aus dem Vertrauen leben, dass in unserem Dasein der göttliche Vater sich uns selbst schenkt, trotz aller Mühe und Armseligkeit dieses Daseins. Verbunden mit Jesus dürfen auch wir teilnehmen an jener Freigebigkeit des Schenkens, die das Zeichen dafür ist, dass einer mit dem Wichtigsten beschenkt worden ist. Versuchen wir so, im Alltag gläubig das zu leben, was in jeder Messe, am Ende des Hochgebetes, gesagt wird: „Durch ihn und mit ihm und in ihm ist Dir, Gott, allmächtiger Vater, in der Einheit des Heiligen Geistes, alle Herrlichkeit und Ehre, jetzt und in Ewigkeit!“

Die Einheit der Offenbarung vom Sinai bis Golgota.

Dreifaltigkeitssonntag (Ex 34, 4-9; Joh 3, 16-18). *Predigt 2*

Die Offenbarung Gottes im Alten und im Neuen Testament ist eine einzige Offenbarung. Die Reihe der sich vertiefenden Offenbarungen Gottes, die das Alte Testament bezeugt, findet ihre Vollendung in der Offenbarung des Neuen Testaments.

I. Die angegebene Stelle aus dem Buch Exodus ist der Reflex einer der grundlegenden Gottes-Intuitionen des Alten Testamentes. „Exodus" heißt Auszug, gemeint ist der Auszug der Israeliten aus dem Sklavenhaus Ägypten. Mose als Vertreter des Volkes steigt auf den heiligen Berg im Sinai-Gebirge. Er will Gottes Weisung entgegennehmen; er will ihn, den Unsichtbaren, aber auch sehen. Es ergeht die Weisung: „Birg dich in der Felsenspalte da und schau!" - und da ist schon ein unbekannter Jemand vorbeigegangen. Mose kann gerade noch die Rückseite erhaschen, mehr nicht. Aber er vernimmt eine Stimme, in der Mose die Stimme des Herrn erkennt, so dass er anbetend in die Knie sinkt. Die Stimme aber sagt: „Der Herr ist ein barmherziger und gnädiger Gott, voll Langmut und voll Erbarmen."

Es ist ein Satz, den unser Ohr schon so oft gehört hat, dass er die Aufmerksamkeit unseres Herzens nicht mehr wecken kann. Wir müssen fragen: „ein barmherziger und gnädiger Gott", was heißt das eigentlich? Wenn wir uns den hebräischen Text anschauen, finden wir als Hintergrund für das, was auf Deutsch „barmherzig" heißt, ein sehr kräftiges Bild. Es ist hier die Rede von den Eingeweiden bzw. vom Schoß einer Mutter. Barmherzig ist jemand, dem das Schicksal eines anderen so zu Herzen geht, dass sich ihm die Eingeweide herumdrehen, dass er Schmerzen empfindet, wie eine Mutter in ihrem Schoß Schmerzen empfindet, wenn sie mit ihren Kindern leidet. So ergeht es Gott angesichts des Schicksals seiner Kreaturen. Das ist es, was das verblasste Wort von der „Barmherzigkeit Gottes“ ausdrücken möchte, und das ist etwas Ungeheures.

Das zweite Wort –“er ist gnädig“ – ist noch viel blasser, ja missverständlich. Das Wort „gnädig“ verstehen wir heute oft im Sinne von „herablassend“. Das ist überhaupt nicht gemeint. Gemeint ist vielmehr, dass Gott mit Sympathie und Freude – mit „Wohlgefallen“ – auf die Menschen schaut, die ja seine vorzüglichsten und liebsten Kreaturen sind. Von hier können wir einen Bogen schlagen zur Schöpfungsgeschichte, wo Gott angesichts dessen, was er gemacht hat, sagt: „Es ist gut!“ und wo er angesichts seines Geschöpfes Mensch sagt: „Es ist sehr gut!“ Dort wird dann ja sogar gesagt, der Mensch sei geschaffen als Bild und Gleichnis Gottes. Das ist eine Redeweise, die übernommen ist aus der ägyptischen Königstheologie. So priesen die Ägypter ihren Pharao: „Du bist das Bild Gottes in dieser Welt!“ und in der Bibel wird nun dieses königliche Prädikat ausgeweitet auf alle Menschen. Jeder einzelne Mensch hat eine königliche Würde. Es ist eine Würde, die Gott selbst respektiert und eine Freiheit, die Gott selbst achtet. Und es ist eine Würde und eine Freiheit, die deshalb auch von den Mitmenschen nicht vergewaltigt werden darf, sondern zu achten ist. Deshalb ergibt sich aus dem Respekt vor dem Würdewesen Mensch unmittelbar die Folge der Gebote des Umgangs mit dem Nächsten. Diese Gebote sind Schutzfunktionen, Mauern um diese Würde.

Und so sehen wir die Einheit des ganzen alttestamentlichen Glaubens: der Mensch, das Wesen der Würde, geschützt durch die sittliche Ordnung, seinerseits voll Wohlgefallen betrachtet von seinem Schöpfer, dem das Schicksal dieser Kreatur ans Herz greift. „Der Herr ist ein barmherziger und gnädiger Gott voll Langmut und voll Erbarmen.“ Immer wieder wird im Alten Testament dieser Satz zitiert. Er macht gewissermaßen das Credo des Alten Testamentes aus, ein Credo, dessen Gehalt immer tiefer erfasst wird. Beim Propheten Hosea z.B. wird entfaltet, was in diesem Credo liegt, indem das Wort „Liebe“ ins Zentrum seiner Verkündigung rückt. Alle

Formen der Liebe: die Liebe des Vaters zu seinem Kind, die Liebe der Mutter zu ihrem Kind, die Liebe des Bräutigams zu seiner Frau, all diese Formen der Liebe müssen herhalten, um das Verhältnis Gottes, des Schöpfers zu seinen Geschöpfen auszudrücken.

II. Und was geschieht nun im Neuen Testament? Es geschieht im Wesentlichen nichts Neues – und doch etwas unerhört Neues. Was bisher geglaubt wurde von Gott und seinem Verhältnis zu den Menschen, insbesondere zum auserwählten Volk, das erleben die Jünger Jesu nun im Fleische, in der konkreten Realität Jesu Christ. Das Erbarmen Gottes finden sie in diesem Menschen wieder, und zwar in der Art und Weise seines Lebens, in der etwas von der Art Gottes durchscheint: wie sich Jesus den Menschen überlässt: Zuerst wie Jesus dem maßlosen Verlangen nach Heilung und Belehrung der Menschen entgegenkommt, bis zur Erschöpfung. Und dann, wie er sich ihnen überlässt, ohne Gegenwehr, im ungerechten Gericht und bis zur Hinrichtung.

Zuerst hat es den Anschein, als ob Gott, der Vater, diesen seinen Sohn, an dem sein ganzes Wohlgefallen hängt, preisgebe. Aber diese Preisgabe ist ein Geschenk, eine Hingabe an die anderen, aber nicht eine Preisgabe oder Vergewaltigung über den Kopf seines armen Sohnes hinweg, wie es manche Leute dummerweise darstellen, sondern eine Preisgabe, die mit vollem Einverständnis dieses Sohnes geschieht, weil er eben Sohn ist, so wie wir im Hochgebet der Messe vor der Wandlung hören: „Am Abend als er ausgeliefert wurde und sich selbst aus freiem Willen übergab." So ist es nur konsequent, wenn die ersten Jünger schließlich im Lichte der Auferstehung erkennen, dass sich in der Hingabe Jesu Gott selbst hingegeben hat an seine Kreatur. Sie erkennen, dass seine Barmherzigkeit nicht ein huldvolles Sich-Neigen aus der Ferne ist, sondern dass er, ganz nah, als Mensch mit den Menschen mitgelitten hat, dass er auf die Seite seines Geschöpfes getreten ist, so dass keiner mehr sagen kann: „Wo ist Gott?"

Die Jünger waren zunächst angesichts dieser ungeheuren Ereignisse verwirrt. Sie erinnerten sich doch noch, wie Jesus zum Vater betete, und wie er sagte: „Der Vater ist größer als ich". Jetzt aber, nach der Auferstehung, fallen sie vor ihm nieder und beten ihn an, denn sie begegnen in der Gestalt des Auferstandenen Gott selbst. So lernten sie, Gott, den Vater, und den Sohn, der auch Gott ist, ohne dass dies zwei wären, in der Einheit einer Beziehung zu unterscheiden. Und sie lernten zu begreifen, dass auch der Geist, dessen Wehen lebendig in der jungen Kirche erfahren wurde und das auch heute unser Herz durchzieht und sich mit dem Atem unseres Lebens mischt, eine Weise der göttlichen Gegenwart selbst ist. So kam es sehr schnell im Neuen Testament zu einer Redeweise, die für traditionelle jüdische Ohren eine Ungeheuerlichkeit war, dass man nämlich nun von Gott als der Einheit von drei Seinsweisen zu sprechen begann: „Der Vater und der Sohn und der Heilige Geist." Aber das sind nicht drei Götter. Es ist auch kein neuer Gott. Vielmehr ist es der eine Gott des Bundes, der Barmherzige und Gnädige des Mose und der Propheten, dessen Barmherzigkeit und Gnade sich nun in neuer Radikalität, in unerhörter Nähe und Göttlichkeit erweist. So bestätigt sich die Einheit der Offenbarung im Alten und Neuen Testament.

III. All das mag manchem wie ein schöner theologischer Gedanke vorkommen, ein bloß theologischer Gedanke, ein bloßer Gedanke. Dass es hier in allem Ernst um die Realität geht, weil es um den zentralen Schatz unseres Glaubens und damit und darüber hinaus auch unserer Kultur geht, das könnte unklar bleiben, wenn es uns nicht Adolf Hitler gelehrt hätte. Freilich: Wer hat diese Lehre schon vernommen?

Wenn man sich fragt, warum dieser dämonische Mann so viel Energie darauf setzte, das jüdische Volk zunächst abzudrängen, dann zu demütigen und schließlich in Europa zu vernichten, kommt man ins Staunen: Politisch gesehen, war dies eine ungeheure Dummheit, sowohl innenpolitisch durch den enormen Verlust von intellektuellen und finanziellen Ressourcen, wie außenpolitisch durch die Belastung der Beziehungen mit den Regierungen freier Staaten. Warum hat er das gemacht? Manche meinen, es sei Rassenwahn gewesen. Aber das ist, genau genommen, nicht wahr. Hitler hat nicht geglaubt, dass die Juden genetisch gesehen eine homogene Rasse sind, wie er auch nicht einfach geglaubt hat, dass die germanische Rasse die höchste aller Rassen ist. Er schätzte etwa Chinesen und Japaner höher ein. Bei seinem Judenhass ging es nicht um Blut und Genetik, es ging um die geistige Botschaft, deren Träger dieses Volk von seiner Berufung her ist. Hitler wollte den Geist des Judentums vernichten! Was ist dieser Geist? Das ist nicht der Geist des Talmud oder irgendwelcher jüdischer Spezialitäten, sondern das ist genau derselbe Geist, der auch der Geist des Christentums ist, nämlich eine Auffassung des Lebens, in der es ein absolutes Sittengesetz gibt, in der es Menschenwürde gibt, in der es ein Tötungsverbot gibt, eine Auffassung, hinter der die Überzeugung von einem göttlichen, barmherzigen, mit uns solidarischen Grund der Wirklichkeit steht. Das war es, was ausgetilgt werden musste, zugunsten der Verherrlichung des Rechtes des Stärkeren. Denn Hitler hat gespürt: Solange diese Botschaft vom Gesetz und vom Bund Gottes mit allen Menschen lebendig ist, werden die Menschen ein Gewissen haben und sie werden die brutale Politik des Stärkeren nicht oder nur gezwungen mitmachen (vgl. G. Heinsohn: Warum Auschwitz? Reinbek 1995). Und deswegen war geplant, nach der schon weit gediehenen sogenannten „Endlösung der Judenfrage“ und nach dem erhofften Endsieg, dann die zweite Stufe der Reinigung der europäischen Kultur zu vollziehen durch die Vernichtung der Kirche. Denn dieser große Hasser hat sehr klar gesehen, dass die Botschaft, von der das jüdische Volk durch die Jahrhunderte gelebt hat, und die Botschaft, die die Christen beflügelt, im Kern dieselbe ist.

Heute ist die Macht des Nationalsozialismus (wie auch die des Kommunismus) politisch besiegt. Sind aber auch die Motive, die in dieser Bewegung lebendig waren, besonders die negativen Motive, – die Leugnung

Gottes, die Skepsis gegenüber einer absoluten sittlichen Verpflichtung, das ironische Lächeln über die Menschenwürde, – sind auch diese aus der Welt verschwunden? Keineswegs! Sie werden unter unseren Augen in dieser Zeit und in dieser Gesellschaft und nicht zuletzt - wen wundert's - in der deutschen Gesellschaft immer offener und direkter ausgesprochen. In dieser Situation müssen wir uns des Schatzes, den wir haben, bewusster werden! Wir müssen seine Herrlichkeit mehr betrachten! Und wir müssen sie überzeugter verteidigen! Es geht ja nicht nur um uns. Es geht um all das, was dieser Glaube an Humanisierung der Kultur der Welt gebracht hat und noch zu bringen hat. Wir stehen in der Verantwortung, zusammen mit den gläubigen Juden und zusammen mit allen Menschen guten Willens.

Der eine, lebendige Gott der Liebe

Dreifaltigkeitssonntag (Rö 8, 14-17; Mt 28,16-20) *Predigt 3*

I. Am Ende des österlichen Festkreises steht der Sonntag, an dem dargestellt wird, wie das österliche und pfingstliche Geheimnis eine vertiefte Auffassung von Gott mit sich gebracht hat. Im Bekenntnis der Dreifaltigkeit Gottes ist diese neue Auffassung, nämlich unsere christliche Auffassung von Gott ausgedrückt.

Das ist schon in den Schriften des Neuen Testaments so, an vielen Stellen. Eine davon ist Teil des Evangeliums, das heute vorgelesen wird, wo nämlich gesagt wird, dass alle Menschen die Gelegenheit haben sollen, in die Schule Jesu zu gehen und die Taufe zu empfangen „im Namen des Vaters und des Sohnes und des Heiligen Geistes." Und so wird seither die Taufe gespendet, bis heute, und so wird sie gespendet werden, so lange es Menschen gibt.

Dieser Glaube strukturiert das Glaubensbekenntnis der Kirche, das „Credo“, und er prägt unser Beten, wenn wir sprechen „Ehre sei dem Vater und dem Sohn und dem Heiligen Geist“ oder wenn wir uns mit dem Kreuz bezeichnen und dazu sagen „Im Namen des Vaters und des Sohnes und des Heiligen Geistes.“
Aber Eines ist, diese Worte zu sprechen und sich damit gläubig in die Überlieferung der Kirche einzureihen, ein Anderes, sie soweit möglich auch zu verstehen. Wie aber sollen wir es anstellen, um etwas von diesem Geheimnis zu verstehen?

II. Am besten beginnen wir mit den Missverständnissen, die bei der Zahl „drei“ ansetzen. Solche Missverständnisse gibt es außerhalb und innerhalb der Kirche. Juden und Moslems werfen uns Christen vor, wir hätten den Glauben an den *einen* Gott verraten, wir glaubten an drei Götter und seien dadurch in die Vielgötterei der Heiden zurückgefallen. Die Juden setzen dagegen klar und entschieden ihr Bekenntnis: „Der Herr unser Gott ist der Einzige“; und wie im Echo dazu rufen die Moslems voll Stolz „Allah il allah – Gott allein ist Gott“. Aber da kann der Unterschied nicht liegen. Denn dasselbe bekennen doch auch wir: „Credo in unum Deum ... Wir glauben an den *einen* Gott“.

Wie aber passen dann die beiden Sachen zusammen, dass wir Christen einerseits ebenso wie unsere Väter, die Juden, und unsere Brüder, die Moslems, den einen Gott verehren, und dass wir andererseits doch von Gott dem Vater, dem Sohn und dem Heiligen Geist sprechen, also von *drei* Namen oder „Personen“ in der *einen* Gottheit? Um zu einer Lösung zu kommen, muss man darauf achten, dass diese Zahlen, angewandt auf Gott, sehr missverständlich sind. Sie haben da nicht den Sinn, den sie gewöhnlich haben. Wie sollte auch auf den Unendlichen, auf den Unermesslichen Maß und Zahl anwendbar sein?

Wenn wir von drei Äpfeln sprechen, dann ist jeder von den drei Äpfeln selber ein Apfel, und es macht ihm nichts aus, ob es außer ihm noch zwei oder fünfzig Äpfel oder gar keinen anderen gibt. Aber der Vater und der Sohn und der Heilige Geist sind nicht jeweils für sich ein Gott, so dass es drei Götter gäbe, wie eng diese im Übrigen miteinander verbunden und gemeinsam aktiv sein mögen. Vielmehr: nur zusammen machen sie den einen Gott aus. Aber doch auch wieder nicht wie Teile, so wie Messer, Gabel und Löffel *ein* Besteck bilden. Vielmehr muss die sogenannte Dreiheit in Gott etwas mit der Lebendigkeit seiner *Einheit* zu tun haben. So steht sie gar nicht im Gegensatz zu seiner Einheit, sondern nur zu bestimmten anderen Weisen, diese Einheit zu fassen, wie z.B. die der Juden oder die der Muslime.

Übrigens beginnt das Problem, auf die geheimnisvolle Wirklichkeit Gottes Zahlen anzuwenden, nicht erst mit der Zahl „drei“. Es beginnt schon bei der Zahl „eins“. Wenn einer sagt, es gibt nur *einen* Gott und sich dabei denkt: nun, es ist eben einmal so, aber ebenso könnte es mehrere oder viele Götter geben, dann hat er das Gottesbekenntnis missverstanden. Gott ist so, dass er die ganze Fülle der Gottheit in sich trägt, – so, dass es nicht zwei oder mehrere Götter geben *kann*. Nur deshalb hat ja das Gebot, keinen anderen Gott neben ihm zu haben, einen Sinn; sonst wäre es nichts als ein maßloser Besitzanspruch. Gott kann, wenn er Gott ist, nur der Eine, der Einzige, das Ein und Alles sein.

Wir dürfen also nicht von den Zahlen „eins“ und „drei“ ausgehen, wenn wir uns dem Geheimnis Gottes nähern wollen. Die ersten drei Jahrhunderte lang hat die Kirche den Vater durch den Sohn im Hl. Geist angebetet, ohne die Zahl Drei und den Ausdruck „Dreifaltigkeit“ zu brauchen, und erst in der späten Gotik sind in der westlichen Kirche jene irreführenden Bilder aufgekommen, auf denen Vater, Sohn und Geist wie drei Könige nebeneinander oder gar wie ein Mann mit drei Gesichtern abgebildet werden.

III. Nun haben wir bisher nur Missverständnisse auszuräumen versucht. Wie kommen wir positiv voran? Ich denke, wir können zwei Wege gehen, die sich aufeinander zu bewegen.

Der erste Weg ist der, dass man sich fragt, was ist das Höchste im menschlichen Leben? Mir scheint, das Höchste ist die echte Liebe. Etwas Höheres und deswegen auch relativ Selteneres gibt es nicht. Worin aber besteht die Liebe? Dass einer dem anderen von Herzen gibt, was er nicht hat, und dass einer dankbar und vertrauensvoll nimmt, was er vom anderen bekommt: äußere Güter, aber auch Zeit, Zuneigung und das eigene Herz. Dieses reine Geben und Nehmen ist das Höchste. Sollte es sich dann nicht auch in Gott finden? Wenn es anders wäre, wie könnte Gott Liebe sein? In der Tat glauben wir, dass Gott keine finstere Nacht, kein totes Sein ist, sondern ein gewaltiger Strom von Licht und Leben, ein unendlicher, ewiger Austausch. Wenn uns auf Erden die Fähigkeit geschenkt wird, ehrlich zu geben und ehrlich zu nehmen, dann spüren wir etwas davon.

Der zweite Weg ist das Einschwingen in das Gebet der Kirche. Auf dem Höhepunkt der heiligen Handlung der Messe spricht sie durch den Priester, der die eucharistischen Gaben darbringend hochhält: „Durch Christus und mit ihm und in ihm, ist dir Gott, allmächtiger Vater, in der Einheit des Heiligen Geistes alle Herrlichkeit und Ehre, jetzt und in Ewigkeit." Hier werden wir in den Austausch zwischen dem Vater und dem Sohn im Heiligen Geist hineingenommen. Das ist möglich, weil Gottes Sohn sich für uns hingegeben hat, weil Gottes Lebensatem eingeströmt ist in unsere Herzen. So sind auch wir Söhne und Töchter Gottes, die von Herzen sagen dürfen „Vater", kraft des Geistes und *zusammen mit* Christus, ja *in* ihm.

Wenn wir uns nachdenkend und anbetend in dieses Geheimnis vertiefen, sind wir weit weg von theologischen Zahlenspielen, aber ganz nahe dem tiefsten Sehnen unseres Lebens, das der dreifaltige Gott in uns entstehen lässt und erfüllen will.

„Er muss wachsen, ich muss abnehmen."

Fest der Geburt Johannes des Täufers (Lk 1, 5-17)

Im Kirchenjahr gibt es nur drei Geburtsfeste. Alle anderen Feste der Heiligen sind Feste des Übergangs von diesem Leben in das andere, das ewige. Nur drei feiern den Eingang in dieses irdische Leben: Es ist das Fest der Geburt Jesu (Weihnachten), das Fest der Geburt Marias am 8. September und das heutige Fest der Geburt Johannes des Täufers. In keinem dieser Fälle weiß man, welchem Kalendertag der wirkliche Geburtstag zuzuordnen ist. Und so, als man später das Bedürfnis nach dem Geburtsfest zu empfinden begann, überlegte man, wann am besten dieser Tag angesetzt wird. Es ist in der alten Zeit öfter so gewesen, dass die offiziellen Geburtstage an anderen Tagen gefeiert wurden als an den wirklichen. In der am Alten hängenden Monarchie Englands hält man es mit dem Geburtstag der Königin bzw. des Königs ja heute noch so, wie Sie vielleicht wissen. Das Geburtsfest Jesu wurde nun also gelegt auf die Wintersonnenwende, wo die Sonne sich wieder aus dem Dunkel herausarbeitet, Kraft gewinnt und nach oben steigt. Und das Fest des Täufers wurde gelegt auf die Sommersonnenwende, dem Lukasevangelium folgend, wo gesagt wird, dass Elisabeth schon sechs Monate vor Maria schwanger geworden ist, aber auch entsprechend der großen Spannung, der Position des Gegenüber, die diese beiden Großen, Jesus und Johannes, gekennzeichnet hat.

I. Es ist eine Beziehung im spannungsreichen Gegenüber. Es ist der schon berühmte Johannes (dessen Auftreten sich später in den profanen Geschichtsquellen viel mehr spiegeln wird als dasjenige Jesu), zu dem Jesus kommt, dem er zuhört und von dem er sich taufen lässt. Es ist Johannes, der als erster auftritt und sagt „Bekehrt euch, das Reich Gottes ist nahe." Jesus ist darin sein Erbe. Es heißt „Als Johannes festgesetzt worden war von Herodes, da trat Jesus auf und sagte ‚Bekehrt euch, das Reich Gottes ist nahe.'" (Mk 1,14) Es ist ein spannungsreiches Erbe. Denn so, wie das dann in der Predigt und im Auftreten Jesu ausgesehen hat, entsprach es nicht den Erwartungen des Johannes und seines Kreises. Die Jünger des Johannes kommen deshalb zu Jesus und fragen: „Warum fastet ihr nicht, wie wir?" (Mt 9,14) Und sogar Johannes selbst, der im Gefängnis sitzt, bekommt Zweifel, schickt Boten und lässt fragen: „Bist du wirklich der, auf den ich gesetzt habe?" (Lk 7,20) Das Volk empfindet den Unterschied massiv. Jesus selbst wirft ihm das einmal vor, dass es sich mit seiner zwiespältigen Haltung aus der Entscheidung herauszieht, wenn es nämlich sagt: „Johannes, dieser Asket, war nicht ganz richtig im Kopf, ein Spinner". Aber von Jesus, der kein Asket war, sondern der aß und trank wie die anderen, da hieß es dann: „Dieser Fresser, dieser Säufer!" (Mt 11,8)

Das persönliche Verhältnis zwischen beiden ist aber durch den größten gegenseitigen Respekt gekennzeichnet. Jesus sagt einmal: „Von allen, die eine Frau geboren hat, war keiner größer als er." (Mt 11,11) Und Johannes sagt: „Ich bin nicht wert, ihm die Riemen seiner Sandalen zu lösen, so groß ist er, obwohl er erst nach mir kam." (Lk 3,16) Die Kindheitsgeschichte, aus der wir gerade einen Ausschnitt gehört haben, bringt das Ganze in Miniatur, wie in einer Art Ouvertüre die wesentlichen Motive anspielend: die Begegnung bereits im Leib ihrer Mütter, die Geburt beider wider alle Erwartung. Und die Kunst hat das später ausgemalt in vielfacher Weise, wie die kleinen Knaben Jesus und Johannes miteinander spielen, oft sogar noch mit einem Osterlamm.

Johannes ist eine der großen Gestalten unserer Glaubenstradition. Und so ist es kein Zufall, dass viele Menschen seinen Namen tragen: Johannes Baptist (der sog. „Sommer-Hans" im Unterschied zum „Winter-Hans", dem Evangelisten), Johanna, die zahllosen Hanse, Johns, Iwans, Jeans, Giovannis usw., die es gibt. Und so ist es auch kein Zufall, dass viele Kirchen ihm geweiht sind und heute im größten Sonnenglanz des Jahres ihre Kirchweih feiern. Johannisnacht, Johannistag – das ist etwas Besonderes.

II. Was kann das nun für uns bedeuten, für unseren Glauben, für unsere Frage, wie wir das Leben nehmen sollen? Ich möchte hier den wunderbaren Ausspruch des Johannes in den Mittelpunkt stellen, in dem er sagt: „Er muss wachsen, ich muss abnehmen.“ (Jo 3,30) Aus seiner Situation heraus versteht man das: Ins Gefängnis gesteckt merkt er, dass es mit ihm abwärts und zu Ende geht und dass es mit Jesus aufwärts geht, und er sagt ja dazu.

Wo finden wir in unserem Leben Ansatzpunkte für diese Haltung? Wo sprechen wir wohl einmal solche oder ähnliche Sätze? Ich denke, am ehesten kommt uns noch der Satz in den Sinn und auch auf die Lippen: „Ich *muss* abnehmen, und er *darf* zunehmen.“ Ein Satz der Wehmut, wenn man Misserfolg hat; ein Satz der Wehmut, wenn man alt wird; ein Satz der Wehmut, wenn man krank wird und sieht, wie andere kräftig nach oben steigen: „Ich muss abnehmen – er darf zunehmen.“ Wehmut, Neid, Bitterkeit.

Es kann auch anders gehen: „Ich will nicht abnehmen; die anderen können ruhig abnehmen: *ich* will gesund sein; *ich* muss den Erfolg haben; *ich* muss vorne stehen; ich, ich, ich...“ Wir alle kennen diese Melodie, wir sprechen diese Sätze meistens nicht so brutal und herzlos aus, aber im Herzen spüren wir doch die Versuchung dazu.

Und dann ist es schon ein Wunder, wenn einer auch einmal ehrlich sagen kann: Ja, ich muss abnehmen, aber *er* muss zunehmen. Es ist recht so, ich werde jetzt alt. Meine Zeit ist eigentlich im Wesentlichen vorbei, und das ist in Ordnung so. Es ist in Ordnung so, dass jetzt die Zeit anderer ist. Es ist die Zeit der Jüngeren, der neuen Generation, der anderen Ideen. Das ist in Ordnung so. Wenn einer das sagen kann, ohne Groll, ohne Bitterkeit. Ich finde, das hat schon ein recht beachtliches menschliches Niveau.

Oder gar, wenn es soweit kommt, dass einer ehrlich denkt „Ja, ich muss abnehmen, der andere muss wachsen“: wenn ein Lehrer *in erster Linie* wirklich an das Wohl seiner Schüler denkt; wenn Eltern (das wollen wir doch noch für das Normale halten) in erster Linie an das Wohl ihrer Kinder denken und ihr Eigenes oft zurückstellen; wenn ein Mensch sieht, ein anderer braucht eine Hilfe und obwohl es ihm sauer werden kann, sagt: Gut, er muss aber doch jetzt gesund werden, ich stehe zurück – das ist auch ein Wunder. Gott sei Dank, dass es das auch immer wieder gibt.

Dann gibt es noch etwas. In den Beispielen, die ich jetzt nannte, war der andere, der wachsen soll, immer ein anderer Mensch, eine andere Menschengeneration. Können *wir* das Wort vom Wachsen und Abnehmen auch, wie Johannes es tat, auf Christus beziehen? Sicher nicht so wie er, der mit ihm gleichzeitig war, der mit ihm bekannt und befreundet und zugleich in Konkurrenz war. Aber doch so, wie Paulus es uns nahelegt: „Nicht mehr ich lebe, der auferstandene Christus lebt in mir. Er muss wachsen, ich abnehmen.“ Eigentlich, denke ich, muss nicht so sehr *ich* abnehmen, als dieses aufgeblähte Ich, das immer nur „ich, ich, ich“ sagt: das muss abnehmen, damit Er wachsen kann. Und wie kann es abnehmen? Indem es zunächst einmal wahrnimmt, dass Er, der unaufhörlich Wachsende, in mir verwurzelt ist und wächst, ob ich das weiß oder nicht, ob ich etwas dafür tue oder nicht. Er wächst da, kräftig. Wie sollte es dann noch so wichtig sein, dass ich mich daneben, getrennt, um mein Wachstum so besonders mühe? Kann ich das nicht seiner Lebenskraft überlassen, die, wenn sie aufsteigt, mich schon mitnehmen wird? „Er muss wachsen, ich *darf* abnehmen.“

Heute beginnen die Tage kürzer zu werden. Wir mögen das an sich nicht besonders. Dennoch: Akzeptieren wir das Jahr, wie es ist! Und akzeptieren wir mit den abnehmenden Tagen die abnehmende Kraft unseres Ich, damit die Sonne, Christus, inmitten dieses Schattenreiches aufgehen und wachsen kann.

Maria und die Kirche

Aufnahme Mariens in den Himmel (Offb 11,19; 12,1-6.10)

Die Lesung des heutigen Festtags ist ein Stück aus der Offenbarungsschrift, die, der Überlieferung nach, der Evangelist Johannes gegen Ende des 1. Jahrhunderts auf der griechischen Insel Patmos verfasst hat. Die Schrift ist ein Trostbuch für die verfolgte junge Kirche. Sie ist in einer alten Bildersprache geschrieben, die wir wahrscheinlich auf den ersten Anhieb als fremd empfinden und auch so empfinden dürfen. Aber wir können diese visionären Bilder des Johannes doch, wie in einem phantastischen Film, zunächst auf uns wirken lassen, um dann vorsichtig zu fragen, was sie vielleicht bedeuten.

I. Das Geschehen spielt sich am Himmel ab, wie auf einer riesigen Projektionsleinwand. Zur Szenerie gehören die großen und kleinen Gestirne. Was bedeuten sie? Die Sonne, die über den Tag herrscht, ist ein Symbol für Gott. Der Mond, der immer wieder wächst und abnimmt, ist ein Ausdruck für die Vergänglichkeit. Die Sterne stehen für die Vielzahl der Fürsten und ihrer Völker. Wenn die Frau den Mond unter sich hat, heißt das, dass sie die Vergänglichkeit und den Tod überwunden hat. Wenn sie von der Sonne umkleidet ist, meint das, dass sie geborgen ist in Gott und dass sie an seinem Glanz Anteil hat. Die zwölf Sterne um ihr Haupt bedeuten zwölf Völker oder Fürsten. Gemeint sind die zwölf Stämme Israels.

Die Frau ist also ein Bild für das Gottesvolk, aber nicht nur für das frühere Gottesvolk, sondern vor allem für das jetzige, das pilgernde Gottesvolk des Neuen Testaments, denn das Kind in ihrem Leib ist der Messias, Christus. Der Gegenspieler der Frau, eines schlichten, einfachen Menschen, ist ein Untier, ein gewaltiger Drache. Dieser Drache trägt zehn Hörner, d.h. er ist so stark und fürchterlich wie die Hörner von zehn wütenden Stieren. Wer ist dieser Drache? Die sieben Kronen sagen es uns: Es sind Imperien, Weltreiche. Es sind die Imperien, die Israel in seiner Geschichte der Reihe nach als brutale Oberherren und Feinde erdulden musste. Denken Sie nur an Ägypten, das die Söhne Israels versklavte, oder an Babylon, das die Besten des Volkes nach Babel verschleppte, oder an die Assyrer, die sein Land verwüsteten! Die damals aktuelle Gestalt des Drachens aber war das römische Weltreich, das gerade den Tempel von Jerusalem verwüstet hatte und das die junge Christengemeinde immer wieder blutig verfolgte.

Der Drache trachtet dem Kind und der Frau nach dem Leben, aber beide werden gerettet. Das Kind wird "entrückt". Das ist eine Anspielung auf die Rettung des Messias Christus durch Auferstehung und Himmelfahrt. Die Frau „flieht in die Wüste". Damit ist gemeint, dass sich die junge christliche Gemeinde von Jerusalem, geschart um die Apostel und wohl auch Maria, retten kann. Sie retten sich, indem sie vor der Kriegsmaschine der Römer, die im Jahr 70 Jerusalem in Schutt und Asche gelegt und die Bevölkerung teils vernichtet, teils vertrieben haben, fliehen, und zwar in die Wüste im Süden, um die nabatäische Stadt Petra, die berühmte Felsenstadt, deren Reste man noch heute in Südjordanien besichtigen kann.

II. Johannes, der Seher, erblickt im Bild der Frau, das schon im Alten Testament für das Gottesvolk stand, das neue Gottesvolk, die Kirche. Die Kirche selbst sieht seit langem in diesem Bild nicht nur sich selbst im ganzen, sondern speziell auch Maria. Denn Maria steht als Urbild des Glaubens und als Mutter Christi im Zentrum der Kirche.

Auch wir sollten diese enge Verbindung zwischen Maria und der Kirche wieder entdecken. Aus dem Blick auf diese Verbindung haben sowohl die einfachen Gläubigen wie die Theologen früherer Jahrhunderte gelebt. Umgekehrt: wenn Maria und die Kirche voneinander isoliert werden, schadet das sowohl der Einstellung zur Kirche wie der Marienfrömmigkeit.

Wer Maria vom heutigen Leben der Kirche isoliert oder sie gar dagegen ausspielt, treibt eine schlechte Marienverehrung. Einige wenige Wallfahrtsorte sind der Gefahr erlegen, zu Sammelstätten der Unzufriedenen und ewig Gestrigen zu werden. Dort wird nicht nur für die Menschen, sondern auch kräftig gegen Menschen und selbst gegen Glaubensgeschwister gebetet. Das ist nicht im Sinn Marias, die sich nicht von der Kirche trennen lässt.

Umgekehrt denken heute nicht wenige Katholiken, die „modern“ sein wollen, Marienverehrung sei nur etwas für traditionalistische Kreise. Tatsache ist, dass die Verehrung der Gottesmutter seit jeher etwas Wichtiges für den Glauben der Kirche war. Ohne den Blick auf Maria verliert sich auch der Sinn für das Weibliche und Mütterliche in der Kirche. Ohne den Blick auf die Gottesmutter wird erfahrungsgemäß auf die Dauer auch der Sinn für die Göttlichkeit Jesu geschwächt. Ohne den Blick auf Maria vergisst man leicht, dass die Kirche in erster Linie der Ort des Hörens und Glaubens ist und nur in zweiter oder dritter Linie eine Sache der Organisation und Institution, wünsche man sich diese nun mehr so oder so.

In Marias „Ja“ zu ihrer Berufung, in Marias demütigem Gang durch ein hartes und oft unverständliches Leben dürfen wir unser eigenes Schicksal vorgebildet sehen. Und schließlich gilt das auch dafür, dass sie heimgeholt wurde in die Herrlichkeit ihres Sohnes, der ihr vorausgegangen ist. Wenn wir ihre Verklärung feiern, dann in der Gewissheit, dass sie uns im Himmel erwartet.

Ein Glück, dass wir unsere Kirchen haben!

Kirchweihsonntag (1 Petrus 2,4-9; Joh 2,13-22)

I. Ein Glück, dass wir sie haben, unsere Kirchen! Ein Glück, dass wir sie *noch* haben! Dass es uns nicht gegangen ist wie bis vor kurzem unseren russischen Glaubensbrüdern, die viele ihrer Kirchen umfunktioniert sahen zu Armeedepots, Museen des Atheismus und dergleichen. Ein Glück, dass wir anderen sie behalten konnten.

Ein Glück, dass wir sie *wieder* haben nach der Zerstörung des Krieges, der in vielen Städten viele der großen Kirchen so übrig gelassen hat, dass es unklar war, ob sie wieder dem Gottesdienst werden dienen können oder nicht.

Ein Glück, dass wir sie geerbt haben, denn es ist die Arbeit unserer Vorfahren durch Jahrhunderte, die diese Kirchen ersonnen und gebaut, geziert, erhalten und bis auf uns gebracht hat.

Was wären unsere Dörfer ohne eine Kirche? Was wären unsere Städte ohne diese architektonischen, städtebaulichen, geistlichen Zentren, die Kirchen heißen? Man muss nur in manches Neubaugebiet fahren, wo keine Kirche mehr nötig schien oder wo man sie kaum noch entdeckt oder wo sie bewusst durch ein Einkaufs- oder Erholungszentrum ersetzt worden ist, wie z.B. im deutschen „Hanoi“ (ich meine Halle-Neustadt) und in anderen Städten sozialistischer Prägung, wo so etwas nicht mehr dazugehören sollte: Welche Kälte, welcher Verlust der Mitte!

Ein Glück, dass wir sie haben, die vielen aus so vielen verschiedenen Jahrhunderten! Es ist doch eigentlich erstaunlich, dass wir uns heute noch wohl fühlen in einem Kirchengebäude aus der Zeit der Romanik, der Gotik, der Renaissance oder des Barock. Sie sprechen uns in einer ganz verschiedenen Sprache an, die wir nicht mehr sprechen, aber doch noch verstehen. Wir spüren durch allen Wandel der Stile, der Empfindungen und der Künste hindurch: Es ist der eine Glaube, in dem diese so verschiedenartigen Kirchenräume erbaut wurden. Und so bietet uns ganz automatisch der Besuch dieser Kirchen einen Zugang zur großen und weiten und reichen Geschichte unseres Glaubens durch die Jahrhunderte. Wir sind nicht eingeschränkt auf den engen Blickpunkt unserer Lebenszeit, sondern wir werden dazu beschenkt mit dieser großen Fülle, mit dieser großen Weite der Jahrhunderte unseres Glaubens.

Ein Glück, dass wir sie haben, diese Orte, wo wir oft vielleicht nur als Tourist die Schönheit, die Aussagekraft eines solchen Raumes bewundern, wo vielleicht sogar diejenigen, die mit Religion wenig zu tun haben, ein bisschen etwas spüren, sich auch ein bisschen zu Hause fühlen. Und, Gott sei Dank, schließen wir sie nicht aus, verlangen keine Demütigung, kein Glaubensbekenntnis am Eingang, lassen die Türen offen.

Ein Glück, dass wir sie haben, diese Räume, in denen man beten kann, und wie schön ist es, wenn Touristen, die herein kommen, um sie zu bestaunen, darin immer wieder auch Beter finden und merken: hier ist ein besonderer, ein heiliger Ort.

II. Dazu scheint freilich das Evangelium des Tages nicht recht zu passen: Jesus, der in den Höfen des Tempels wütet und die Grundlage des Opferbetriebs, nämlich die Opfertiere, hinaustreibt mitsamt den dazugehörigen Händlern. Es handelt sich dabei nicht nur um eine Protestaktion gegen einen Missstand, dass durch diesen ganzen Kult das Geschäft einen immer größeren Raum bekommen hat, denn das war nahezu unvermeidlich. Vielmehr geht es um das Ende des symbolischen Opferkultes im Tempel. Nun da Christus da ist, ist damit Schluss! Es kommt eine ganz neue Ordnung. Die Opfer des Alten Bundes werden abgelöst durch das Opfer des Neuen Bundes. Das Opfer des Neuen Bundes aber ist Gottesverehrung im Geiste. Eine Kirche mag als Gebäude noch so schön sein. Sie ist doch nichts ohne die Kirche drinnen, ohne die glaubenden Menschen, die sie füllen, also ohne uns. Wir sind die Kirche! Und deswegen hat die alte Kirche, als sie endlich die politische Freiheit bekommen hat und aus den großen Wohnzimmern reicher Häuser, wo man sich bis dahin versammelte, hinausgehen konnte und eigene Gebäude errichten konnte, nicht irgendwelche Tempel imitiert, sondern einfach Markthallen, Gerichtshallen, öffentliche Allzweckräume, um zu zeigen: Ein Tempelgebäude braucht es bei uns nicht mehr.

Wir sind der Tempel des Heiligen Geistes. Jeder für sich gewiss auch, aber vor allen Dingen alle zusammen, als dieses Netzwerk, das uns verbindet, das uns ermutigt, das uns immer wieder anregt, das uns trägt – dieses Netzwerk, das man Kirche nennt, das ist eigentlich Kirche und nur davon abgeleitet nennt man auch die Gebetsräume „Kirchen". Keiner kann doch allein auf die Dauer ein Verhältnis zu Gott gewinnen und behalten, kann einer allein im Glauben sich verwurzeln, wenn er ihn nicht leiht und übernimmt, den Glauben der Kirche.

III. Nun hat sich allerdings im Bewusstsein vieler Leute an das Wort „Kirche" ein schlechtes Image gehängt. Man denkt automatisch an Verwaltung, Bürokratie, Disziplinierung, Streit in der Kirche. Das gibt es natürlich, das muss es auch geben unter Menschen, aber damit übersieht man die Hauptsache. Die Kirche, das sind die Menschen, für die Christus sein Blut hingegeben hat. Die Kirche, das ist sein „Leib".

Entdecken wir diese wunderbare Gemeinschaft des Glaubens durch die Jahrhunderte auch heute unter uns, wie sie überall spürbar ist im Kleinen und im Großen! Entdecken wir sie und freuen wir uns darüber! Wir sind, wie es in der Lesung hieß, ein „priesterliches Volk". Das heißt nicht, dass es in diesem Volk keine amtlichen Priester geben soll, sondern dass wir alle wie Priester Opfer und Gebete darbringen für alle Menschen. Wir sind auserwählt dazu. Es ist eine Erwählung, ein großer Dienst, zu dem wir berufen sind, herausgerufen sind aus unserer Lethargie, aus unserer Kleingläubigkeit, ja sogar aus unserer Bescheidenheit, die hier zu groß sein kann. Wir, die Kirche, der Tempel des Heiligen Geistes. Was ist nun heiliger? So ein Kirchengebäude, das wir „Gottes Haus" nennen, oder der Tempel des Heiligen Geistes, der wir sind? *Wir* sind es, die in erster Linie Tempel sind und

Haus Gottes. Aber Gott sei Dank haben wir auch noch diese Häuser, deren Weihetag wir heute feiern. Ein Glück, dass wir sie haben!

Die Gemeinschaft der Heiligen

Allerheiligen *Predigt 1*

Heute feiern wir das Fest „Aller-Heiligen", d.h. der Gemeinschaft der Heiligen. Um besser zu verstehen, was wir da tun, stellen wir drei Fragen: 1. Wer gehört zur Gemeinschaft der Heiligen? 2. Was ist das für ein Typ von Gemeinschaft? 3. In welchem Verhältnis stehen die Heiligen zu uns?

I. Wer gehört zur Gemeinschaft der Heiligen? Die Antwort liegt in einer wunderschönen Formulierung im Zweiten Hochgebet, auf die ich Sie einmal aufmerksam machen möchte. Sie findet sich dort gegen Ende.

> „Vater, erbarme dich über uns alle, damit uns das ewige Leben zuteil wird, in der Gemeinschaft mit der seligen Jungfrau und Gottesmutter Maria, mit deinen Aposteln *und mit allen, die bei dir Gnade gefunden haben von Anbeginn der Welt.*"

Wenn wir gewöhnlich von den Heiligen sprechen, dann denken wir in erster Linie an diejenigen, die im Heiligenkalender stehen, wenn wir nicht gar irrtümlich meinen, dass Heilige dadurch entstehen, dass sie heilig gesprochen werden. Aber: eine Heiligsprechung macht ja die Leute nicht heilig, sondern weist nur auf sie hin und erlaubt die öffentliche Verehrung. Und die, die im Kalender stehen, das sind nur die, die zu ihrer Zeit eine besondere Wichtigkeit hatten für das Leben der Kirche und sie in manchen Fällen noch haben. Aber über sie hinaus gibt es unendlich viele andere Heilige, und zwar schon „seit Anbeginn der Welt", das heißt: seit es Menschen gibt. Die Kirchenväter prägten das Wort „*ecclesia ab Abel*". Damit wollten sie sagen, dass die Reihe der Heiligen begonnen hat schon mit Abel, dem ersten Gerechten, den sein Bruder Kain aus Neid umgebracht hat. Konsequenterweise werden in manchen Kirchen neben den Heiligen des Neuen Testaments auch die des Alten Testaments dargestellt. Aber weit darüber hinaus gibt es noch viele, viele andere Vollendete, wie es das Hochgebet sagt: eben alle die, „die Gnade gefunden haben bei Gott". Was heißt das, dass sie „Gnade gefunden" haben? In ihrer Not, nur verbraucht zu werden, nur beurteilt zu werden, ja, sich selbst bloß zu verbrauchen und zu verurteilen, haben sie den weiten Raum Gottes gefunden, in dem ein anderes Gesetz herrscht als im gnadenlosen Kampf ums Dasein, eben „Gnade": nämlich Freundlichkeit und Entgegenkommen, m.a.W. ein bedingungsloses Ja.

II. Was für ein Typ von Gemeinschaft ist die Gemeinschaft der Heiligen? Es ist eine Gemeinschaft, wie wir sie uns gar nicht individualisierter vorstellen können. Die Heiligen sind keine gestanzten Typen, sie sind keine Durchschnittsmenschen, keine Produkte, wie man sie im Schlussverkauf von der Stange kauft. Alle Heiligen sind ausgeprägte Persönlichkeiten und zwar nicht in erster Linie, weil sie's von Natur aus schon waren, sondern vor allem, weil sie geprägt worden sind je individuell von ihrem Erleben Gottes, der kein allgemeiner Gott ist, sondern jeweils für jeden einzelnen *seiner*, in einer ganz persönlichen Weise.

Wir brauchen nur die Heiligen, soweit wir etwas Näheres von ihnen wissen, daraufhin anschauen, oder eben auch Menschen, die wir kennen oder erlebt haben, und die so waren, dass uns spontan der Gedanke kam: Das ist etwas Ähnliches wie ein Heiliger, eine Heilige. Dann wird uns klar: Das sind ausgeprägte Individuen, jeder eine Welt für sich. Und zugleich kann man sich keine Gemeinschaft vorstellen, die intensiver wäre als die Gemeinschaft derer, die sich aus Gott heraus und in Gott verbunden fühlen. Die Gemeinschaft des Gebetes, die Gemeinschaft der gemeinsamen Anbetung verbindet wie nichts anderes. Weiteste Weite, die ganze Menschheit umfassend, *und* tiefe individuelle Persönlichkeit, das ist das Ideal des Christseins. Es ist am deutlichsten realisiert in den Menschen, die wir die

Heiligen nennen. Freilich dürfen wir ruhig annehmen, dass auch die Heiligen noch einige Defekte gehabt haben, bevor sie in die Ewigkeit aufgenommen worden sind. Aber trotzdem, und umso tröstlicher für uns. Sie haben die Vollendung gefunden.

III. In welchem Verhältnis stehen die Heiligen zu uns? Sie sind vollendet, aber so, dass ihnen das Schicksal des Unvollendeten am Herzen liegt. Wie können sie selig sein, wenn ihre Schwestern und Brüder hier auf der Erde noch kämpfen und leiden? Nein, sie kämpfen und leiden mit ihnen. Das gilt ja auch für Christus in seiner Seligkeit, wie der Apostel Paulus sagt (Kol 1,14): Die Leiden Christi müssen hier auf Erden noch zum Vollmaß gebracht werden. Die Vollendeten sind also intensiv uns zugewandt.

Und wir, ja wir sollten sie auch nicht vergessen. Ich denke, wir lernen das im Lauf der Zeit, dass es uns nicht gelingt, allein, aus eigener Kraft zu Gott zu kommen, allein zu glauben, allein zu hoffen. Nein! *Wenn* es uns gelingt, ein Stück weit zu glauben und zu hoffen, dann nur, indem wir *mit*glauben dürfen, *mit*hoffen dürfen mit denen, die das *konnten*, jedenfalls *besser* konnten als wir und die mit uns eine verborgene, aber unzerreißbare Gemeinschaft bilden. So schauen auf der „anderen Seite“ auch Menschen, die „angekommen“ sind, voll Erwartung auf uns, und denken sich: Was wird aus dem Glauben, der die Mitte unseres Lebens war und den wir weitergegeben haben, jetzt? Findet er noch Liebhaber, finden wir noch Nachfolger? Finden sich heute auf der Erde Menschen, die mit uns glauben, die mit uns hoffen und mit uns lieben?

Noch ein letzter Punkt scheint mir wichtig. Wer ist, im Verhältnis zwischen den Vollendeten und uns, die Mitte und wer ist der Rand? Wer ist die Mehrheit, wer ist die Minderheit? Wer hat die Zukunft? Wenn man darüber nachdenkt, kommt etwas anderes heraus als das, was das spontane Gefühl nahelegt. Nicht wir sind in der Mitte, *sie* sind es. Wir sind am Rand und wandern der Mitte zu. Nicht wir, die sechs Milliarden Menschen, die gerade jetzt leben, sind die Mehrheit. Seitdem es die Menschheit gibt, sind bedeutend mehr Menschen in diese Vollendung eingewandert als wir Menschen, die jetzt hier sind. Sie sind die große Mehrheit und wir sind der Trupp, der nachkommt. Wir müssen wohl uns bemühen, öfter daran zu denken. Die Zukunft liegt bei ihnen – unsere Zukunft.

Wenn es so eine Zukunft *nicht* gibt, so eine Heimat, auf die hin alle zuwandern, ja dann gibt es auch so etwas wie die *Menschheit* nicht, sondern dann gibt es immer nur die, die gerade mal leben und sich für die Menschheit halten und wo es den einen gut geht und die anderen die Zeche zahlen. Die weltliche Gerechtigkeit, von der bei Lichte betrachtet nicht viel zu halten ist, bleibt dann das Letzte. Wenn wir uns das klar machen, dann geht unserem Herzen die Luft aus. Denken wir aber an das Licht und an die Wärme, an die Freiheit und die gegenseitige Zuneigung, die in der Gemeinschaft der Heiligen herrschen und daran, dass von dort der Ruf an uns geht: komm, komm, komm, – dann geht uns das Herz auf, dann bekommen wir Luft und sagen leise, aber voll Hoffnung: Ja, ja, ich komme!

Die Liebe zu unseren Toten und der Glaube

Allerheiligen und Allerseelen .. *Predigt 2*

Die Tage Allerheiligen und Allerseelen bewahren die Erinnerung daran, dass die Menschheit eine einzige große Familie ist, die auch über den Tod hinweg verbunden bleibt. Wir denken in dieser Zeit vor allem an unsere verstorbenen Familienmitglieder und Freunde, deren Gräber jetzt besonders besucht und geschmückt werden. Wir denken aber auch an die Toten, deren Gedächtnis schon von himmlischem Glanz überstrahlt ist: an die Heiligen und Seligen, – an die namentlich bekannten und offiziell gefeierten wie an all die vielen unbekannten Freunde Gottes seit den Anfängen der Menschheit.

Was aber wissen wir von dem, was jenseits des Todes ist? Ist da überhaupt etwas? Freilich können wir keine Reiseberichte aus dem Jenseits lesen. Für den Glauben jedoch öffnet sich ein Fenster in der Mauer des Todes, die jeder bloß intellektuellen Neugier den Blick verwehrt. Was aber heißt hier "Glaube"?

I. Wenn wir uns prüfen, warum wir die Gräber schmücken und die Friedhöfe besuchen, so finden wir mehrere Motive. Zum Teil wird es Dankbarkeit für ein geteiltes Leben sein. Zum Teil kann es die Empfindung sein, den Toten im Leben nicht gerecht geworden zu sein; das möchte man nun durch Grabpflege wieder etwas gut machen.

In jedem Falle setzen wir voraus, dass der Tote in irgendeiner Weise etwas von unserer Sorge für seine Ruhestätte, für seinen Nachruhm und für seine ewige Ruhe hat. Denn wenn wir das alles nur für uns täten, um uns selbst zu trösten, betrieben wir nichts anderes als einen Selbstbetrug. Wenn aber, wie manche meinen, „mit dem Tode alles aus" ist, dann wäre es doch nur konsequent, die Erinnerung an den Toten möglichst schnell aus unserem Leben zu verdrängen und seine Leiche nicht auf einen Friedhof, sondern zu einer Mülldeponie zu bringen. Das jedoch tut niemand, der auch nur einen Funken Menschlichkeit in sich hat. Daraus ergibt sich aber: Wer nicht in dieser unmenschlichen Weise, die schon bloß mit Namen zu nennen weh tut, mit den Toten umgeht, glaubt auch schon, dass der Tote sich nicht ganz und gar in nichts aufgelöst hat.

II. Was ist das für ein Glaube? Er ist einerseits stark in uns verwurzelt, nämlich im Herzen, dessen Hellsichtigkeit stärker ist als die Sehkraft unseres oft vernagelten Kopfes. Würde es uns gelingen, diesen Glauben in uns auszurotten, so würde das nicht nur unsere Beziehungen zu den Toten, sondern auch die Beziehungen der Lebenden untereinander grundlegend gefährden. Wie würde man wohl umgehen mit einem Partner, dessen jederzeit mögliche Zukunft als bloßer Abfall klar vor Augen steht? Doch nicht anders als so, wie man umgeht mit Dingen, die jetzt nützlich, morgen aber kaputt sind und denen dann noch nachzutrauern lächerlich ist. Mir graut vor einem sozialen Leben, in dem einer dem anderen zu verstehen gibt: „Was willst du denn; morgen bist du weg vom Fenster! Für mich bist du jetzt schon, was du morgen sein wirst: ein Stück Dreck.“

Diese eiskalte, tötende Stimme wäre dann die einzige, mit der Menschen einander anrufen, und nicht mehr bloß, wie glücklicherweise jetzt noch, bloß ein gelegentlicher schmerzender Neben-Ton in einem Gesang, der ganz anders tönt, nämlich so: „Es ist gut, dass du da bist; du sollst niemals völlig verloren gehen.“ So spricht jeder, der liebt. Von dieser Liebe leben wir alle, seit den Tagen unserer frühesten Kindheit, aber auch jetzt noch, Tag für Tag. Der französische Philosoph Gabriel Marcel hat einmal gesagt: „Jemanden zu lieben, heißt: zu ihm sagen: du bist unvergänglich.“ So ist der Glaube, dass mit dem Tod ein Mensch nicht einfach ausgelöscht wird, eng mit der positiven Einstellung zu ihm während seines Erdenlebens verknüpft. Das ist seine Stärke, aus der er sich immer wieder erneuert.

III. Aber auf der anderen Seite ist dieser Glaube auch schwach. Zweifel und Untreue bedrohen ihn. Vor allem können wir uns nicht recht entscheiden: So wenig wir ernst machen wollen mit der Vorstellung, der ganze Friedhofsbetrieb sei nichts als frommer Selbstbetrug, so schwer tun wir uns andererseits damit, ernst zu machen mit der Realität des Jenseits. Schwächt sich die Erinnerung an die Toten ab, wie es im weitergehenden Leben unvermeidlich der Fall ist, so scheint auch das jenseitige Sein der Verstorbenen schwächer und unwirklicher zu werden. Das Dasein der Toten droht mit der Erinnerung an sie zu bestehen und zu vergehen.

An dieser Stelle nun müssen sich der humane Glaube und das menschliche Ahnen zum Glauben an *Gott* steigern. Gott ist der Schöpfer; aus seinem schöpferischen Ruf „Komm ins Dasein!" haben wir alle unser Sein. Auch wir Menschen können einander Hilfe und Lust zum Leben schenken. Aber selbst die Eltern können nicht eigentlich das Dasein selbst schenken. Das haben wir aus Gott, der jeden einzelnen so ins Auge fasst, dass er aus diesem Blick überhaupt erst und dauernd entsteht. Wenn nun jedoch schon die Liebe, mit der ein Mensch zum anderen „ja" sagt, sich nicht damit abfinden kann, dass dieser einfach nicht mehr da ist, um wie viel weniger dann die Liebe, Gott, selbst? Und wenn schon die menschliche Liebe die Macht hat, ihre Hand der Zustimmung zum Leben zu leihen, um wie viel größer ist dann die Macht der unbeschränkten, durch keinerlei Missgunst oder Eigensucht getrübten göttlichen Liebe? Wer also an Gott, die Liebe selbst, glaubt, erfährt eine mächtige Unterstützung für seine humane Hoffnung; dieser Glaube erlaubt es uns, unsere verstorbenen Lieben ihm zu überlassen und so echt herzugeben.

Dass aber die Seelen der Verstorbenen in Gottes Hand sind, erleben wir bei einigen recht deutlich, nämlich bei denen, die nicht nur Gegenstand unserer Grabpflege oder Fürbitte sind, sondern die uns betreuen und für uns helfend eintreten. Das Fürsorgeverhältnis kehrt sich hier um. Ich meine die Heiligen. Erfahren wir nicht immer wieder ihre Hilfe? Bestätigen sich nicht immer wieder ihre Lebendigkeit und ihre Nähe, die nicht zu verwechseln ist mit der Intensität unserer Erinnerung an sie, da wir sie oft ja erst nach ihrem Tode „kennengelernt" haben? Ihre Lebendigkeit beruht in ihrer Teilnahme an Gottes eigener Lebendigkeit, die alles Geschaffene durchwaltet und es in die Ewigkeit rettet.

Allerseelen ist ein Tag, der sein Licht vom Allerheiligenfest her erhält. Beide Feste zusammen sagen, dass keiner allein lebt, weil Leben heißt: Füreinander leben, und weil dies in erster Linie für Gott selbst gilt. Deswegen sind diese Tage, mitten im nebeligen, traurig stimmenden Herbst, Tage der Freude und der Zuversicht.

Das Königtum Christi und die Demokratie

Christkönigssonntag (Lk 23,35-43)

Das Fest „Christkönig" ist zwar erst im Jahr 1925 von Papst Pius XI. eingeführt worden, aber die Sache ist uralt, so alt wie der Name „Jesus Christus", bei dem „Christus" nicht ein Nach- oder Familienname ist, sondern ein Königstitel. „Christus" heißt nämlich auf Hebräisch *mashiach* (Messias), und das heißt auf Deutsch „der Gesalbte", und so wurde in Israel der König genannt.

Es ist nun wichtig zu sehen, in welchem Bezug zu Gott die alten Juden, zu Zeiten, als sie noch Könige hatten, ihren König sahen. Es war klar, dass es nur einen König in Israel gibt, nämlich Gott selbst, den Herrn. Was aber war dann der König? Man sagte: Er sitzt wie ein Königssohn und Mitregent rechts neben Gott auf dessen Thron. Anders gesagt: man dachte sich Gott unsichtbar neben dem sichtbaren König sitzen. Der König wurde in diesem Sinn auch „Sohn Gottes genannt", nicht freilich so, als stamme er wirklich von Gott ab, wie das in anderen Religionen behauptet wird; vielmehr dachte man sich den König als Adoptivsohn Gottes. Bei der Thronbesteigung eines neuen Königs wurde der Psalm 2 gesungen: „Heute habe ich dich gezeugt", das heißt als meinen „Sohn" adoptiert.

Was meinten nun aber die ersten Jünger, wenn sie sagten, Jesus, sei der verheißene Idealkönig, der Messias Israels? Sie sagten es im Hinblick auf die Tatsache, dass ihn Gott auferweckte und ihn gewissermaßen erhöht hat zu seinem Mitregenten, der zur „Rechten Gottes sitzt". Mit anderen Worten: Das, was man symbolisch von den Königen von Israel gesagt hatte, ist nun Realität. Das Königtum Christi ist unmittelbar ein Teil des Königtums Gottes selbst.

Was für eine Herrschaft ist das Königtum Jesu? Es ist – das ist zunächst festzuhalten – nicht eine Herrschaft der Übermächtigung und der Gewaltausübung, sondern der sanften Macht der Überzeugung und des Dienens. Es ist nicht Macht, die sich selbst behauptet, sondern Macht des Dienstes an denen, über die er herrscht kraft des Auftrags von Gott, dem Vater. So lebte Jesus schon zu seiner Zeit. Er predigte, indem er überzeugte. Er wirkte Wunder, aber aus Mitleid, nicht um seiner Predigt Nachdruck zu verleihen. Und er setzte keinerlei Zwangsmittel ein, um den Gehorsam der Menschen zu gewinnen. Er wollte ihre freie, überzeugte Zustimmung, ihre freie Anhänglichkeit. Die Summe seines Wollens ist ausgedrückt in der Geste der Fußwachung kurz vor seinem Ende. Und so ist er auch jetzt geblieben, wo er, verborgen im innersten Herzen der Schöpfung, uns an sich ziehen will durch die Stimme unseres Gewissens, das geschärft ist und aufmerksam geworden ist durch die Meditation der Worte, die uns von ihm überliefert sind. Es ist die Autorität des Meeres, wie ein chinesisches Sprichwort sagt, das alle Bäche und Flüsse an sich zieht, weil es tief unten ist, weil es ganz unten ist im Dienen.

Hat dieses Fest Christkönig auch eine politische Botschaft? Man könnte meinen, es sei, kurz nach der Abschaffung der Monarchie in Europa eingeführt, eine versteckte Aufforderung der Kirche, zurückzukehren zum Prinzip der Monarchie oder gar des undemokratischen, des autoritären Staates. Der Sache nach aber ist es ganz im Gegenteil die Erinnerung daran, dass alle Versuche, politische Macht zu sakralisieren, im Konflikt stehen mit der einzigen Macht, die den Namen „heilig“ verdient, nämlich der Macht Gottes, die dadurch begründet ist, das sie alle Menschen ins Leben und in ihre Freiheit ruft. Das hat Konsequenzen für das Leben der Institutionen in Staat und Kirche.

Man spricht von den drei „Gewalten“, durch die der demokratische Staat seine Autorität ausübt: erstens von der Gesetzgebungsinstanz, zweitens von der ausführenden d.h. der regierenden Instanz, und drittens von der rechtsprechenden Instanz, den Gerichten. Das Königtum der alten Zeiten war dadurch charakterisiert, dass in ihm ungeschieden alle drei Instanzen vereinigt waren. Der König war oberster Gesetzgeber, oberste Regierungsmacht und oberster Richter. Die Gefahr des Missbrauchs, die Gefahr der Diktatur, der Rechtlosigkeit des Volkes, war damit prinzipiell immer gegeben. Wir sind die Nutznießer einer Entwicklung, die dieser Gefahr ins Auge geschaut und die zu der Erkenntnis geführt hat, dass staatliche Macht, wenn sie legitim sein soll, sich selbst begrenzen muss: Erstens dass die gesetzgebende Gewalt Grenzen ihrer Gesetzgebungsmacht anerkennen muss, etwa in den sogenannten Menschenrechten oder Grundrechten, die die Volksversammlung nicht eigentlich beschließt, sondern die sie als schon gültig allen Beschlüssen, allen Gesetzgebungen vorausliegend anerkennt. Und zweitens, dass die ausführenden Organe der Regierung abhängig bleiben von den Gesetzen, die von einer frei gewählten Volksversammlung beschlossen werden. Und drittens, dass es unabhängige Gerichte gibt, vor denen jeder sein Recht geltend machen kann, sogar gegen die Träger der Regierungsmacht, und sogar gegen das Parlament.

Das ist etwas höchst Schätzenswertes, trotz aller Defekte des Systems im Einzelnen. Denn die Erfahrung hat gezeigt, dass die Menschenrechte, die heute in der Verkündigung der Kirche einen so großen Platz einnehmen, leere Worte bleiben müssen in einem System, das diese Teilung der „Gewalten“, m.a.W .der Instanzen der Gesetzgebung, der Regierung und der Rechtsprechung nicht kennt. Nur unter ihrer Bedingung kann dann auch das hohe Wort von der Brüderlichkeit eine gewisse Realität werden.

Das Fest „Christkönig“ enthält aber eine politische Botschaft nicht nur für den Staat, sondern auch für die Kirche. Was ist die Kirche? Ihr Leben ist das Leben des Glaubens und der Hoffnung und der Liebe in den vielen Gläubigen, die zu ihr gehören. Das Leben in den vielen einfachen Menschen, die sich dem Wort Gottes in Christus unterstellen möchten und immer wieder unterstellen. Das Reich Christi ist das Reich in den Herzen dieser Menschen und in den Gemeinschaften des Glaubens, die sie bilden. Das ist Kirche. Freilich braucht es in der Kirche, wie in jeder menschlichen

Gemeinschaft, auch Autoritäten und Ämter. Aber die kommen erst nachher, und deren Sinn besteht in nichts anderem, als dem Volke Gottes das Glauben, Hoffen und Lieben nahezubringen und zu erleichtern. Auch Autorität in der Kirche ist, so notwendig sie ist, gefährdet. Sie ist dann besonders gefährdet, wenn man den Problemen aller Machtausübung nicht ins Auge schaut. Ein deutscher Bischof hat zwar einmal geäußert: „In der Kirche gibt es keine Machtfragen, sondern nur Fragen der Vollmacht". Aber so einfach ist das wohl nicht. Selbstverständlich gibt es in der Kirche, wie in jeder menschlichen Gesellschaft, die komplex und groß genug ist, auch Fragen der Macht und der Machtausübung.

So kommt es darauf an, dass diese Macht nicht nur in der rechten Weise ausgeübt wird, sondern auch in der rechten Weise strukturiert ist, so dass in ihr mindestens soviel Freiheit und Gerechtigkeit herrscht – als Basis der Brüderlichkeit – wie in einem modernen Staat. Man hört zwar immer wieder, dass die Kirche mit dem Staat nicht vergleichbar ist, dass folglich ihre Struktur nach ganz anderen Modellen konstruiert sein müsse als die Verfassungen von Staaten und dass deswegen etwa das Modell des demokratischen Staates keine direkte Anwendung auf sie finden könne. Und das ist im Prinzip natürlich richtig. Man kann die Verhältnisse eines Staates nicht einfach auf die Kirche übertragen. Umso mehr wundert man sich dann, dass dieselben, die dies betonen, nun doch einen verfassungsrechtlichen Begriff vom Staat auf die Kirche übertragen, wenn sie von einem „monarchischen" Episkopat und Primat als der kirchlichen Verfassung sprechen. Sind hier nicht, aus den alten Zeiten der Reichskirche, doch auch staatliche Organisationsformen in die Kirche eingedrungen, die mit ihrem Wesen nicht zu allen Zeiten in derselben Weise verbunden sein müssen?

Gewiss, Verantwortung darf sich nie ins Anonyme flüchten, es muss letzte Verantwortungsträger geben. Die Ausübung von Verantwortung aber muss sich ihrerseits verantworten. Kirche wird als Reich Christi deutlich, wenn dort Brüderlichkeit herrscht, institutionell formuliert: Kollegialität auf allen

Ebenen und Dialog zwischen allen Ebenen. Kirche wird als Reich Christi deutlicher, wenn es dort für den Konfliktfall auch Verfahrensregeln und gerichtliche Instanzen gibt, in denen auch der Kleinste sein Recht gegen die Obersten erstreiten kann, und wo sich auch die Obersten vor einem unabhängigen Forum nach Gesetzen verantworten müssen. In den alten Zeiten galt seit den Tagen der Römer das Prinzip: Der Kaiser steht über allen Gerichten; für ihn gibt es keinen zuständigen Gerichtshof; er hat zwar die moralische Pflicht, zum Besten seiner Untertanen zu regieren, aber kein Mensch darf ihn rechtswirksam daraufhin befragen. Heute können wir dieses Prinzip nicht mehr akzeptieren, obwohl etwas von seinem Geist noch heute in unserer Kirche weiterlebt. Es wird wohl noch einige Zeit dauern, bis diese Reste des vormodernen Europa auch in der Kirche abgebaut werden. Wir brauchen also Geduld.

Das Evangelium zeigt uns den wahren König der Welt am Kreuze, der darauf verzichtet, sich selbst zu helfen. Ein moderner Autor hat gesagt: „Es ist das Bild der verletzten, aber unzerstörbaren Menschenwürde, das uns im Kreuz entgegenkommt.“ Versuchen wir, auf diese Botschaft zu hören, Jesus in unserem Leben herrschen zu lassen. Dann entfaltet sich, wie es in der Präfation des heutigen Festes heißt, auch in uns „das Reich der Wahrheit und des Lebens, das Reich der Heiligkeit und der Gnade, das Reich der Gerechtigkeit, der Liebe und des Friedens."

* * *

Printed by Books on Demand GmbH, Norderstedt / Germany